KB073877

주자의 자연도덕학

김현경 지음

지식과교양

머리말

I.

　도道에 대해 설명할 때 내가 자주 꺼내는 이야기가 있다. 신화학자 조셉 캠벨Joseph Campbell이 동양의 예술에 대해 쓴, 어느 글에서 읽은 것이다.

　옛날 일본에서 검도를 배운 젊은이들이 경험했던 일이다. 검도에 뜻을 둔 젊은이는 교습소에 들어가 그곳에서 생활한다. 이들은 사범에게 지도를 받는 시간 외에는 수련장 곳곳에서 허드렛일을 한다. 청소도 하고, 빨래도 하고, 장작도 팬다. 그런데 이렇게 일하던 젊은이는 언젠가부터 불시의 공격을 받게 된다. 사범이 어떠한 경고도 없이 다가와 죽도竹刀로 때리는 것이다.

　영문도 모른 채 두드려 맞은 젊은이는 당혹감을 느낀다. 사범의 급습은 이후로도 계속된다. 넋 놓고 그대로 당할 수만은 없지 않은가. 젊은이는 사범의 다음 공격에 대비하기 시작한다. 그런데 그 대비는 매번 쓸데없는 것이 되고 만다. 가장 큰 이유는 죽도가 도대체 언제 어디서 날아올지 알 수 없기 때문이다. 젊은이는 사범의 공격에서 어떤 규칙을 찾아내려 애를 쓴다. 이를테면 연거푸 두 번 위쪽에서 공격을 받았던 사실을 기억하고, 일하는 중에도 머리 위로 신경을 곤두세우고 있는 식이다. 하지만 사범은 이러한 노력을 비웃기라도 하듯, 어느새 다가와서 등을 때린다.

　젊은이는 차차 알게 된다. 어느 한 방향을 향해서만 대비를 하고 있을 때, 예상 밖의 방향에서 다가오는 공격을 알아채기는 쉽지 않다. 당연히 그것에 대한 대응도 둔해진다. 다음에 어디에서 공격이 있을 것이라고 미리 단정하지 않고, 모든 방향을 향해 두루 긴장을 늦추지 않는 것이 공격을 막아내는 최선의 길이다. 그러니 상성성常惺惺, 항상 깨어 있어야 한다. 자신의 생각에 갇히지 말고, 항상 깨어서 변화하는 상황에 집중해야 한다. 그렇게 해야만 비로소, 다가오는 공격의 기미를 알고 막아낼 수 있을 것이니...

　이제 그는 도를 구현하는 인간의 상징이다.

　　Ⅱ.

　2002년 가을이었다. 대학 졸업을 앞두고 대학원에 지원하면서 자기소개서를 썼다. "옛 사람들의 학문에 대한 진지함은 느낄 수 있었지만, 그들이 나누는 이야기의 의미는 도대체 알 수가 없어 답답했다"는 말이 어렴풋하게 기억에 남아 있다. 이후에도 한참 동안, 나는 공부하면서 기본적으로 쓰게 되는 개념어들에 대해서조차 껄끄러움을 느꼈다. 그리고 그것을 나의 언어로 안정되게 사용할 수 있는 날이 과연 올까 의심했다. 이러한 의심의 중심에 자리했던 개념어는 역시 '도'였다.

도 사상은 중국적 사유의 핵核이다. 도 개념은 선진 시대 제자백가의 문헌에서부터 시대와 학파를 막론하고 반복적으로 등장한다. 중국 철학에 발을 딛는다는 것은 결국 도에 대한 여러 방식의 표현들을 음미하게 되는 것을 의미한다고 해도 틀리지 않다. 그런데 여기서 막혀버리니, 무엇보다도 학문 전체의 방향을 가늠하기가 어려웠다. 자주 접하게 되는 정의에 따르면, 그것은 자연 가운데 존재하는 만물의 근원이자, 동시에 인간의 이상적인 행동 원리를 뜻한다. 때문에 이상적 인간상인 성인聖人은 도와 하나 된, 자연화된 존재를 가리킨다고 했다. 하지만 나는 이런 말들을 쓸 때면 늘 자신이 없었다. 어떻게 만물의 근원이 동시에 인간의 행동 원리로 말해질 수 있는지, 또 그러한 개념이 무엇 때문에 요청된 것인지 가닥이 잡히지 않았기 때문이다.

나는 옛 책의 저 수많은 용어들을 자기기만의 느낌 없이 사용할 수 있게 되기를, 그리고 더 나아가 나의 언어로 사용할 수 있게 되기를 바랐다. 학위 논문의 주제로 주희朱熹를 택하고 그것을 완성할 때까지도, 나는 이처럼 기본적인 개념어들에 대한 이해를 정돈하고 있었을 뿐이었다.

오늘날, 도는 거의 잊힌 삶의 지혜이다. 그 길이 옛 지혜에 목마른 사람에게조차 쉬이 보이지 않는 까닭은, 무엇보다도 관심 대상을 어떻게든 빨리 규정해 보려고 하는 무의식적 습관 때문이 아닐까 한다. 그것은 도가 언제 어디서나 따라야 할 하나의 진리를 의미할 것이라는 막연한 기대와도 관련이 있다. 하지만 이러한 접근은 검도 사범이 죽도를 휘두르며 다가올, 단 하나의 방향에 대비하겠다는 것과 마찬가지로 길을 잘못 든 것이다. 옛 사람들이 도를 말했던 목적은 오히려 하나의 견해를 고집하는 것을 경계하는 데에 있었기 때문이다. 이 주제를 중국철학 내 현상으로 거칠게 일반화시켜 소개하자면 다음과 같다.

중국철학에서는 자연[天]이 갖는 의미 있는 특성으로 '변화'를 지목한다. 이 변화는 서로 다른 것들 간의 소통에서 생겨난다. 모든 존재자는 외따로 떨어져 홀로 생멸하지 않고, 다른 것에 의지하여 끊임없이 변화하는 과정 가운데 있다. 도는 이렇게 순간순간 모습을 드러내고 사라지는 모든 것의 근원이다. 모든 존재자들의 상호교류를 타고 흐르면서, 이로써 등장하는 사건들의 존재 근거가 되는 것이다. 그 속성을 굳이 말하자면, 어떠한 경계境界에도 들지 않는 전체라고 할 수 있겠다. 만약 어떠한 경계 안의 것, 한정을 가진 것이라면 그것은 하나의 존재자일 뿐이지, 온갖 변화의 근거가 되기는 부족할 것이다.

흥미로운 일은, 인간 역시 자연을 닮아야 하는 존재로서 기대된다는 것이다. 성인이란 늘 새로이 맞이하는 상황과 관계들에 발맞춰 변화를 거듭하는 자다. 지금 각자가 맞이한 일은, 바로 스스로의 역할을 일깨워서 자신의 길을 걷도록 하는 자연의 명[天命]이다. 그리고 이러한 명을 받들어 끊임없이 변화하는 것이 곧 선善이다. 변화를 가로막는 것은, 자신을 축으로 세상을 볼 때 뒤따르는 편견偏見이라고 했다.

고정화된 견해는 그 내용이 무엇이든 도를 지시하는 것이 되지 못한다. 도는 치우침을 용납하지 않는 전체이기에, 특정한 관념에 담을 수도 형언할 수도 없는 것이다. 무엇이든 언어로 지시되는 순간, 지시되지 않은 것은 숨겨진다. 때문에 언어에 담기는 것은 언제나 부분적이고 불완전한 것이 될 뿐이다. 도에 대해 우리는 알 수도 말할 수도 없다.

도를 논의의 중심에 두고 있는 문헌이라면 어디서든, 모든 과오는 자기 입장에서 하나를 고집하는 치우침 때문에 생겨난 것이라는 주장을 찾아볼 수 있다. 이들이 중시한 것은 무엇보다도 '균형감'이었다. 하나의 관념에 담겨서 언어로 지시되는 것은, 경우에 따라 적절한 지침이 될 수도 또 그릇된 지침이 될 수도 있다. 그 어떠한 생각도 항상 옳은 것이 될 수는 없으니 고집해서는 안 된다. 과거에 내린 결정은 당시에는 적절한 것이었을 수 있지만, 지금의 경우에도 그러할지는 장담할 수 없다.

때문에 공자는 벼슬을 거부한 은자隱者들과 달리, 자신은 반드시 옳다고 하는 것도 반드시 그르다고 하는 것도 없다[無可無不可]고 밝혔다. 벼슬을 할 만한 상황이라면 벼슬하고 그렇지 않은 상황이라면 하지 않는 것이지, 미리 자신의 행보를 정해두지 않는다는 것이다. 맹자는 상나라 탕왕이 하나라 걸왕을 추방하고 주나라 무왕이 상나라 주왕을 정벌하는 등, 경우에 따라서는 신하된 자가 임금을 시해한 일도 문제 삼지 않았다. 이들 왕이 백성을 돌보는 일에 힘쓰지 않은 폭군이었기 때문이다. 또한 맹자, 순자, 장자는 각각 당대의 학자들을 두고, 그들은 전체가 아닌 부분적인 것에 집착했으며 이로써 나머지에 소홀하게 되었다고 비판했다. 이 같은 치우침에 대한 비판은, 훗날 주희와 그 주변 학자들이 자기 학문과 이단을 변별하고, 타 학문을 비판하는 논리의 핵심으로 다시금 등장한다.

  나는 이 책에서 주자학의 학문 목표인 '인간의 자연화[天人合一]' 주제를 중심으로, 주요 개념어들의 의미를 새롭게 정리해 보았다. 이를 통해 전개하게 된 글의 전체 내용은 다음과 같이 요약할 수 있다. 주희는 하나의 관계에 집착하거나 하나의 주의주장을 고수하고 있을 때면 이내 소홀해지는 부분이 생겨서 선한 본성을 발휘하기 힘들게 되니 주의하라고 말해주고 있다는 것이다.

  주희는 형이상形而上의 도道와 형이하形而下의 기器를 엄격하게 구분함으로써, 도의 무규정성에 대한 설명을 더욱 선명하게 했다. 그는 주돈이周敦頤가 『태극도설太極圖說』에서 '무극이태극無極而太極'을 말한 까닭은, 사람들이 편견을 갖지 않도록 경계하기 위함이었다고 설명하기도 했다. 이러한 뜻은 그 학문의 핵심처에 해당되며, 그의 심성

수양 이론 전반을 관통하고 있다. 간략하게만 살펴보자면 이렇다. 그는 맹자 이래 유학자들이 마음의 문제적 상태로 지목했던 방심放心을, 사사로운 관심사 때문에 지금 맞이하는 일에 집중하지 못하는 심리 상태로 설명한다. 주자학의 수양론에서 중심적 위치를 점하고 있으며, 존심存心의 방법으로 말해지는 경敬이, 지금 하고 있는 일에 대한 집중의 의미를 갖는 것은 이 때문이다. 또한 격물格物은 단순히 도덕적 지식의 습득을 목적으로 하는 것이 아니라, 이전의 견해에 머무르지 않고 현재 맞이하고 있는 구체적 상황 안에서 적절한 대응을 모색하는 노력의 공부였다.

주자학의 주된 관심은 모두가 반드시 따라야 하는 선의 구체적 내용 규명이 아닌, 그것을 가능하게 하는 마음의 조건이 무엇인가 하는 문제를 향해 있다. 주희는 맹자의 후예답게, 인간이라면 누구나 변화하는 상황에 따라 달리 발휘되는 내적 자발성을 갖고 있다고 믿었다. 효제충신은 직접적 언어의 지시를 의식적으로 따라서가 아니라, 오히려 그런 것을 고집하지 않은 결과로서 자리한다. 주희는 하나의 관념 안에 담길 수 있는 진리를 약속한 적이 없다. 문헌 곳곳에서, 우리는 책에서 의리를 말할 때는 단지 한 측면만을 말할 수 있을 뿐이라든가, 의리는 무궁하니 옛 사람들이 말했던 것도 반드시 완전하다고 할 수 없다는 등의 말을 발견할 수 있다.

세상이 개인의 지성적 탐구로 밝혀지기에는 너무 큰 것이라는 경탄

敬嘆의 정서, 사사로운 욕망을 지워 궁극적 실재와 합일되어야 한다는 과제 제시는 이 학문을 일관하는 종교적 성격을 증거하는 것이기도 하다. 나는 주희와 그 주변 학자들이 '안자의 즐거움[樂]'이라는 주제에 관심을 기울였던 일을 소개하며 주자학에서의 도덕은 억압이 아니라, 오히려 자기 속박으로부터의 해방을 통한 구원적 의미를 갖는 것이라는 해석으로 책을 마무리했다. 주자학에서 요구하는 사사로운 주관의 탈각이 도덕성의 고양뿐 아니라 종교적 성취에 상응하는 의미까지 지니고 있다고 본 것이다.

　주자학 문헌에 대한 다각도의 검토를 통해서 다다르게 된 결론은, 주자학을 주지주의적 학문으로 해석하고, 그 윤리학을 인위적 가치에 기반하는 의무론적인 것으로 읽는 관점에 대한 타당성을 의심해 볼 때가 되지 않았는가 하는 것이었다. 이러한 생각을 뒷받침하기 위해, 나는 원전상의 근거를 다층적으로 제시하려고 애썼다. 무엇보다도 주자학에서 사용하는 기본적인 개념어들의 실제 의미를 간결하게 제시하려고 했고, 그러한 해석에 따랐을 때 여러 개념어들 간의 의미가 상통하며, 주자학 체제 내 각 부면이 정합적으로 맞물린다는 점을 명료하게 드러내려고 했다. 원고지 1060장 정도의 적은 지면 안에 주자학의 본체론, 심성론, 수양론의 전 체제를 담아 논의를 전개한 것은 애초에 그런 이유 때문이었다.

　주자학적 수양을 하는 사람은 사사로이 일으키는 마음의 활동을 잠재우고 오직 주어지는 상황에 적절하게 대응하기 위해 힘쓴다. 수양이 효험을 거두게 되면, 그는 지금 마주한 타인의 기쁨과 고통에 둔감하지 않으며 시비 판단에 있어서 균형 잡힌 시선을 유지하게 된다. 이렇듯 스스로가 만들어내는 속박에 더 이상 얽매이지 않고, 다만 '그 자리에 있다면 누구라도 그렇게 해야만 한다고 느낄 일'을 하는, 평범하지만 어려운 길을 걷는 이들에게 주자학자들은 '자연과 같다', 또는 '도와 하나가 되었다'고 한다. 이 막연하고 신비적으로 보이는 언사가 갖고 있는 실제 의미는 그런 것이었다.

  책 안에 전체 줄거리에 대한 요약이 있기 때문에 내용 소개는 여기에서 그친다. 독자 여러분께서는 이 책의 전체 구성을 일별하고 싶으면 제 1장 3절 부분을, 글의 주요 논지를 빠르게 파악하고 싶으면 총설 격인 제 2장을, 또 필자가 책에서 풀어내려고 했던 고민과 그 방법의 골자를 확인하고 싶으면 제 8장을 읽어주시기 바란다.

  Ⅲ.

  이 책은 나의 박사학위 논문이다. 내가 대학원을 들락거렸던 십 년 반은 누구에게나 긴 시간이었을 것이다. 여기에는 그 긴 시간을 함께

했던 많은 인연들의 힘이 얽히고설켜 있다.

　대학원에 입학한 첫 학기부터, 나는 과연 공부를 계속해도 되는지 스스로에게 끊임없이 물어야 했다. 긴 시간 변함없이 내 곁을 지켜주신 가족들, 특히 부모님께 감사드린다.

　과정을 수료하고 집에 틀어박혀 학교와 멀어져 가던 때, 지도교수인 한형조 선생님은 학우들과 소통하게끔 이끄셨다. 결정적 시기에 도움주신 것에 대해 감사드린다.

　2011년 여름부터 2012년 상반기까지, 두어 달에 한 번씩 한국학대학원에서 이 책의 내용으로 발표를 했다. 주로 철학 전공 학생들이 자리를 함께했다. 주어진 마감 시간을 어기지 않으려고 끙끙대던 기억이 새롭다. 공부하는 사람으로서의 사회화 과정을 함께 해 주었고 졸업을 축하해 주었던 학우들에게 감사드린다.

　졸업 후, 가끔 논문 출판을 해 보라는 이야기를 들었지만 용기가 나지 않았다. 미루고 미루다가 출간을 결정했으나 상황도 여의치 않았다. 우여곡절을 겪은 이 책의 간행을 허락해 주신 지식과교양 윤석산 대표님께 감사드린다.

　2013년 8월의 졸업식 날, 가운을 들고 대학원 2층을 한참 서성대던 기억이 난다. 긴 과정을 마치며 마침표를 찍기에 앞서 남은 미련, 또는 질긴 무력감의 확인이었을 것이다. 이후 반년 정도, 마음 쏟을 일을 찾

지 못했다. 그러다가 강사 생활을 시작했다. 또 다른 길이 무엇이 있는
지는 아득하게 가려져서 보이지 않았지만, 일단 주어지는 것에 감사
하며 살자고 다짐했다.

처음 하는 일에 대해 세심한 조언을 해 주신 한국외대 철학과의 김
원명 선생님께 이 자리를 빌려 감사 말씀을 드린다. 또 나와 시간을 함
께했고, 또 함께하고 있는 학생들에게도 감사의 뜻을 전한다.

학생들과의 만남은 내게 큰 힘이 되었다. 무성한 소문과 달리, 인문
학에 순수한 관심과 열정을 갖는 학생들이 많다는 사실에 놀랐다. 그
들과 보낸 시간을 통해, 나는 마음을 다잡게 되었으며 소통에 대해 좀
더 고민하게 되었다.

스스로의 결심이 무엇을 의미하는지도 모르는 채 공부를 선택한 대
학 시절, 그리고 당장의 문제에 갇혀버리기를 반복하던 대학원 시절
을 기억한다. 지금 다시 그 시간들로 돌아갈 수 있더라도, 무언가 다른
길을 선택했을 자신은 없다. 서툴게, 그리고 끊임없이 스스로를 의심
하며 지나온 한 시절을 정리하는 의미에서 책을 묶는다.

2018년 여름
서울 일원동 집에서

차례

제1장

들어가는 글

I
자연의 변화, 그리고 도덕

　성리학性理學의 집대성자인 주희朱熹(1130~1200)에게 인간의 자연화[天人合一]는 곧 학문의 목표였다. 그리고 그의 학문에서 자연[天/天地1)]은 도덕의 문제와 우선적 관련성을 갖는 것처럼 보인다. 주희는 자연이 도덕적 방향성을 갖고 있으며, 인간은 이러한 자연으로부터 선한 본성을 부여받았다고 한다. 그는 또한 자연에서 생겨난 것이 아니라는 이유로 이단을 비판하기도 하는데, 이는 자연에 부여되는 도덕의 의미가 그 학문의 정체성과 직결됨을 보여주는 것이라고 하겠다.

　하지만 자연과 도덕의 연관에 대해 설명하기는 쉽지 않다. 인간의

---

1) 논자는 '天地' 혹은 '天'을 '天地間'이라는 식으로 공간적 의미를 특별히 강조하는 경우나, '蒼天'과 같이 물리적 '하늘'을 지칭하는 경우가 아닌 한, 대체로 '자연'이라 옮겼다. 하지만 '天'이 가지고 있는 의미가 현대의 '자연'이라는 말에 완전히 들어맞는 것도 아닌 까닭에, 이러한 번역을 엄격하게 일괄 적용할 수는 없었다. 불완전한 번역어를 쓰지 않고 원문 그대로의 표현을 따르는 것도 한 방법일 수도 있겠지만, 옛 개념어들을 한자 문화권에서 사는 우리가 저도 모르게 갖고 있는 관념을 투사시켜 바라보게 되는 것 역시 바라지 않았다. 참고로 김영식 교수(이하 모든 인명에서 직함, 존칭어 생략)는 주희의 '天地'가 "항상 자연세계 전체를 가리키는 아주 포괄적인 의미에서 사용되었고 구체적인 개별 물체와 현상들을 염두에 둔 것은 아니었다"고 지적한다. 『주희의 자연철학』, 예문서원, 2005, 34쪽.

본성이 선하다는 말은 잠시 접어둔다 하더라도, 인의예지仁義禮智가 자연에 기원을 두고 있다는 말을 어떻게 납득할 수 있을 것인가. 그것은 자연적 사실과 구분되는 인위적 가치이고, 인간이 의식적으로 힘써 행해야 할 일이 아닌가 말이다. 기존의 연구들은 대개, 이것이 자연 세계가 도덕적이라는 믿음에 근거해서 유학 규범을 정당화하려 했던 주희의 의도 때문이었다고 설명한다. 이는 곧 성리학자들이 인간학적 목적 때문에 자연에 대한 왜곡된 해석을 가하고 있었다는 설명에 다름 아니다.

그런데 논자가 보기에, 이 혼란은 주자학 내의 것으로서 '자연'이 갖는 특수한 의미가 충분히 고려되지 않았기 때문에 시작된 것 같다. 도덕적 함의를 갖는 자연이 오늘날 자연학의 관찰 대상 같은 것일 리 없고, 자연에서 출현하는 도덕이 우리의 통념적인 그것과 같으리라 기대하는 것도 무리라고 생각된다.

주희가 '天/天地'라고 할 때, 그것이 가진 어떠한 성격에 관심을 기울이고 있는지 살펴야 한다. 또한 그가 어떠한 상태일 때의 인간을 두고 자연과 같으며 선하다고 하는지, 또 악의 발생 원인을 어떻게 설명하고 있는지 확인해야 한다. 그 바탕 위에서야 자연과 하나 될 것을 목표로 하는 수양론에 대한 설명도 가능해질 것이다.

이는 본문에서 본격적으로 다루어야 할 내용이다. 그래도 희미하게나마 윤곽을 가늠해 보기 위해, 다음 글을 읽어 보자. 『논어』의 천상탄川上嘆[2]에 대한 주희의 주해이다.

"자연은 변화하여 가는 게 있으면 그 뒤를 따라오는 게 있어 한 순간

---

2) 子在川上曰. "逝者如斯夫. 不舍晝夜." 『論語』(9:16)

도 멈추지 않으니, 바로 도체道體의 본연本然이다. 냇물이 흐르는 것은
그것을 가장 쉽게 볼 수 있는 예이다. 그래서 이렇게 말씀하여, 배우는
사람이 항상 스스로를 살펴 잠시라도 끊어짐[間斷]이 없도록 하신 것이
다[3]."

어느 날 공자는 냇가에서 탄식한다. 냇물은 주야를 쉬지 않고 흐르
는구나! 하지만 그는 더 이상의 말은 하지 않았다. 위 인용한 글에서
주희는 공자의 탄식이 무엇 때문이었는지를 설명한다. 그는 공자가
냇물의 흐름을 보면서, 자연의 끊임없는 변화를 생각했던 것이라고
말한다. 그것은 자연을 관통하는 본연의 특성이지만, 인간은 놓치기
쉬운 것이다. 때문에 공자는 배우는 사람이라면 잠시도 변화를 그치
지 않도록 했다는 것이다. 그렇다면 주희에게 있어 자연화된 인간이
란, 곧 변화를 그치지 않는 인간을 의미하는 셈이 된다.

인간에게 있어 변화가 무엇을 의미하는지 이 글만으로는 아직 알
수 없다. 다만 자연이 도덕의 의미 역시 갖는 것이라면, 변화 역시 그
러할 것이라고 추측할 수 있을 뿐이다. 미우라 쿠니오의 연구가 이를
뒷받침한다. 그는 주자학 문헌에 리기理氣의 유행流行에 대한 묘사로
자주 등장하는 '끊어짐[間斷]이 없다'라는 표현에 주목했고, '끊어짐이
생긴다'는 표현은 인욕人欲으로 인한 것이며, 도덕적이지 못한 것과
관련이 있음을 보였던 것이다[4].

---

3) "天地之化, 往者過, 來者續, 無一息之停, 乃道體之本然也. 然其可指而易見者, 莫如
川流. 故於此發以示人, 欲學者時時省察, 而無毫髮之間斷也."『論語集註』(9:16)의
朱子註
4) 三浦國雄(이승연 옮김),『주자와 기 그리고 몸』예문서원, 2003, 27~32쪽. 위『論語
集註』의 글 역시 이 책에서 인용했던 것이다. 17쪽.

이로써 변화와 고착은 자연과 비자연, 도덕과 비도덕의 다른 이름이 된다. 그리고 주자학에서의 수양이란 고착에 대한 경계의 의미를 갖게 된다.

도덕이 자연을 기원으로 한다 함은, 도덕적 삶을 목표하게끔 덧붙인 억지도 아니고, 인간이 아무런 노력도 필요 없이 그대로 완전하다는 의미도 아니었다. 인간이 종종 자연에서 이탈되는 것은 변화를 그치는 까닭이다. 주자학에서의 변화는 자기 원인적 변성과 구분되어야 한다. 그것은 외부에서 맞이하는 일에 대한 응답의 과정을 의미하므로 관계성이 전제되어 있다. 그리고 변화가 그쳤다는 것은, 곧 자기 주관에 매몰된 상태를 의미한다. 하나의 생각이나 감정에 머물러 있을 때라면[私欲/不中/偏倚/放心], 그것이 어떤 내용의 것이든, 처한 상황에 집중할 수도 맞이하는 일에 올바르게 대처할 수도 없다. 불선은 바로 이 지점에서 발생하는 것이었다.

기존의 논의에서 주희의 도덕을, 인위적 가치에 기반하는 의무론으로 읽었던 것은 선입견 때문이었다고 생각한다. 인의예지는 의식적으로 하나씩 지키려 애쓸 덕목이 아니다. 그것은 인간이 자연화된 '결과로서' 존재한다. 성선설의 의미는 이로써 살려진다. 이러한 논자의 해석은 '온갖 변화의 근거[萬化之本]'라고 설명되는, 리理 개념에 대한 정의를 기반으로 하는 것이다.

주희가 선의 발현 조건, 도덕의 기초를 어떻게 설명하고 있느냐 하는 것은 본 글에서 가장 중심이 되는 논제다. 이를 해결하기 위해서는 자연이 의미하는 것이 무엇인지, 또 인간과 자연의 연속이 어떻게 말해지는지 짚고 넘어가야 했다.

Ⅱ
자연과 인간의 관계를 해석하는 세 가지 시선

〈요약 : 인간의 자연화[天人合一]는 주자학 전반을 관통하는 주제이지만, 오늘날 단독 연구 주제로는 자주 다뤄지지 않는다. 때문에 이를 기존의 연구물을 정리하는 축으로 삼는 것은 적절하지 못한 선택으로 보일 수도 있다. 그럼에도 논자가 이를 강행하는 까닭은, 이 주제를 둘러싼 논의들이 리와 기에 대한 단순한 개념 정의를 넘어선 실질적 이해를 내포하고 있기에, 기존의 연구에서 주자학의 성격이 어떻게 규명되고 있는지 선명하게 보여주는 측면이 있다고 생각했기 때문이다. 논자는 유학을 바라보는 기존의 입장을, 리에 대한 이해를 중심으로 셋으로 요약한다. 첫째는 리를 외재적인 도덕 법칙으로 이해하는 입장이다. 둘째는 리를 외부적 정황과 무관하게 인간 내부에서 발원하는 도덕심으로 보는 입장이다. 그리고 셋째는 리를 모든 존재자들과 함께 하면서 그 존재를 가능하게 하는 변화의 내재적 근거로 보는 입장이다. 이러한 이해는 유한자적 관념으로 세상을 다 파악할 수 없다는 경외감과도 관련이 있다. 아울러 변화란 관계성을 전제로 하는 것이기에, 여기서 리는 도덕의 의미 역시 갖는 것으로 설명된다. 현대의 주자학 연구에서는 첫 번째 이해가 주류를 점하는 가운데 두 번째 이해도 배제되지는 않는다. 논자는 항구적 변화에 대한 주희의 관심에

주목하며 성선性善의 의미를 살리고 있는 세 번째의 입장에 선다.〉

　주자학 문헌에서 '자연[天]'은 문맥에 따라 다양한 의미를 갖고 있는
데[5], 인간은 자연에 종속되는 한편 그 공능에 적극적으로 동참하는 존
재로 그려진다[6]. 하지만 자연과 인간의 결속이나 자연과 도덕성의 연
관 문제에 대해서는 사실상 모호하거나 신비적으로 묘사되는 경우가
많은 것이 현실이다[7]. 한 학문의 목표가 이처럼 불분명하게 제시된다
는 것은, 그 동안 진행된 주자학 연구의 양적 성장에도 불구하고, 아직
많은 부분이 설명을 기다리고 있음에 대한 증거라고 할 것이다.
　인간의 자연화란 곧 인간이 천리天理를 따르는 것을 의미하는 까닭
에[8], 일단 이 부분에 대한 해석을 시도하게 되면, 해석자 자신이 리理
에 대해 어떻게 이해하고 있는지를 여실히 보여주게 된다. 리의 성격
을 어떻게 규정하느냐에 따라 자연관뿐만 아니라, 심성론과 수양론에

---

5) 풍우란馮友蘭은 중국 전통에서 나타나는 '天'의 다양한 의미를 다음의 다섯 가지
　로 정리한 바 있다. 첫째는 땅과 상대되는 의미의 '물질적인 하늘[物質之天]', 둘째
　는 인격신적인 '주재하는 하늘[主宰之天]', 셋째는 인간의 삶 가운데 어찌할 수 없
　는 요소를 가리키는 운명을 부여하는 하늘[運命之天]', 넷째는 자연의 운행을 의미
　하는 '자연으로서의 하늘[自然之天]', 다섯째는 우주의 최고 원리를 말하는 '의리의
　하늘[義理之天]'이다. 馮友蘭(박성규 옮김), 『중국철학사上』 까치, 1999, 61~62쪽.
6) 김영식, 『주희의 자연철학』 예문서원, 2006, 193~207쪽.
7) 예컨대 시마다 겐지는 '우주적인 원리와 공감하려는 감정'으로 주자학에서의 '인간
　의 자연화'를 설명하며, 이는 도가의 영향이라고 했다. 島田虔次(김석근 외 옮김),
　『朱子學과 陽明學』 까치, 2008, 15~19쪽.
8) 이상적 인간상인 성인聖人은 곧 천리天理로 말해진다. "聖人便是一片赤骨立底天
　理." 『朱子語類』(31:67) "聖人一身渾然天理." 『朱子語類』(58:1)/ 전목錢穆은 사람
　이 자연의 리인 인仁을 행함으로써 자연을 주재하는 것이라 설명한다. 자연이 갖는
　도덕적 함의를 보여준 것이지만, 설명이 원전 그대로의 표현에 많이 기대고 있는
　탓에 그 실제 의미에 대한 해명은 남겨두고 있다고 해야 것이다. 『朱子新學案』1. 臺
　北: 三民書局, 1971, 366~376.

대한 해석 역시 달라질 것이 명백하기에 그 중요성에 대해서는 새삼 말할 필요도 없다.

기존하는 주희의 자연과 인간 관계론天人關係論에 대한 연구에서 발견되는 리(또는 성性)에 대한 실질적인 정의는 대강 1) 외재적 지식으로 습득하는 도덕 법칙과 2)(외부적 계기와 관계없이) 인간의 내면에서 발원하는 도덕심9)으로 분류할 수 있을 것이다. 논자가 보기에 이러한 해석들은, 도덕의 기원을 외적인 것으로 보느냐 내적인 것으로 보느냐 하는 차이는 있지만, 모두 자기중심적 주체 이해에 기반하고 있다. 자신이 갖고 있는 도덕 관념에 따라 외부 대상에 영향을 가하는 방식으로 선善을 예비할 수 있다는 생각이 전제되어 있는 것이다. 이런 경우 옳은 것이 무엇인지, 그 내용에 관심이 모이게 된다.

하지만 이 틀이 음양오행陰陽五行의 상관성, 감응感應10)을 통한 서로 다른 것의 연계로 모든 것의 존재를 설명하는 주자학에서도 유효한 것인지는 의문이다. 주자학에서 각자는 자신이 주도적으로 관계를 만드는 것이 아닌, 외부적 계기에 응하는 방식으로 스스로를 변화시켜 나가는 수동적인 것으로 보이는 까닭이다. 그렇다면 그 도덕에 대한 해석도 다른 틀을 필요로 하는 것이 아닐까. 이제 이전의 논의들을 살펴보자.

모종삼牟宗三11)은 중국 사상에서의 천도天道가, 종교와 도덕의 의미

---

9) 본 절에서는 앞으로, 리에 대한 이상의 관점들을 1)과 2)로 칭할 것이다.

10) 김영식은 주희가 자연 현상이 지닌 가장 중요한 특징으로 대극對極들 간의 순환적 교체에 주목했고, 이는 감응론感應論에서 볼 수 있다고 했다. 위와 같은 책. 102쪽.

11) 牟宗三, 『心體與性體』1. 臺北: 正中書局, 1968. 第 1部 第 1章. /牟宗三(김병채 외 옮김), 『모종삼 교수의 중국철학 강의 :(原題)中國哲學的特質』 예문서원, 2011,

를 함께 갖는 것이라고 설명한다. 그런데 유가儒家에서는 천도 자체가 아닌, 인간의 성명性命과 천도가 서로 관통하는 심心에 관심을 두어 스스로 천도를 어떻게 실현할 것인가 하는 문제에 주안점을 두게 되었으며, 도덕적 감정[12]을 통해 자연의 화육化育에 참여하려 했던 것이라고 했다. 그는 송명리학宋明理學의 의의를 심心, 성性, 천天을 하나로 보는 틀이 완성된 것에 둔다. 그런데 정이程頤와 주희는, 성즉리性卽理를 말하나 심즉리心卽理를 몰랐고, 리가 있기는 하되 활동하지 않는다는 입장에 서 있기 때문에 정통이 아니라고 했다. 이들 계통 간 입장 차이로 공부론의 양상도 달라졌다고 한다. 정통의 노선에서는 마음이 곧 초월적 도덕심이고 성性이기에 내적 반성의 공부를 중시하게 되는 반면, 정이와 주희는 마음에서 선을 향하는 자발성을 분리했기 때문에 외부의 사물에서 지식으로 리를 구하는 격물格物을 말하게 되었다는 것이다. 경敬 역시 격물을 위해 마음을 수렴하는 것에 불과하다고 설명한다. 즉 2)를 정통으로 보고, 정이와 주희를 1)로 보아 구분한 것이다.

하지만 정이와 주희는 마음을, 도덕적 자발성과 분리시켜 생각하지 않았다. 이들 역시 도덕의 자발성을 믿었지만, 사욕私欲의 제거라는 전제를 뒀을 뿐이었다. 격물이 외부에서 도덕 지식을 구하는 작업이

37~48쪽.

12) 모종삼牟宗三은 서복관徐復觀의 '우환의식憂患意識' 개념을 빌려 도덕의 기초를 설명한다. 서복관이 말하는 '우환의식'은 원시의 종교적 동기에서 나온 공포나 절망과 구분되며, 결국 신에게 기대지 않고 일의 길흉성패를 스스로 감당하려는 책임감의 발로로 요약할 수 있다. 徐復觀, 『中國人性論史-先秦篇』上海: 上海三聯書店, 2001, 18~22. 모종삼은 이러한 우환의식이 커져서 도덕의식을 바탕에 두는 연민과 근심[悲憫]이 생겨난다고 설명한다.

라고 보기도 어렵다[13]. 그것에 지식 습득의 의미가 있다면, 부차적인 것이지 적어도 본질적인 것은 아니었다. 이들은 자연의 본래성을 다른 것과의 상호 연속에서 찾았기 때문에, 자신의 이론적 · 감정적 맥락을 지우고 일상의 일에 주의하여 대처하는 격물을 말했다. 주희가 심心을 곧바로 리라고 하지 않은 것이나, 리는 있되 활동하지 않는 것이라고 한 것 역시, 리를 기가 갖는 고착의 가능성으로부터 철저히 분리하여 변화의 근거라는 성격을 부여하기 위한 것이었다. 이에 대한 구체적인 설명은 본문으로 미뤄두고, 자연과 도덕의 연속을 설명하는 다른 연구들을 좀 더 살펴보자.

야마다 케이지山田慶兒[14]는 리가 자연학적 맥락에서는 본래 불필요한 개념이었다고 말한다. 그는 주희가 기를 그 자체 운동성까지 지니고 있는 것으로, 리를 어떠한 능동성도 없이 다만 기를 따라 움직이는 것으로 설명하고 있다는 사실에 주목한다. 그는 만물의 생장소멸은 기만으로도 충분히 설명될 수 있는 것이었는데, 윤리학의 가치론적 · 당위론적 요청에 의해 리 개념이 도입되었고, 이로 인해 고도의 통일성을 갖춘 기의 자연학은 파탄을 맞이하게 되었다고 했다. 자연과 도덕의 억지스러운 통합이 주희 철학의 특색을 이루면서, 그 한계를 노정하게끔 했다고 본 것이다.

이택후李澤厚[15]는 송명이학이 자연학을 윤리학에 종속시킨 체계라

---

13) 모종삼처럼 대다수의 학자들은, 격물을 외재하는 리를 지식으로 습득하는 공부라고 설명한다. 그러나 그것에서 실제로 도덕성 고양의 효과를 기대할 수 있는지에 대해서는 의심을 표시한다. 馮友蘭, 『中國哲學史新編』北京: 人民出版社, 1999, 199./陳來, 『朱子哲學硏究』三聯書店, 2010, 377~378.
14) 山田慶兒(김석근 옮김), 『朱子의 自然學』통나무, 1998.
15) 李澤厚(정병석 옮김), 『중국고대사상사론』한길사, 2005, 437~454쪽.

고 설명한다. '송명이학자들은 특정사회의 기존 질서와 규범, 법칙을
우주를 통치하는 무상의 법칙으로 간주하려 했고,' 때문에 리가 된 자
연은 추상적이고 교조적인 것으로 변질되었다고 지적한다. 그는 격물
치지를 비롯한 모든 공부는 윤리적 본체에 대한 깨달음을 위한 것이
었다고 설명하고, 과학적 지식이 실증적 자연과학의 발전으로 이어지
지 못하고 도덕적 심성학으로 귀결된 것을 당시의 시대적 정황 때문
일 것이라고 추측한다.

안은수[16]는 주희의 자연관을, 인간학의 기초라는 의미를 두고 접근
한다. 주희가 자연의 원리는 인간의 원리와 같다는 전제 하에, 인간의
문제를 설명하기 위해 객관적 대상화가 가능한 자연을 관찰했다는 것
이다. 그가 보는 자연은 인간 사회에서 권장되는 행위의 근거라는 의
미가 이전 시대보다 강화된 것이라고 했다.

박경환[17]은 성리학자들에게서 자연에 대한 이론은 도덕론을 위한
전제일 뿐이었다고 말한다. 때문에 객관 대상은 도덕적 목적을 위해
변용이 가해진 채 설명될 수도 있었다고 했다.

이상의 여러 논의들은 모두 1)의 입장에서, 주자학이 자연을 강한
도덕적 문제의식을 통해 접근하고 있음을 의심하지 않는다. 그러나
주희가 자연天/天地을 어떠한 의미로 쓰고 있는지에 대한 고증 없이,
그것을 오늘날 자연학의 대상-외부적 관찰 대상-처럼 다루고 있다[18].

---

16) 안은수, 『주희의 자연관 형성의 두 원천』 문사철, 2009. 이는 『朱熹의 自然觀과 그
    成立에 관한 硏究』(성균관대학교 대학원 박사학위 논문 1996)를 출판한 것이다.
17) 박경환, 「宋代 氣 범주의 윤리학과 자연과학적 전개에 관한 연구」 『中國哲學』(제
    10집)
18) 이것은 물론 주희가 당대의 자연과학적 지식을 반영하는 발언을 하지 않았다는
    것을 의미하지 않는다.

리 역시 당시대의 도덕적 이념을 의미하는 것으로 본다. 이런 상황에서는, 주희가 자신이 갖고 있는 이념을 자연에 덧씌워 읽고 있다는 설명 말고는 길이 없어 보인다. 유가에서 사람이라면 본래적으로 갖고 있다고 하는, 선을 향하는 자발성에 대해서는 의미 있는 해석이 전혀 불가하다.

이상돈[19]은 주희의 자연관을 직접적으로 언급하지는 않았다. 하지만 그의 연구는 1) 일변도의 기존하는 리 해석을 뒤집었다는 의의를 갖고 있다. 그는 선을 향하는 자발적이고 필연적인 마음의 능력에 주목하며, 주자학 공부론의 중심이 외부적 리를 인식하는 데 있다는 일련의 입장들을 비판한다. 격물 역시 지식을 축적하는 공부로는 볼 수 없으며, 주자학의 핵심에 놓이는 것은 존심양성存心養性을 내용으로 하는 미발함양未發涵養이라고 주장한다. 논자는 이 논문의 취지에 상당부분 동의한다. 하지만 리가 마음의 외부에 존재한다고 보는 이전의 학설들을 비판하면서, 그것이 마음에 내재한다는 2)의 입장만을 강조하는 것 역시 불완전하다고 생각한다.

어떠한 정감의 표출이든, 외부 상황에 박자가 맞아야 비로소 선이 될 수 있다. 수오지심羞惡之心을 일으킬 때가 아닌데, 남을 미워한다는 것은 이상 현상이고 불선이다. 주희는 외부적 계기에 의존하지 않고 사사로이 일으킨 심리를 경계하며 이것이 선한 본성의 발휘를 가로막는다고 보았다. 그런데 기존 연구에서는 모종삼이 그러했던 것처럼, 성선性善의 문제를 다룰 때면 외부적 계기의 의미가 간과되는 경향이

---

19) 이상돈, 『주희의 수양론-未發涵養工夫를 중심으로』 서울대학교 대학원 박사학위 논문, 2010. 리를 마음의 외부에 있는 것으로 보고, 이에 대한 탐구를 주자학의 중심으로 보는 입장들에 대해서는 이 논문의 서론에 잘 정리되어 있다.

있는 듯하다.

정원재[20]는 감응感應이 성선설과는 정면으로 배치되는 것이라고 한다. 그는 인간의 활동 전체를 외부의 자극[感]에 대한 반응[應]으로 파악하는 이론 체계를 '지각설知覺說'이라 이름하며, 주희도 중화신설中和新說을 수립하기 전까지 호상학湖湘學의 영향으로 이러한 입장에 있었다고 했다. 지각설은 외부적 계기에 우선적으로 주목하는 것이기에, 인간 행위의 내부적 기원을 따지는 성선설과는 양립될 수 없다는 것이다. 이 역시 성을 2)의 의미로 해석하고 있는 입장이라 할 수 있을 것이다. 하지만 감응과 성선설 사이에는 아무런 괴리가 없다. 주희에게는 오히려 선한 본성(혹은 '미발未發의 중中')이 감응의 조건이 되는 까닭이다. 또한 호상학을 비판했을 때 주희가 문제 삼았던 것은 감응론과는 상관이 없는 것이었다[21]. 그가 중화신설을 통해 정식화한, 미발을 함양하는 공부란 일을 맞이하기도 전부터 어떠한 생각이나 감정으로 인해 마음의 균형을 잃지 않도록 하는 것에 불과하다. 이는 곧 사욕私欲에 대한 경계로, 주희는 그렇게 해야 외부에서 일이 다가왔을 때 공정하게 응應할 수 있게 된다고 설명한다.

조셉 니덤Joseph Needham[22] 역시 성리학에서 자연과 도덕을 통합적으로 다루는 관점에 주목하지만, 그 논지는 주희의 자연학을 다루는 이상의 입장들과 달라 보인다. 그는 유가가 당대唐代에 이르러, 도

---

20) 정원재, 『知覺說에 입각한 李珥 哲學의 解釋』 서울대학교 박사학위논문, 2001, 18~19쪽.

21) 주희는 호상학과 자신의 학문을 다음과 같이 대별하기도 했다. "우리는 정靜으로 동動에 응應하는데, 호남湖南에서는 동動으로 동動에 응應한다.(此以靜應動, 湖南以動應動)" 『朱子語類』(12:154)

22) Joseph Needham(이석호 외 옮김), 『중국의 과학과 문명』 3. 을유문화사, 1988.

가의 우주론을 상쇄시킬 우주론이나 불교의 형이상학과 경쟁할 수 있는 형이상학의 결여를 의식하게 되었고, 인간의 도덕적 이상을 자연 안에 위치 짓게 되었다고 설명한다. 아울러 성리학이 진화론적 유물론과 유기체 철학의 세계관에 근접한 것으로 보고, 그것이 불교보다는 도가에 가까운 것이 아닐까 추측한다. 그는 리를 약동하는 자연의 질서와 패턴으로 보는 것이 적당하며, 정식화된 법칙으로 보는 것은 큰 오해라고 했다. 존재자들은 그 처한 위치에 따라 내적 본성의 지시를 따르는 것이기 때문이다.

그 역시 다른 학자들처럼 리와 기를 비물질과 물질적 요소에 대한 표현이라고 생각했지만, 리를 고정된 것, 정식화된 법칙으로 읽지 않는다는 점에서, 1)의 입장을 취하고 있다고는 할 수 없다. 아울러 외적 상황(위치)이 존재자의 활동에 미치는 영향력을 좌시하지 않으면서 성선설의 의미 역시 살리고 있는 만큼, 그가 2)의 입장에 서 있다고 보기도 어렵다. 니덤의 주자학 해석은 연구사적으로 어디에서 공통분모를 찾을 수 있을까.

주자학은 선진시대 유학과 간극이 의외로 크지 않고, 때문에 그 연장선상에서 좀 더 적극적인 해석을 기다리고 있었던 것이었을 뿐인지도 모른다. 마르셀 그라네Marcel Granet는 고대 중국이 가진 자산이 철학이라기보다는 지혜였다고 말한다. 그는 중국인들이 하나의 교리나 체계에 따른 세계관을 확립하지 않았고, 규정된 관념보다 불분명하여 해석의 여지를 남겨두는 상징을 선호했다고 설명한다. 아울러 그들의 사유는 결국 도를 상징으로 하는 총체성으로 요약된다고 했다[23].

---

23) Marcel Granet(유병태 역), 『중국사유』 한길사, 2010, 24~46쪽. 338쪽.

이러한 입장은 미르치아 엘리아데Mircea Eliade[24]나 프랑수아 쥴리앙 François Julien[25]에게서도 보인다. 이들이 공통으로 주목하는 것은, 중국인이 세상이 갖는 항구적인 변화의 특성에 큰 의미를 두고 있으며, 인간은 그러한 세상 밖의 관찰자가 아니라 그 안에서 함께 변화하는 존재로 설명된다는 점이다. 논자는 주희가 이 고대의 자산을 충실하게 계승하고 있다고 본다.

존재자들 간의 상호 의존과 그것을 통한 변화에 관심을 둔다는 것은, 단순히 자연과 도덕의 통합 지점을 확인하는 것 이상의 의미를 지닌다. 존재자의 성격을 어떻게 규명하고 있는가 하는 것은, 곧 그 사상전 체계의 짜임을 좌우하는 문제이기 때문이다. 역동적인 외적 계기에 따라 달리 발휘되는 내적 본성의 지시를 믿는 이상, 그 학문은 외부 세계를 통제하고 예측 가능하게 질서 지으려는 지식이나 원리 원칙을 고수하는 것에 관심을 두지 않을 것이다. 무궁하게 변화하는 이 복잡하고 다채로운 세계를, 어떻게 인간의 협소한 생각으로 모두 아우를 수 있을 것인가.

관념이란 구체화되는 순간 유한자적 제약을 띠게 되므로, 그것은 완전하고 총체적인 진리를 담을 수 없다. 항상 선한 동시에 온갖 변화의 근본으로 말해지는, '무형無形의 리理' 개념이 요청된 것은 바로 이러한 문제의식 때문이었다. 하나의 견해를 고집하고 있을 때, 상황의 요구를 간취하기 어렵게 되고 변화는 멎는다. 항상적 변화의 근거로,

---

24) Mircea Eliade(최종성 · 김재현 역), 『세계 종교 사상사2』 이학사, 2005, 35쪽.
25) François Julien(박치완 · 김용석 옮김), 『현자에게는 고정관념이 없다』 한울아카데미, 2009. *왕부지王夫之에 대한 그의 다른 저서 『운행과 창조』(유병태 역, 케이시 아카데미, 2003.)도 유가에서의 변화의 의미에 대한 참고 자료가 된다.

구체화된 관념을 거론하는 것은 가당치 않다. 때문에 주희는 형이상자形而上者를, 어떠한 관념 안에 담을 수 없고 말할 수도 없는 무한자로 설명한다.

리는 지식의 대상이 되는 도덕 법칙도, 외적 계기 없이 일어나는 도덕심도 아니다. 그것은 사사로운 주관의 의지가 제거된 마음과 맞닥뜨리는 구체적 현실과의 공명 가운데 존재한다. 이로써 논자는 1)과 2)의 자기 주관으로부터 비롯되는 도덕론을 넘어 제 3의 노선을 걷는다. 이는 곧 주자학의 주된 관심이 선의 내용 규명이 아닌, 선을 가능하게 하는 마음의 조건이 무엇인지에 머물러 있다고 보는 입장의 표명이기도 하다.

'자연[天/天地]'의 의미로부터 출발하는 가설과 논의들은, 결국 주자학 내 개념어들의 실제 의미를 차근차근 밝힘으로써 증명해내야 할 것이다. 그 중심에 놓이는 것이 형이하자形而下者와 구분되는, 형이상形而上의 리理가 갖는 의미다[26]. 논자는 바로 이 부분에 대한 숙지가

---

26) 이는 리기심성론에 집중되는 주자학 연구 경향을 비판하는 움직임에 대해 재검토를 요구하는 것이기도 하다. 조남호는 주희 관련 문헌 가운데 리와 기에 대한 언급의 비중이 그다지 높지 않은데도, 많은 연구자들이 이에 집착하고 있다고 말한다. '주희의 관심은 세계를 합리적으로 이해하려는 사변적이고 형이상학적인 관심이 아니라, 오히려 이 세계 속에서 어떻게 살아가야 하는지에 대한 실천적 관심'이라는 것이다.(『주희(朱熹):중국철학의 중심』 태학사, 2005, 19쪽) 홍성민의 입장 역시 비슷하다. 그는 '주희의 철학적 이상은 현실 주체로서 자신을 수양하고 나아가 사회윤리의 가치를 실현하는 것이었다. 이러한 점에서 리·기, 태극太極같은 추상적 개념들도 사변적 이론 체계를 구축하기 위해 사유했던 것이 아니라, 현실 문제에 대한 심도 있는 설명 방법을 모색하기 위해 사유했던 것'이라며 리기론에 집중된 연구 경향에 문제를 제기한다.(『朱子 修養論의 구조와 실천적 성격』 고려대학교 대학원 박사학위논문, 2008, 2쪽) 하지만 논자는 주자학에 있어 리기 본체론의 중요성을 간과해서는 안 된다고 생각한다. 주희가 여조겸呂祖謙과 엮은 신유학의 입문서 『근사록近思錄』이 「도체道體」로 모두 冒頭를 열고, 『주자어류』가 리기론으

주자학이 이단을 구분하는 기준을 이해하고, 마음의 문제적 상태인 방심放心과 이를 바로잡기 위한 미발함양[또는 존심양성存心養性]의 의미를 파악할 수 있게 하는 관건이 된다고 생각한다.

로 시작하는 데는 그럴만한 이유가 있었을 것이다. 논자는 주희가 리와 기를 말했던 것은 단순한 사변적 관심 때문이 아니었고, 또한 리나 기, 태극과 같은 명칭을 사용하지 않는 경우라 하더라도 이를 통해 전달하고자 했던 의도는 그의 글 어디에서나 관철되고 있다고 본다. 리기론에 대한 이해 없이는 성즉리를 축으로 하는 심성론이나 거경궁리居敬窮理를 내용으로 하는 수양론은 그 존립조차 불가능한 것이다. 그렇다면 오히려 리기론의 중요성이 주자학의 연구 분과의 경계를 모호하게 하고 있다고 할 수 있지 않겠는가.

Ⅲ
이 책의 구성

　주희는 무엇이 선인지 논증하는데 관심을 기울이기보다는, 어떠한 마음 상태에서 선이 가능해지는지에 대해 설명한다. 각자가 맞이하는 주변 상황은 항상 변화하고, 사적 관심으로 인한 편향 없이 상황이 불러일으키는 만큼의 정감을 따르는 것이 선이다. 구체적 상황이 전제되지 않은 상태라면, 선악은 논할 수 없다. 이러한 믿음이 그 학문의 근간을 이룬다.

　기존의 연구 경향이나 통념적 도덕관으로 볼 때, 이러한 사유는 매우 낯설고 오해 없이 전달하기도 어려워 보인다. 논자는 설득력을 갖추기 위해, 기존 연구에서 잘 인용되지 않았던 원전을 가능한 한 많이 소개하면서 주요 개념어들을 새롭게 정의해 보려 한다. 이러한 서술 방식은 장점이 될 수도 있지만 다른 주자학 연구와의 접점이 약해 보이는 문제를 초래할 수도 있으므로, 대신 밖으로 눈을 돌려 그라네나 쥴리앙 등 서구의 유학 연구를 인용하고, 글의 곳곳에서 엘리아데의 신화 해석, 쇼펜하우어의 도덕 이론, 마이스터 에크하르트의 신학 등과의 유사성을 언급함으로써 주자학적 사유가 인류 지성사에서 낯선 것만은 아님을 환기시키려 한다.

　책의 구성은 외양상 리기론, 심성론, 수양론의 틀을 따른다. 하지만 논자는 이 영역들의 경계가 본래 모호하며, 특히 리기론과 심성론은 거의 구분할 필요가 없는 것이라고 생각한다. 때문에 기존의 영역 구분을 존중하지만 고수하지는 않고, 각 영역에서 다루는 소재 선택에는 융통성을 발휘할 것이다.

2장은 총설이다. 전체 글에서 다루는 주요 논의의 단초들을 담은 설계도에 해당한다. 이렇게 할 경우 이후 논의를 한갓 반복으로 만들어버릴 위험도 있으나, 주요 논제를 놓치지 않은 채 그 세부에 관심을 집중하도록 하는 효과를 거둘 수도 있다고 생각했다. 나중에 본문에서 자세히 다룰 내용이라면, 각주를 통해 예고도 해둘 것이다. 주자학에서의 이상적 인간상인, 자연화된 인간이 의미하는 것이 무엇인지, 주로 윤리적인 문제에 초점을 맞춰 설명한다. 인간의 자연화란 맞이하는 일과 무관하게 갖고 있는 자신의 심리적 맥락을 지속적으로 무화시킴으로써 주변의 변화에 응하는 것을 의미한다는, 본 글의 주요 주제를 보여주는 데 목표를 둔다.

3장은 본서에서 논의상 가장 무게가 실리는 부분이다. 자연과 인간의 통합적 사유를 설명하기 위해서는 주희가 자연의 어떠한 성격에 주목하고 있는지, 자연에서 발생하는 도덕이 무엇을 의미하는지에 대한 선결이 요구된다. 이는 결국 천리天理가 의미하는 바가 무엇이냐는 물음으로 이어지는데, 바로 이 문제를 다루려고 한다.

논자는 주돈이周敦頤「태극도설太極圖說」의 첫 문장, '무극이태극無極而太極'에 대한 해석을 두고 주희와 육씨陸氏 형제 사이에서 벌어졌던 논쟁을 주요 자료로 선택했다. 하지만 글의 초점은 이들 간의 논쟁이 어떻게 진행되었는가가 아닌, 주희가 생각하는 '형이상의 리'가 갖는 의미를 밝히는데 둘 것이다. 이들이 주고받은 서신 이외에, 주돈이의 『통서通書』 「동정動靜」에 대한 『주자어류朱子語類』의 문답도 함께 살피려고 한다. 주희는 『통서』가 모두 태극에 대한 이야기라고 말한 바 있고, 논자는 이것이 형이상과 형이하의 의미가 무엇인지 분명하게 보여주는 자료가 된다고 생각하는 까닭이다. 이를 통해 항상 선한 리가 어떻게 변화의 근거로 설명될 수 있는가 하는 문제를 해결하고자 한다.

4장은 인간이 변화가 그치게 되는 이유, 자연과 둘로 갈라지게 된 원인 분석에 해당된다. 주희가 사사로운 관심으로 인한 상황과의 단절[間斷] 상태를 마음의 문제적 상황으로 보고 있음을 설명하는데 중점을 둔다. 주된 소재는 방심과 존심存心[또는 구방심求放心]의 실제 의미이다. 주희는 방심의 상태를 두고 '마음이 몸 밖으로 나간다', 구방심의 촉구를 위해 '마음은 몸속에 있어야 한다'는 표현을 쓰곤 하는데, 그 의미를 찾아 『근사록近思錄』 「존양存養」에 실린 정호程顥의 말 '마음은 몸속에 있어야 한다. 밖으로 조금만 틈이 나도 달아나버린다.(心要在腔子裏. 只外面有些隙罅, 便走了.)'에 대한 『주자어류』의 문답을 살펴볼 것이다. 아울러 사욕私欲과 잡된 상념이 들끓는[思慮紛擾] 것이 모두 방심放心을 뜻하며, 주희의 중화신설中和新說을 통해 정식화한 미발함양未發涵養이 방심을 경계하는 의미를 지니고 있음을 확인해 두려 한다.

5장은 수양론이다. 경敬과 격물치지格物致知 공부를 구방심求放心이라는 목표 하에 통합하여, 앞 장과의 연관 하에서 살핀다. 자료는 주희 문헌 가운데서 논지에 도움이 될 것을 선별해 쓰기로 한다. 경이 무엇을 의도하고 있는 공부인지 설명하고, 격물치지의 목적이 사욕私欲의 제거에 있지 지식 축적에 우선적 의미를 부여하기는 어려움을 보일 것이다.

6장은 정의론에 해당된다. 여기에는 3장에 대한 보충의 의미가 있으며, 주자학의 이단 비판 근거도 포함되어 있다. 도리道理의 수많음(무규정성)을 성찰할 수 있는 좋은 기회가 된다는 판단에, 권權설을 주요 소재로 택했다. 『논어』「리인里仁」의 '군자는 모든 일에 있어 반드시 옳다는 것도 반드시 그르다는 것도 없다. 의에 따를 뿐이다.(君子之於天下也, 無適也, 無莫也, 義之與比.)'와 「자한子罕」의 '함께 공부할 수 있어도 그것만으로는 아직 도를 향해 함께 나아갈 수 있는 것이 아니다. 도를 향해 함께 나아갈 수 있어도 그것만으로는 아직 함께 뜻을 세울 수 있는 것이 아니다. 함께 뜻을 세울 수 있어도 그것만으로는 아직 함께 권을 행할 수 있는 것이 아니다.(可與共學, 未可與適道. 可與適道, 未可與立. 可與立, 未可與權.)'에 대한 『집주集註』와 『주자어류朱子語類』의 문답을 자료로 한다.

7장에서는 주희가 생각하는 이상적 인간의 사례, 혹은 공부의 목표가 될, '안자顔子의 즐거움'이라는 주제를 다룬다. 『논어』「옹야雍也」의 '훌륭하구나! 회는. 그는 변변찮은 음식을 먹으며 누추한 동네에 살고 있다. 남들 같으면 그런 근심을 견디지 못하는데, 회는 그 즐거움을 바꾸지 않는다.(回也! 一簞食, 一瓢飮, 在陋巷, 人不堪其憂, 回也不改其樂.)'에 대한 『주자어류』의 문답들, 이 주제를 다루고 있는 「답유중승答劉仲升」 등의 몇몇 서신을 자료로 하여, 사사로운 주관의 탈락과 이를 통한 인간의 자연화가 갖는 의미를 보임으로써 글을 마무리할 것이다.

제2장

●

자연과 인간을 관통하는 변화

1
자연은 일기一氣의 유행流行

    인간은 자신의 몸을 통해 주위 환경을 대한다. 보고 듣고 판단하며, 그것에 따라 행위 한다. 모든 인간은 태어나면서부터 항상 자신을 둘러싸고 있는, 환경이라는 한계 안에 있다. 외부 조건의 영향 없는 독립적이고 중립적인 시공時空이란 추상적 사유 안에서나 가능할 일이고, 외따로 분리되어 있는 개인이란 이론적 편의에 따른 설정일 뿐 진실과는 무관하다. 우리는 진공 상태에서 다른 것과 무관하게 서 있는 자아가 아니라, 항상적으로 갱신되는 '지금 여기'라는 상황 안의 누구이다.

    주희는 인간과 그를 둘러싸고 있는 주변의 움직임을, 기氣의 활동으로 설명한다. 주의해서 볼 사실은 그가 인간의 기와 자연의 기를 구분하지 않고, 오히려 인간을 자연의 기가 운행하는 과정 가운데 있는 존재로서 설명하고 있다는 점이다. 이를테면 주희는 '천지간에는 기 아닌 것이 없다. 인간의 기와 자연[天地]의 기는 항상 서로 접하고 있고, 인간의 마음이 움직이면 그것이 기에 전달된다[1]'고 한다. 인간의 주변 세계와의 교류를, 어느새 자연과의 연속으로 치환하여 말하고 있는

---

1) "屈伸往來者, 氣也. 天地間無非氣. 人之氣與天地之氣常相接, 無間斷, 人自不見. 人心才動, 必達於氣, 便與這屈伸往來者相感通." 『朱子語類』(3:7)

것이다.

　다음 글에서는 자연 내 존재로서의 인간이 흥미롭게 그려지고 있다.

　　"이 몸에서 일어나는 일을 보자면, 스스로 웃고 말할 수 있고, 많은 지각 기능이 있으니 이것이 어떻게 가능한 일인가. 허공에서 갑자기 바람이 불고 비가 내리며, 갑자기 천둥이 치고 번개가 번쩍이니, 이것은 어떻게 가능한 일인가. 이것은 모두 음양陰陽이 서로 감응感應하는 것으로 모두 귀신鬼神[2]이다. 이해가 여기까지 이른다면, 몸이란 단지 여기 있는 껍데기[軀殼]일 뿐이고, 안팎으로 자연을 이루는 음양의 기 아닌 것이 없음을 보게 된다. 지난밤에 '하늘 땅 사이 가득 찬 것은 내 몸이고, 자연을 이끄는 것은 나의 본성이다'라고 했는데, 생각해 보면 같은 도리道理일 뿐이다."

　　또 말씀하셨다. "예컨대 물고기는 물속에서 사는데, 물고기 바깥의 물은 물고기의 뱃속에 있는 물과 같다. 쏘가리 뱃속에 있는 물과 잉어 뱃속에 있는 물은 다 같은 물이다[3]."

---

2) 여기서 '귀신鬼神'이란 무슨 초현실적 존재를 뜻하는 것이 아니라, 기의 세계에서 음양의 작용을 가리키는 것일 뿐이다. "天地是體, 鬼神是用. 鬼神是陰陽二氣往來屈伸. 天地間如消底是鬼, 息底是神, 生底是神, 死底是鬼. 以四時言之, 春夏便爲神, 秋冬便爲鬼. 又如晝夜, 晝便是神, 夜便是鬼. 以人言之, 語爲神, 默爲鬼."『朱子語類』(68:17)

3) "且就這一身看, 自會笑語, 有許多聰明知識, 這是如何得恁地? 虛空之中, 忽然有風有雨, 忽然有雷有電, 這是如何得恁地? 這都是陰陽相感, 都是鬼神. 看得到這裏, 見一身只是箇軀殼在這裏, 內外無非天地陰陽之氣. 所以夜來說道, '天地之塞, 吾其體, 天地之帥, 吾其性.', 思量來只是一箇道理." 又云. "如魚之在水, 外面水便是肚裏面水. 鱖魚肚裏水與鯉魚肚裏水, 只一般."『朱子語類』(3:21)

　기상 현상을 비롯한 자연의 움직임이나 인간의 심리 지각 활동은 모두 기의 감응으로 설명된다. 자연사와 인간사를 한데 묶어서 보는 사유는 낯선 것이지만, 그가 천지간이라는 공간 안의 현상을 통째로 보고 있는 것이라고 생각하면 이해하기 어렵지만은 않다.

　존재자들 간의 상관성에 주목하고 있는 한, 각자에게서 기대되는 개별자적 성격은 희석되기 마련이다. 모두는 서로 영향을 주고받는 관계에 있기에, 개체들 각각의 몸으로 구획된다 하여 이질적인 것으로 말해지지 않는다. 물속을 헤엄치는 물고기 뱃속의 물이 몸 밖의 물과 같고, 개체가 다른 물고기들 뱃속의 물이 또 한 가지인 것처럼, 사람 몸 안팎의 기는 몸을 경계로 구분되지 않는 것이다.

　주희는 결국 자연이란 하나의 기가 유행流行하는 것을 의미한다고까지 말하기에 이른다.

　　"자연은 단지 일기一氣가 유행하는 것이다. 만물은 저절로 생겨나고 자라며 저절로 형상과 색을 지닌다. 어찌 하나하나 이처럼 꾸밀 수 있겠는가. 성인聖人은 단지 하나의 큰 본원으로부터 발현되는 것이니, 저절로 밝게 보고 저절로 똑똑히 들으며 저절로 온화한 기색이 되고 저절로 공경하는 모습이 되며, 부자지간에는 인仁하고 군신지간에는 의義하는데, 큰 근본으로부터 흘러나와 수많은 도리를 이루는 것이다[4]."

　주희는 기의 유행을 통해, 만물이 저절로 자신의 모습을 갖추며 변

---

4) "天只是一氣流行. 萬物自生自長, 自形自色. 豈是逐一粧點得如此! 聖人只是一箇大本大原裏發出, 視自然明, 聽自然聽, 色自然溫, 貌自然恭, 在父子則爲仁, 在君臣則爲義, 從大本中流出, 便成許多道理." 『朱子語類』(45:7)

화해간다는 사실을 환기시킨다. 그것들은 억지로 자신을 꾸미려 노력해서 현재의 모습을 이룬 것이 아니라고 했다. 그런데 그는 여기서, 어디까지나 자연세계에만 국한시켜야 할 것 같은 이야기의 맥락을 인간세계에까지 확장시키고 있다. 성인 역시 만물이 저절로 제 모습을 갖추는 것처럼, 힘들이지 않으면서도 잘 보고 들으며 때에 적절한 몸가짐을 보인다고 했던 것이다.

물론 이상의 인용만을 근거로, 주희가 윤리적인 인간이 되는 데에 아무 노력이 필요하지 않다는 입장을 취하고 있다고 한다면 곤란할 것이다. 성인은 이미 완전히 자연화된 인간[5]을 지칭하는 것이고, 인간이 자연성을 회복하는데 있어 노력이 필요한가 여부에 대한 논증은 별개의 문제이기 때문이다[6].

하지만 이는 앞서 인간의 언행이나 심리 지각 현상을 자연 현상과 동일 선상에 두고 논했던 데서 더 나아가, 마땅히 인위적 가치의 영역에 속한다고 해야 할 인의仁義 도덕이 자연에서 기원한다고 말하는 것이기에 주목할 만하다. 주희에게 인간사와 자연사의 통합적 이해는 유가의 정통성과도 직결되는 중요한 문제였다. 이단비판의 논지에서도 확인할 수 있다. 그는 불자佛者를, 자연의 운행運行에 참여하지 않는다는 이유로 비판하기도 했던 것이다[7].

---

5) "聖人一身渾然天理." 『朱子語類』(58:1)
6) 주희는 성인聖人되기가 쉽지 않기를 나이 들어 알았다고 말한다. "某十數歲時讀孟子言'聖人與我同類者', 喜不可言. 以爲聖人亦易做. 今方覺得難." 『朱子語類』(104:4)
7) 계통季通이 이어서 말했다. "세상의 일은 사람이 해야 할 일인데, 그들(불자佛者)처럼 정좌坐定만 해서 무얼 하겠습니까. 해와 달은 움직여야 하고, 자연은 운행運行되어야 하는 것입니다." 말씀하셨다. "그들은 운행에 참여하지 않으니 진실로 옳지 않다. 우리는 여기서 움직이고 여기서 운행한다. 다만 운행에 어그러짐이 있을 뿐이다. 요즘 사람들은 되는대로 기뻐하고 되는대로 노하니 어찌 잘못이 아니겠는가. 그

주희에게 사회적 가치들까지 자연이라는 것은 어떻게 진실이 된 것일까. '유행流行'이란 표현은, 서로 다른 것들 간의 연속과 그것을 통한 변화를 의미한다. 인간사에서 실제로 이에 해당되는 장면은 어떤 것인가. 하나의 기가 유행하는 것이 자연이라면, 유행이 멎을 때는 자연도 도덕도 아니라고 할 것인가. 만약 그렇다면 그 단절斷絶은 무슨 까닭으로 발생하는 것일까. 또한 고정된 존재로서의 개별자를 인정하지 않는 입장은 그 학문 전체에 어떻게 반영되어 있을까[8].

자연과 도덕이라는, 일견 마땅히 사실과 가치의 영역으로 구분되어야 할 것의 혼재를 두고, 여러 학자들은 자연법칙에 도덕적 의미를 부여하여 유학 규범의 정당화를 기했던 주희의 억지로 읽었던 바 있다[9].

들은 지나치고 요즘 사람들은 미치지 못하는 것이다."(季通因曰. "世上事便要人做, 只管似它坐定做甚? 日月便要行, 天地便要運." 曰. "他不行不運, 固不是. 吾輩是在這裏行, 是在這裏運. 只是運行又有差處. 如今胡喜胡怒, 豈不是差? 他是過之, 今人又不及.") 『朱子語類』(126:48)

8) 자연을 역동적인 것으로 보는 중국 전통의 특성은, 그 학문의 개성을 형성하는 결정적 요인으로 작용하기도 한다. 예컨대 중의학이 인체를 고정된 것이 아닌, 감응과 교섭을 통해 유동하는 기로 받아들였기 때문에 서구 의학과는 전혀 다른 발달 과정을 걸어왔다는 연구도 있다. 이시다 히데미는 중국에서 신체를 고정된 것이 아닌, 기가 흐르는 장場으로 보고 있음에 주목하고, 중의학에서 해부학이 발달하지 않았던 이유나 치료에 있어 장기臟器 자체가 관심의 대상이 되지 않았던 것은 이 때문이라고 설명한다. 石田秀美(이동철 역)『氣-흐르는 신체』열린책들, 1996. 주자학이 인간과 자연을 관통하는, 끊임없는 변화에 주목하고 있는 한 그 윤리학도 달리 접근해야 하는 것은 아닐까. 반면 옳은 것이 무엇인지 알고 이를 현실에서 실현하려는 의지를 가져야 한다는 식의, 통념적 도덕관은 인간을 가상의 고정된 틀에 맞추려는 노력을 요구하고 있는 것이라고 봐도 무리는 없을 것이다.

9) "그들(성리학자들)은 기의 구성물인 사물과 변화현상 속에서 소이연으로서의 법칙성 뿐 아니라 소당연으로서의 도덕적 법칙을 동시에 읽으려고 한다. 즉 자연에 대한 관찰을 통해 그 운행의 기제나 법칙을 파악하여 거기에 도덕적 의미를 부여한 후 그에 근거해 사람이 지향해야 할 가치를 제시하는 것이다. 이것이 이른바 자연법칙의 도덕법칙화라는 유가의 전형적 사유이다." 박경환, 「宋代 氣 범주의 윤리학

하지만 이러한 논의에 의미 있게 참여하기 위해서는, 먼저 주희가 쓰고 있는 자연과 관련된 개념어들이 실제로 지시하는 바가 무엇인지 살펴야 할 것이다.

2
불응不應, 기氣도 리理도 유행流行이 끊어지는 지점

(一)

기의 움직임은 '움츠러들었다 펼쳐지고[屈伸], 왔다 가는 것[往來]'처럼, 흔히 대립쌍의 교대로 설명된다. 중국 전통에서는 세상 모든 것에 맞서는 성격의 짝이 있다고 생각해왔고, 주희도 이를 당연하게 받아들였다[10]. 그는 자주 '음양陰陽이 기氣'라고 요약하곤 한다[11]. 음과 양, 인仁과 의義, 선과 악, 말과 침묵, 동動과 정靜[12]… 인간에게 모든 일은 이와 같은 대립쌍의 어느 한 편[一隅/一偏]을 차지하는 것으로 경험된다.

"모두들 잠시 생각해 보아라. 세상에 달리 무슨 일이 있겠느냐. '음'과 '양' 두 글자가 있을 뿐이니, 어떠한 일도 이를 벗어날 수 없다. 자신의 몸을 살펴봐라. 눈을 떴다 하면 음 아니면 양이니, 이곳을 빽빽이 채

---

10) 마음만은 예외라고 한다. "惟心無對."『朱子語類』(5:22)

11) "陰陽是氣, 纔有此理, 便有此氣, 纔有此氣, 便有此理. 天下萬物萬化, 何者不出於此理? 何者不出於陰陽?"『朱子語類』(65:24)

12) "天下之物, 未嘗無對. 有陰便有陽, 有仁便有義, 有善便有惡, 有語便有默, 有動便有靜. 然又卻只是一箇道理. 如人行出去是這脚, 行歸亦是這脚. 譬如口中之氣, 噓則爲溫, 吸則爲寒耳."『朱子語類』(6:141)

우고 있는 것 가운데 그렇지 않은 일이 없다. 인仁 아니면 의義고, 강剛
아니면 유柔다. 앞으로 나아가려는 할 때는 양, 물러나려 할 때는 음인
상황이다. 동動하면 양, 정靜하면 음이다. 달리 보아서는 안 된다. 한 번
동하고 한 번 정할 뿐이니, 곧 음양이다[13)].”

무엇인가가 현상으로 드러날 때, 그것은 자신이 살리지 못한 가능
성을 남겨둔다는 의미에서 불완전하다. 앞으로 나아가면서 동시에 뒤
로 물러날 수는 없는 법이다. 정반대의 성격을 가진 짝을 함께 거론하
는 저 대립쌍의 표현은, 전체를 지칭하는 가장 단순한 형식이 된다고
볼 수도 있을 것이다.

음과 양은 고정된 채 존재하는, 상호 독립적인 별개의 사물이 아니
다. 이들은 상대적인 것이어서 애초에 서로가 없으면 성립되지도 않
는다[14)]. 음과 양은 서로 번갈아가며 일시적 우위를 점하게 되는 관계
이다. 때문에 저 대립쌍들은 기의 운행을 이끄는 두 개의 축, 양극적
대대로 봄이 적당하다. 따라서 이기二氣의 분화란 곧 일기一氣의 운행
運行을 달리 표현하는 것일 뿐이다[15)]. 주희는 말한다. “음양은 하나의
기일 뿐이다. 양의 물러남은 곧 음의 출현을 의미한다. 양이 물러나고

---

13) “諸公且試看. 天地之間, 別有甚事? 只是‘陰’與‘陽’兩箇字, 看是甚麼物事都離不得.
只就身上體看. 纔開眼, 不是陰, 便是陽, 密拶拶在這裏, 都不著得別物事. 不是仁, 便
是義, 不是剛, 便是柔. 只自家要做向前, 便是陽, 纔收退, 便是陰意思. 纔動便是陽,
纔靜便是陰. 未消別看. 只是一動一靜, 便是陰陽.” 『朱子語類』(65:24)

14) “動靜二字相爲對待, 不能相無, 乃天理之自然, 非人力之所能爲也. 若不與動對, 則
不名爲靜, 不與靜對, 則亦不名爲動矣.” 『朱熹集』卷 42, 「答胡廣仲」제 2서

15) “二氣之分, 卽一氣之運. 所謂一動一靜, 互爲其根, 分陰分陽, 兩儀立焉者也.” 『朱熹
集』卷 49, 「答王子合」제 11서

따로 음이 생겨나는 것이 아니다[16]."

주희 자연관의 특징은 이처럼 개개의 움직임과 변화가, 다른 것들 간의 상호 작용을 통해 연속적인 것으로 그려진다는 데 있다.

(二)

각자는 자신과 다른 것에 의존하여 존재한다. 주희는 음과 양이 갈마드는 원리로서 감응을 말한다[17]. 기는 감응을 통해 변화하고 움직여 나간다. 때문에 감응에는 곧 기가 유행하는 사정에 대한 설명이 따라 붙는다. 자연과 사람이 하나의 기로 말해지는 만큼, 감응은 당연히 자연 현상이나 인간 세계를 해석하는 데 있어 공통적으로 통용되는 논리가 된다. 정호程顥가 '천지간에 감과 응이 존재할 뿐 그 밖에 다른 건 없다[18]'고 했던 것처럼, 주희 역시 '천지간에 감응의 리 아님이 없으니 조화造化와 인사人事가 모두 그것[19]'이라고 했다. 주희는 감응의 무한한 연쇄를 다음과 같이 설명한다[20].

"이 한 가지 일로 인해 다시 한 가지 일이 생겨나니, 바로 감과 응이다. 두 번째 일로 인해서 다시 세 번째 일이 생겨나니, 두 번째 일이 다

---

16) "陰陽只是一氣, 陽之退, 便是陰之生. 不是陽退了, 又別有箇陰生."『朱子語類』(65:1)
17) "所謂'一動一靜, 互爲其根', 皆是感通之理."『朱子語類』(72:15)
18) "明道先生曰, 天地之間, 只有一箇感與應而已. 更有甚事."『二程遺書』(15:69) 이는 『近思錄』(1:34)에도 실려 있다.
19) "凡在天地間, 無非感應之理, 造化與人事皆是."『朱子語類』(72:13)
20) 주희의 감응론感應論은『주역周易』「함괘咸卦」에 대한 논의에서 집중적으로 나타난다.『朱子語類』(72:1~20)

시 감이 되고 세 번째 일이 다시 응이 된다[21]."

어떤 이가 『역전易傳』에서 말하는 감응의 리에 대해 물었다.

말씀하셨다. "예컨대 해가 지면 이것이 감하여 달이 뜨고, 달이 지면 이것이 감하여 해가 뜬다. 추위가 가면 이것이 감하여 더위가 오고 더위가 가면 이것이 감하여 추위가 온다. 한 번 감하고 한 번 응하며, 한 번 가고 한 번 오니, 그 리는 다함이 없다. 감응의 리는 이와 같다[22]."

감은 응을 부르고, 응은 다음에 일어날 일에 대한 감으로 작용한다. 해가 지면 달이 뜨고 추위가 가면 더위가 오는 것처럼, 감과 응의 교체는 끊임이 없다. 그렇다면 자연 내에 자리하는 인간사는 감응으로 어떻게 설명되는가. 주희와 임이간林易簡(자字는 일지一之)의 다음 대화를 보자.

임일지林一之가 '무릇 동動함이 있으면 모두 감하니, 감하면 반드시 응함이 있다'는 것에 대해 물었다.

말씀하셨다. "예컨대 바람이 부는 것은 감이고 나무가 움직이는 것은 응이다. 나무가 흔들리는 것은 다시 감이 되고, 아래의 사물이 움직이는 것은 다시 응이 된다. 낮이 다하면 감하여 반드시 밤이 오고 밤이 다하면 감하여 반드시 낮이 오는 것과 같다."

---

21) "只因這一件事, 又生出一件事, 便是感與應. 因第二件事, 又生出第三件事, 第二件事又是感, 第三件事又是應."『朱子語類』(72:17)

22) 或問『易傳』說感應之理. 曰. "如日往則感得那月來, 月往則感得那日來. 寒往則感得那暑來, 暑往則感得那寒來. 一感一應, 一往一來, 其理無窮. 感應之理是如此."『朱子語類』(72:12)

물었다. "감하면 선악이 있습니까?"

대답하셨다. "물론 선악이 있다[23]."

바람에 나무가 흔들리고, 이어서 나무 밑에 있던 것이 다시 요동친다. 낮과 밤은 서로의 꼬리를 물고 뒤바뀜을 반복한다. 공간 안의 움직임이나, 시간의 흐름이나 가릴 것 없이 모든 것은 감응의 결과로 이어지는 기의 흐름일 뿐이다. 세상은 한 순간도 정지하지 않는 변화 가운데 있으며, 각각의 존재자들 역시 그러하다. 비슷한 것끼리 모여 형성된 세력은 다른 것과 조우함으로써 어느덧 쇠퇴의 길목에 들어선다[24].

그런데 감응에 대한 설명을 통해서, 자연 현상을 유지시키는 자극과 이에 대한 반응의 연쇄에 대한 이야기를 주고받던 주희와 임이간은 뜬금없이 선악의 문제를 말하기 시작한다. 문답은 다음과 같이 계속된다.

물었다. "'마음에 사사로운 주관[私主]이 없을 때 감感하면 모두 통通하게 된다는 것'은 무엇입니까?"

대답하셨다. "마음에 사사로운 주관이 없다는 것은 태도가 분명하지

---

23) 林一之問. '凡有動皆爲感, 感則必有應.' 曰. "如風來是感, 樹動便是應. 樹拽又是感, 下面物動又是應. 如晝極必感得夜來, 夜極又便感得晝來." 曰. "感便有善惡否?" 曰. "自是有善惡." 『朱子語類』(72:14)

24) 야마다 케이지는 감응의 두 가지 패턴을 말한다. 하나는 동중서董仲舒가 말하는 천인상관론天人相關論의 기초가 되는 동류상동同類相同의 현상, 즉 양이 양에 응하고 음이 음에 응하는 식의 비슷한 것들끼리의 공명이다. 다른 하나는 굴신상감屈伸相感의 서로 대립되는 것들끼리 순환적 교대이다. 그는 송대宋代 철학자들이 주로 주목했던 것은 후자의 것이었다고 지적했다. 山田慶兒(김석근 옮김), 『朱子의 自然學』통나무, 1998. 79쪽.

못해 대응하지 못하는 것이 아니라 공정[公]하다는 것일 뿐이다. 선하면 좋아하고 악하면 미워하며, 선하면 상을 주고 악하면 벌을 주니, 이것이 성인聖人의 지극히 신묘한 교화이다. 마음에 사사로운 주관이 없으면 자연과 같아진다. 추우면 온 세상이 모두 춥고 더우면 온 세상이 모두 더우니, 이에 '감함에 모두 통한다'고 한 것이다.

물었다. "마음에 사사로운 주관이 없도록 하는 일은 많이 어렵습니까?"

대답하셨다. "자신의 사사로움[私]을 제거하기만 하면 마음에 사사로운 주관도 없는 것이다. 만약 마음에 사사로운 주관이 있으면 서로 뜻이 맞는 데만 응할 뿐, 그렇지 않는 것에는 불응하게 될 것이다. 예컨대 책 읽기를 좋아하는 자는 책을 보면 좋아하지만, 책 읽기를 좋아하지 않는 자는 책을 대하면 싫어하지 않느냐[25]."

나무는 바람에 어떻게 대처해야 한다는 신념을 갖고 이를 맞이하지 않는다. 그럼에도 바람이 불면, 그 바람의 세기에 따라 몸을 흔든다. 세상 역시 미리 어떤 다짐을 하고 추위나 더위를 맞이하지 않지만, 막상 그것이 닥치면 모두가 같이 춥고 덥다. 주희는 마음에 사사로운 주관이 없으면 자연과 같다고 한다[26]. 그는 인간이 다가오는 관계 안의

---

25) 曰. "何謂'心無私主, 則有感皆通'?" 曰. "心無私主, 不是湞湊沒理會, 也只是公. 善則好之, 惡則惡之, 善則賞之, 惡則刑之, 此是聖人至神之化. 心無私主, 如天地一般. 寒則遍天下皆寒, 熱則遍天下皆熱, 便是'有感皆通'." 曰. "心無私主最難." 曰. "只是克去己私, 便心無私主. 若心有私主, 只是相契者應, 不相契者則不應. 如好讀書人, 見讀書便愛, 不好讀書人, 見書便不愛."『朱子語類』(72:14)

26) 주희는 이와 같은 의미로 '자연과 한 몸[一體/同體]'이라는 표현을 쓰기도 한다. "자질이 뛰어난 이가 (마음을) 완전히 밝히면 찌꺼기[渣滓]가 사라져서 자연과 한 몸이 된다'하였는데 무슨 뜻입니까?" "투철하게 밝히면 찌꺼기는 저절로 사라진다." "찌꺼기는 무엇입니까?" "찌꺼기란 사의私意와 인욕人欲이다. 자연과 한

부름에 대해 사적 관심의 덧댐 없이 응하는 데서 자연성을 보았던 것이다. 서로 다른 존재인 자아와 타자[27]가 감응을 통해 연속되는 것, 바로 여기가 주자학에 있어 일기一氣의 유행이라는 자연적 사실이 윤리적인 문제와 만나는 지점이다. 요약하면, 인간이 자연의 운행과 단절되는 것[天人分二]은 사사로운 주관의 활동 때문이었던 것이다.

  그런데 인용한 글을 보면, 공公과 사私를 가르는 기준은 '이미 결정되어 있는' 규범의 수용 여부 같은 것이 아님을 알 수 있다. 사사로운 주관은 책을 좋아하고 싫어하는 등의 고정된 성향으로 그려질 뿐이다. 여기에서 주희가 문제 삼는 불응[불선]의 원인은, 오로지 관심 밖의 것을 배척하는 편협성에 있다고 할 수 있다. 편협성이 불선을 야기한다는 것은, 우리의 통념에 익숙하지 않는 탓에 좀 더 설명이 필요하다.

  몸을 이루는 지점이 의리義理의 정화[精英]이다. 찌꺼기란 사의와 인욕이 사라지지 않는 것이다. 사람과 자연은 본래 한 몸인데, 다만 찌꺼기를 없애지 못해 틈[間隔]이 벌어지게 된다. 만약 찌꺼기가 없다면, 바로 자연과 한 몸이다. '극기복례克己復禮가 인仁'이라 할 때, '기己'가 찌꺼기이고 '복례復禮'는 바로 자연과 한 몸이 되는 지점이다. … 다만 바탕이 뛰어난 이는 투철하게 보아 저 찌꺼기를 모두 없앨 수 있다. 여기에 이르지 못했다면, 마땅히 장경함양莊敬涵養하여 그때그때 연마해 없애야 한다.(問. "質美者明得盡, 渣滓便渾化, 與天地同體', 是如何?" 曰. "明得透徹, 渣滓自然渾化." 又問. "渣滓是甚麼?" 曰. "渣滓是私意人欲. 天地同體處, 如義理之精英. 渣滓是私意人欲之未消者. 人與天地本一體, 只緣渣滓未去, 所以有間隔. 若無渣滓, 便與天地同體. '克己復禮爲仁', 己是渣滓, 復禮便是天地同體處. … 只是質美者, 也見得透徹, 那渣滓處都盡化了. 若未到此, 須當莊敬持養, 旋旋磨擦去教盡.")『朱子語類』(45:13)
27) 논자는 지목되는 대상들, 외부에서 다가오는 일과 조건-수명과 빈부귀천貧富貴賤이라는 주희가 사람의 힘으로 바꿀 수 없다고 한 것들을 포함-을 모두 일러 '타자(다른 것)' 혹은 '상황'이라고 했다. 이것은 대체로 주희가 '외물外物'이라고 부르는 것에 대한 번역어에 해당한다고 할 수 있다. 자기 의지 밖에서 출현하지만 몸소 응대해야 하는, '사건/사물'을 지칭할 수 있는 어휘를 찾아서 무리하게 적용해 본 시도다. 기본적으로는 원문 표현에 대한 어설픈 번역이 오독을 재생산한다고 보기에 조심스럽게 행해야 함을 안다.

우선 위의 문답이 우연한 것이 아님을 확인하기 위해, 비슷한 입장을 전달하는 글 하나를 더 읽어 보자. 이번에는 감응을 직접 언급하지 않는 예를 골랐다.

> "대개 사람은 자기가 있으면 사私가 생긴다. '수레나 말, 가벼운 가죽옷을 벗들과 함께 쓰기를 바란다'는 자로子路의 뜻은 고원하다 할 만하지만, 여전히 이 몸이라는 껍데기[軀殼]를 떠나지 못하였다. 안자顔子는 능력을 자랑하지도 공로를 과장하지도 않으니, 자로를 넘어섰다. 그러나 '능력과 공로를 자랑하는 일이 없기를 바란다'고 한 것은, 여전히 이러한 마음을 갖고 있으면서 그것이 없기를 바라는 것에 불과하니 절반은 그 몸에서 나온 것이다. 공자는 몸을 벗어났으니, 어느 것이 자기이고 어느 것이 남[物]인지 알지 못한다. 학문이라는 것은 이런 것을 배우는 것일 뿐이다[28]."

주희는 자로와 안자, 그리고 공자의 자의식을 비교하며 그 인격적 성숙함을 비교 평가하고 있다. 그는 안자의 경지가 자로를 넘어섰다고 했다. 하지만 그가 스스로를 과시하지 않으려는 의도를 두는 것은, 아직 자기를 의식하는 마음이 있기 때문임을 지적하면서 공자만은 못하다고 본다. 공자에게는 나와 남에 대한 구별이 전혀 없기에, 스스로

---

28) "大凡人有己則有私. 子路'願車馬, 衣輕裘, 與朋友共', 其志可謂高遠, 然猶未離這軀殼裏. 顔子不伐其善, 不張大其功, 則高於子路. 然'願無伐善, 無施勞', 便是猶有此心, 但願無之而已, 是一半出於軀殼裏. 孔子則離了軀殼, 不知那箇是己, 那箇是物. 凡學, 學此而已."『朱子語類』(29:113) *이는『論語』의 다음 글(5:26)에 대한 주희의 설명이다. 顔淵 季路侍. 子曰. "盍各言爾志?" 子路曰. "願車馬 衣輕裘, 與朋友共. 敝之而無憾." 顔淵曰. "願無伐善, 無施勞." 子路曰. "願聞子之志." 子曰. "老者安之, 朋友信之, 少者懷之."

를 어찌하려는 의도조차 두지 않는다는 것이다.

사람들은 자신의 몸을 경계로 나와 남을 달리 생각하지만, 기는 나와 남이라는 몸적 구획에 갇히지 않는다. 감응을 통해 움직이고 변화해가는 기의 측면에서 본다면 그 같은 구분은 무의미한 것이다. 주희는 유가의 이상적 인간상인 성인을, 이러한 몸적 구분을 벗어난 자로 묘사한다. 성인은 스스로가 성인이라는 의식조차 갖고 있지 않다고 했다[29].

위 인용은 '사私'에 대한 경계를 통해, 몸적 구획에 갇히지 않는 길이 무엇인지 설명해주고 있다. 주희는 학문이란 스스로를 외부와의 연계에서 단절시키지 않는 것, 몸이라는 껍데기가 만드는 구획에 연연하지 않는 것을 배우는 것이라고 보았다. 이는 얼핏 이타성을 말하는 것처럼 보일 수도 있지만, 그렇지는 않다. 무엇보다도 능력과 공로를 자랑하지 않으려는 의도를 두는 것조차 '사私'라 한다는 것을 보면 분명하다. 남을 위할 것을 고집한다면 그 역시 '사'인 것이다.

때문에 사회적 가치를 얼마나 내면화하고 있는가에 근거해서, 시비를 가리는 것은 이들이 관심을 두는 바와 거리가 멀어 보인다. 물론 사심私心이 이기적인 의도를 포함하는 경우도 있고, 그로 인한 행위가 결국 부도덕을 함축하게 되는 것도 사실이다. 그러나 주희는 악의 발생에 있어, 좀 더 근본적인 지점을 가리키고 있다. 그는 오직 일을 접하기 전부터 갖는, 자신의 입장에서 비롯되는 심리 맥락의 틈입闖入을 문제 삼고 있었던 것이다. 행위자의 의도가 상황의 부름을 듣는 것보

---

29) "聖人不知己是聖人." 『朱子語類』(13:64)

다 앞서 있는 것이 사심私心이다[30]. 마음이 하나의 심리 상태로 굳어질 때의 치우침[偏]이, 스스로의 시야를 좁게 하여[不感/不知] 맞이하는 일에 응할 수 없게 한다.

(三)

주희가 자연성을 기준으로 공과 사를 구분했던 것은, 그 중요성을 생각할 때 이상하리만큼 논의되지 않았지만, 그만의 독창인 것도 아니다. 그것은 최소한 송명이학자들의 사유가 공통으로 밟고 있는 기반이라 생각해도 큰 무리는 없을 것으로 보인다. 예컨대 다음에 인용하는 글은 각각 정이程頤와 정호程顥의 것인데, 사심이 어떻게 감응을 방해하는지에 대한 설명을 찾을 수 있는 좋은 자료가 된다.

"만약 오고가는 것이 갈팡질팡, 사심私心으로 일에 응하면 생각이 미치는 데는 감하여 움직일 수 있겠지만, 생각이 미치지 않는 것에는 감할 수 없다. 얽매임이 있는 사심으로 한 편의 일[一隅一事]에 관심이 기울었다면, 어떻게 확 트여서 통할 수가 있겠는가[31]."

"자연의 항상됨은 그 마음으로 만물에 두루 미치면서도 무심하다. 성

---

30) 주희는 처한 상황에서 비롯된 것이 아닌 자기 원인적 행위를, 그것이 결과적으로는 문제될 것이 없더라도 리에 합당하다고 할 수 없다는 태도를 보이고 있다. 이에 대해서는 제 4장. 2. (1)에서 본격적으로 다룬다. "所謂'毋意'者, 是不任己意, 只看道理如何. 見得道理是合當如此做, 便順理做將去, 自家更無些子私心, 所以謂之'毋意'. 若才有些安排布置底心, 便是任私意. 若元不見得道理, 只是任自家意思做將去, 便是私意. 縱使發而偶然當理, 也只是私意, 未說到當理在."『朱子語類』(36:37)

31) "若往來憧憧然, 用其私心以感物, 則思之所及者, 有能感而動, 所不及者, 不能感也. 以有係之私心, 旣主於一隅一事, 豈能廓然無所不通乎?"『易傳』「咸卦」九四 .

인의 항상됨은 그 정情으로 온갖 일들에 따르면서도 무정無情하다. 따
라서 군자의 학문은 확 트여 크게 공公하여 일이 오면 순순히 응하는
것보다 나은 것이 없다[32].ᵎ

정이는 사심으로는 어느 한 편의 일에만 관심이 치우치는 까닭에
그 밖의 일은 감하지 못하게 된다고 했다. 어느 한 편[一隅/一偏]이라
는 표현은 주희 역시 현상으로 구체화된 것을 형용할 때 쓰는 말이다.
구체화된 것은 그것이 아닌 다른 것을 현실화하지 못했다는 의미에
서, 부분적이고 불완전한 것이라는 생각이 담겨 있다.

문제는 이 편협성으로 만사를 맞이하면서 발생한다. 누구나 무언
가 관심을 기울이는 일이 있을 때면, 그 이외의 일에 대해서는 부주의
하게 되어, 상황이 자신에게 요구하는 바를 파악하기 어렵게 된다. 그
런 경우 일에 대한 대처가 온전할 수 없는 것은 명약관화한 일이다. 이
것은 주희가 '뜻이 맞지 않는 데는 불응한다'고 했던 것과 정확히 같은
의미이다. 사심을 갖지 않는 것은, 그 자체가 마음을 넓게[廓然/豁然]
트이도록 하여 다른 것과 소통[通]할 수 있도록 하는 조건이 된다[33].
정호 역시 이러한 생각을 공유했고, 그것에 따라 학문의 목적을 제시
했다.

---

32) "夫天地之常, 以其心普萬物而無心. 聖人之常, 以其情順萬事而無情. 故君子之學,
莫若廓然而大公, 物來而順應."『程氏文集』卷 2,「答橫渠張子厚先生書」/『近思錄』
(2:4)
33) 흔히 격물格物 공부의 결과로 설명되는 활연관통豁然貫通 역시 사욕私欲을 제거
한 결과로 말해진다. 제 5장. 2. (2)에서 확인할 수 있다. 활연관통은 달리 확연관
통廓然貫通이라 말하기도 한다. "盡心, 則窮理之至, 廓然貫通之謂. 所謂知性, 卽窮
理之事也. 須是窮理方能知性, 性之盡, 則能盡其心矣."『朱熹集』卷 61,「答林德久」
제 6서

인간의 심리는 한정된 대상에 대한 것으로 구체화된다. 그렇게 구체화된 심리는 동시에 다른 것이 될 수 없다는 한계를 지니게 된다. 마음에 어떠한 생각을 담는 순간, 다른 잠재적 가능성은 놓쳐지기 마련이다. 예컨대 나아갈 것[進]을 생각하는 동시에 물러날 것[退]을 생각할 수는 없다[34]. 문제는 이러한 마음의 특성 때문에, 주변 상황의 변화를 따라가지 못하는 경우가 발생한다는 데에 있다. 이것은 어느 한 편에 머물러 있는 마음과 주변 사이에 시차時差가 생긴 것이라고 봐도 된다. 각자가 맞이하는 상황은 계속해서 변화함으로써, 이전에는 생각할 필요가 없었던 다른 측면에 대한 고려와 달라진 행동을 요구한다. 이전에는 나아가는 것이 옳았지만, 지금은 물러나는 것이 옳을 수도 있다. 감정의 측면에서 살펴도 마찬가지다. 때를 맞이하여 자연스럽게 일어나는 감정은 주변으로부터 인정을 받는다. 하지만 지난 감정의 지속은, 새로 맞이한 일 앞에서 어느새 적절하지 못한 것이 되고 만다[35].

사방팔방 어디에서나 적의 공격이 들어올 수 있는데, 갖고 있는 건 작은 방패 하나뿐인 경우를 상상해 보면 된다. 지난 번 공격이 저쪽에서 있었다고, 그 방향으로만[一隅] 방패를 걸치고 안심하다간 다른 방향에서 다가오는 적을 막지 못한다. 모든 방향을 향해 고르게 긴장을 놓지 말아야, 시시각각 정황을 파악하고 대처할 수 있게 된다. 때에 맞춰[時中] 변화하기 위해서는, 한 편만을 대비하는 것, 하나의 견해에 머무는 것을 경계해야 한다. 사심에 대한 경계는 결국 때와 장소에 적합한 행위가 가능해지는 조건에 대한 관심으로 볼 수 있다.

---

34) 이 문제에 대해서는 제 3장 2.에서 자세하게 다룬다.
35) "心不可有一物. 喜怒哀樂固欲得其正, 然過後須平了. 且如人有喜心, 若以此應物, 便是不得其正." 『朱子語類』(16:141)

그런데 이러한 응변應變의 처세는, 윤리적인 의미 역시도 내포하고
있다. 무엇보다도 윤리란 맞이하는 일과 관계에 따라 각각 다른 마음
가짐과 태도를 가져야 가능한 것이기 때문이다. 이를테면 부모에게는
효도를, 임금에게는 충성을 해야 하며, 형은 공경하고, 친구는 믿음으
로 대해야 한다[36]. 항상 효도만을 생각하고 있어서도, 항상 충성을 고
집하고 있어서도 안 된다. 윗사람을 모시는 데만 주의를 기울이다 보
면 어느새 아랫사람을 보살피는 데에 소홀해질 것이며, 관직 생활에
모든 힘을 쏟으면 부모에게 충분한 관심을 기울이지 못하게 되기 쉽
고, 원칙주의자로서의 개성을 고수하다가는 몰인정한 사람이 되기 십
상이다[37]. 인의예지仁義禮智는 직접적 언어의 지시를 의식적으로 따라
서가 아니라, 이처럼 치우침을 두지 않은 결과로서 자리한다.

주희가 학문의 목적으로 꼽았던 기질변화氣質變化는 바로 이 같은
문제의식과 궤를 함께 하는 것이었다[38]. 불응의 원인은 생각이 어느
한 편에 머무는[停滯] 치우침[偏/不中]에 있다. 스스로 때에 맞게 이 편
저 편으로 옮겨가는 변화를 그치는 것이 곧 자연으로부터의 이탈이
자, 악이 발생하는 원인이었던 것이다. 그렇다면 당위의 표현으로 행

---

36) "所謂道者, 只是日用當然之理. 事親必要孝, 事君必要忠, 以至事兄而弟, 與朋友交
而信, 皆是道也."『朱子語類』(34:40)

37) 쥴리앙 역시 고착화되는 개인적 자질이 야기하는 문제와 성인의 특성을 다음과
같이 설명한다. "경직성이 지나치면 완고함이 되는 반면, 유연성이 지나치면 줏대
를 잃게 된다. 그러므로 현자는 때로는 요지부동을, 때로는 유연성을 지닌다. 현자
란 절대 긍정적인 의미의 기회주의자이다. 다시 말해 현자는 자신의 고유한 자질
에 결코 얽매이지 않고 다양한 운행의 순간에 언제나 완벽하게 부응할 수 있다는
점에서 '기회주의자'인 것이다." François Julien(유병태 역)『운행과 창조』케이시
아카데미, 2003, 149쪽.

38) 제 3장. 2. (2), 제 5장. 2. (2)에서 좀 더 분명해진다. 이는 미발함양未發涵養이라
는 주희 공부론의 핵심과도 통한다.

위를 규제해 두려는 시도는, 맞이하는 현실의 변화를 무시하고, 불완전한 것을 신뢰하여 스스로의 행보에 제한을 가하는 것이니 바람직하다고 할 수 없다[39].

(四)

주자학에서의 주체는 외부를 향해 자기 주도적으로 뜻을 세우려 하지 않고, 일이 다가오기를 기다렸다가 이에 대처하는 것이라는 의미에서 수동적[40] 성격을 띤다고 할 수 있다. 각자의 인지적 감성적 심리활동은, 일을 맞이한 다음의 순서로 미뤄두는 것이 이상적으로 여겨

---

39) 예컨대 다음 인용은 주희의 이러한 생각을 잘 전달해주고 있다. 葉兄又問忿懷章. 曰. "這心之正, 卻如稱一般. 未有物時, 稱無不平. 才把一物在上面, 便不平了. 如鏡中先有一人在裏面了, 別一箇來, 便照不得. 這心未有物之時, 先有箇主張說道, '我要如何處事.' 才遇著事, 便以是心處之, 便是不正. 且如今人說. '我做官, 要抑强扶弱.' 及遇著當强底事, 也去抑他, 這便也是不正."『朱子語類』(16:148) 제 4장. 2. (2)에서 번역하여 인용했다.

40) 감응 체계를 염두에 둔 것이 아니라 하더라도, 주자학에서의 주체가 가진 수동성을 지적하는 연구를 찾는 것은 어렵지 않다. 島田虔次(김석근 외 옮김),『朱子學과 陽明學』까치, 2008, 19~20쪽. 쓰치다 겐지로 역시 주희가 설명하는 인식주체가 갖는 수동적 성격을 지적했다. 그는 주자학 문헌에서 나타나는 '知'와 '行'을 무분별하게 '지식'과 '실천'으로 옮기는 것에 반대하며, 이를 각각 '인식'과 '판단'으로 새길 것을 권한다. 쓰치다 겐지로는 주희가 '知'라는 마음의 작용을 외부 사물에 의해 비로소 촉발되는 것으로 보고 있음을 말하며, 왕수인王守仁이 주희와 갈라지는 지점이 여기 있다고 했다. 왕수인에게서는 인식주체의 능동성이 좀 더 부각되어 주체 측의 의도에 따라 세계가 분명한 모습으로 다가오게 된다는 입장을 보인다는 것이다. 그는 왕수인이 「답고동교서答顧東橋書」에서 "먹고자 하는 의도(意, 行의 시작)가 있어야 먹을 것을 안다[知]..."고 했던 것을 인용하며, 그의 지행합일론知行合一論에는 이처럼 행선지후行先知後의 견해까지도 보이는데 이는 인식을 명료하게 하기 위한 동기부여와 같은 것이라 설명한다. 土田健次郎, 「朱熹の思想における認識と判斷」『日本中國學會創立五十年記念論文集』波古書院. 1998.

진다. 당군의唐君毅가 감응은 개체 자신의 역량이나 임의의 의지에 의
한 것이 아니라고 강조했던 것[41]은 바로 이를 지적하는 것이다.

　인간 본성의 선함을 보여주는 단서인 사단四端 역시도, 그것이 윤리
적인 적응성을 갖기 위해서는 외부적 부름에 박자가 맞춰져야만 한
다. 예컨대 어린아이가 우물에 빠지는 등의 상황이 눈앞에서 현재적
으로 벌어지지 않는 이상, 측은이란 정감의 발현과 그에 따른 행위는
적절하지 않은 것이다.

　　"사단 가운데, 수오羞惡 · 사양辭讓 · 시비是非는 맞이하는 일로 인해
　　발생하는 것이다. 이 마음이 수오지심羞惡之心을 일으킬 때가 아닌데도
　　억지로 저 사람을 미워하려고 하면 안 된다. 측은지심惻隱之心의 경우
　　도 감感함이 있어야 비로소 나타나는 것인데, 억지로 그렇게 안배하려
　　고 하면 안 된다[42]."

　　"텅 비고 밝으면서 다가오는 외물[物]에 응應할 수 있는 것이 마음이

---

41) 唐君毅, 『中國文化之精神價値』 桂林: 廣西師範大學, 2005, 66~67.
42) "四端中, 羞惡 · 辭讓 · 是非亦當因事而發爾. 此心未嘗起羞惡之時, 而强要憎惡那人,
　　便不可. 如惻隱, 亦因有感而始見, 欲强安排敎如此, 也不得."『朱子語類』(53:30) 이
　　러한 입장은 정호의 다음 글에서도 확인할 수 있다. 주희가 『근사록近思錄』에 싣
　　기도 했던 「정성서定性書」의 일부이다. "성인聖人은 기뻐할 일에 기뻐하고 화낼
　　일에 화를 낸다. 성인의 기쁨과 분노는 마음에 달린 것이 아니라, 맞이하는 일에
　　달린 것이기 때문이다. 그러하니 성인은 일에 응하지 못하는 경우가 없는 것이다.
　　어떻게 밖을 따르는 것을 그릇된 것이라 하고, 안에서 구하는 것을 옳다고 할 수
　　있겠는가. 지금 사사로운 견식에 따르는 기쁨과 분노를 성인의 바름과 견주어보
　　면 어떻겠는가.(聖人之喜, 以物之當喜, 聖人之怒, 以物之當怒. 是聖人之喜怒, 不繫
　　於心, 而繫於物也. 是則聖人豈不應於物哉. 烏得以從外者爲非, 而更求在內者爲是
　　也. 今以自私用智之喜怒, 而視聖人喜怒之正, 爲何如哉.)"『程氏文集』卷 2,「答橫
　　渠張子厚先生書」/『近思錄』(2:4)

고, 외물에 응할 때 거기에 있는 도리道理가 바로 성性이며, 일을 할 수 있는 것은 정情이다. 이것은 하나일 뿐이다."[43]

주희가 마음을 텅 비고 밝은 것이라고 하는 것 역시, 그 수동적 성격을 본래적인 것으로 염두에 둔 것이었다. 그것이 각자에게 있어 외부와의 소통과 자기 변화를 가능하게 하는 조건이 된다. 그런데 주희는 외물에 응할 때 거기에 있는 도리가 바로 성이라고 한다. 이는 사단이 맞이하는 일로 인해 발생하는 것이라고 하는 데서도 짐작할 수 있는 것이다. 주체의 자기 원인적 활동과 사심이 경계되는 이상, 리는 정식화된 법칙으로 설명할 수 없다.

본 절에서는 지금껏 리에 대한 언급 없이, 기에 대한 설명을 통해 주희의 자연과 인간관을 설명해왔다. 하지만 주지하다시피 그의 학문에서 리와 기는 어느 하나도 홀대할 수 없는 개념이다. 그가 리와 기의 불리부잡不離不雜을 말했던 것은 잘 알려져 있다. 리와 기는 결단코 다른 것이지만, "하늘 아래 리 없는 기 없고, 기 없는 리 없으니[44]" 늘 함께 한다. 언제나 선하지 않음이 없는 리[45]가 기와 함께 하고 있다면서, 리기론理氣論으로 악의 존재를 설명하는 것은 난제로 보이기도 한다. 하지만 이상의 논리에 따르면, 감응이 끊어진 곳은 곧 리의 유행 역시

---

43) "虛明而能應物者, 便是心, 應物有這箇道理, 便是性, 會做出來底, 便是情. 這只一箇 物事." 『朱子語類』(98:104)

44) "天下未有無理之氣, 亦未有無氣之理." 『朱子語類』(1:6) "理離氣不得." 『朱子語類』 (4:65)

45) "理固無不善, 纔賦於氣質, 便有淸濁 · 偏正 · 剛柔 · 緩急之不同." 『朱子語類』 (4:64) "性只是善, 氣有善不善." 『朱子語類』(59:50)

끊긴 자리이기도 할 것이다[46].

　다양한 일을 맞이하고 이에 응하고 있다는 것은, 스스로는 의식하지 못한다 하더라도 그 자신 역시 계속해서 변화하고 있음을 의미한다. 죽은 사물[死物]처럼 변화를 멈추고 어느 한 편에 머물러 있는[47] 사람만이 선한 본성을 발휘하지 못한다. 응변應變 자체가 자연이니, 모든 것이 감응이라면 세상에 리 아닌 것도 없다고 할 것이다.

　　"이 도리道理는 어느 경우든 다 그렇다. 부모를 섬기고 친구를 사귀는 것도 모두 이 도리이며, 손님을 맞이하는 것은 손님을 맞이하는 도리이며, 움직이고 고요할 때 말하거나 침묵하는 모든 활동에 도리 아닌 것이 없다. 자연의 운행과 춘하추동에 모두 도리 아닌 것이 없다. 사람의 일신一身이 곧 자연이지만 사람은 인욕으로 막혀 스스로는 이러한 뜻을 보고서도 알지 못한다. ... 해와 달이 뜨고 지며 낮과 밤이 밝고 어두워지는 일에 모두 이러한 리理 아닌 것이 없다[48]."

---

46) 품부 받은 기질氣質의 청탁淸濁으로 인해, 성性이 제한된 방면으로만 발휘된다는 것은 이 문제에 대한 다른 각도의 설명이 된다. "天地間只是一箇道理. 性便是理. 人之所以有善有不善, 只緣氣質之稟各有淸濁."『朱子語類』(4:50) 그런데 이렇게만 설명하면, 리理라는 개념이 요청된 까닭이 분명하게 보이지 않을 것이다. 기질氣質의 문제와 리理의 의미에 대한 본격적인 설명은 다음 장으로 미루기로 한다.

47) "所謂活者, 只是不滯於一隅."『朱子語類』(63:76) 이에 근거하면 '죽은 사물[死物]'이란 형形의 제한된 형질이 강화되어 어느 한 편에 머무는 것이 된다. 즉 유행流行이 그쳐, 변화가 멎은 것이다.

48) "這道理處處都是. 事父母, 交朋友, 都是這道理. 接賓客, 是接賓客道理, 動靜語默, 莫非道理. 天地之運, 春夏秋冬, 莫非道理. 人之一身, 便是天地, 只緣人爲人欲隔了, 自看此意思不見. ... 日月之盈縮, 晝夜之晦明, 莫非此理."『朱子語類』(40:13) 인욕人欲 역시, 자연에 대비되는 인간의 입장에서 일으킨 욕망이니 사욕私欲과 그 의미가 다르지 않다.

한 가지 짚고 넘어갈 것은, 주희가 리를, 다채로운 기의 현상을 가능하게 한 근거인 동시에 현상과 분리되지 않는 것으로 설명하는 까닭에, 두 가지 의미로 혼용하게 되었다는 점이다. 하나의 근원[一原/大本]으로서의 리와 용用으로서의 리다[49]. 근원으로서의 리는, 구체적제 현상과 함께하는 용으로서의 리의 존재를 가능하게 한다.

> "만물에는 모두 이 리가 있으며, 리는 모두 하나의 근원에서 나온 것이다. 다만 처한 곳이 같지 않기 때문에, 그 리의 용用이 같지 않다. 예컨대 임금이 되어서는 반드시 어질어야 하고, 신하가 되어서는 반드시 공경해야 하며, 자식이 되어서는 반드시 효성스러워야 하고, 부모가 되어서는 반드시 자애로워야 한다.[50]"

하나의 근원인 리는 총체[51]를 의미한다. 때문에 그것은 어느 한 측면[偏]에 대한 생각으로는 가둘 수 없다[52]. 이는 사심을 경계하는 까닭

---

49) 이와 비슷한 입장은 정이程頤의 리일분수설理一分殊說에서 이미 그 완정된 형태를 찾아볼 수 있다.

50) "萬物皆有此理, 理皆同出一原. 但所居之位不同, 則其理之用不一. 如爲君須仁, 爲臣須敬, 爲子須孝, 爲父須慈." 『朱子語類』(18:28)

51) 그라네는 총체를 중국적 사유의 최고 범주로 꼽으면서, 도道가 그러한 범주의 상징이라고 설명한다. Marcel Granet(유병태 역)『중국사유』한길사, 2010, 41쪽. 논자는 본 글에서 문맥에 따라 완전자, 무한자, 총체 등등의 표현으로 리를 지시하고 있다.

52) 주희는 리와 기를 완전함과 치우침으로 대별하곤 한다. 치우침이란 곧 한 편[一偏]에 머무르는 것이다. 이는 다음 장에서 본격적으로 다룰 것이다. "天命之性, 本未嘗偏. 但氣質所稟, 卻有偏處, 氣有昏明厚薄之不同. 然仁義禮智, 亦無闕一之理." 『朱子語類』(4:40) 問. "物物具一太極, 則是理無不全也." 曰. "謂之全亦可, 謂之偏亦可. 以理言之, 則無不全, 以氣言之, 則不能無偏. 故呂與叔謂物之性有近人之性者, 〈如貓相乳之類. 溫公集載他家一貓, 又更差異.〉人之性有近物之性者. 〈如世上昏愚人.〉"『朱子語類』(4:10)

과도 통한다. 주희가 주돈이의 '무극이태극無極而太極'을 적극적으로
해석해냈던 것은 바로 이러한 의미를 살리기 위함이었다. 그는 마치
텅 비어 있는 듯도 하고 없는 듯도 한[53], 근원으로서의 리에 대해 분명
한 이해를 하게 되면, 천하의 허다한 도리가 모두 여기에서 생겨남을
알 수 있을 것이라고 했다[54].

　리는 때와 장소에 따라 구체화되는 현상에 따라 다른 내용으로 드
러난다. 용으로서의 리는 변화하는 현상과 분리되지 않기에, 그것은
결국 상황 내 마땅함이라고 할 수 있다. 주희는 사사물물事事物物 모두
도리를 갖고, 물物이 있으면 반드시 칙則이 있다[55]고 했다. 마음은 본
래 온갖 리[衆理]를 갖추고 있어, 만사萬事에 응하는 것[56]이다. 일마다
각각의 리가 있으므로 마음이 일에 응할 때, 마음과 일 사이에는 하나
의 리가 관통하게 된다[57]. 사람은 제자를 맞이한 스승, 부모를 대하는
자식 등등 관계 역할이 바뀔 때마다 다른 태도를 가져야 하는데, 일이
지나가면 이내 한 편으로 기울어진 생각을 놓아버리는 것만이 스스로
를 때에 맞게 변화할 수 있도록 하는 조건이 된다. 그것이 용으로서의
리에 길을 터주는 것이다. 주희는 이를, 물은 가로막는 것이 없어야 흐
를 수 있다는 비유로 설명했던 바 있다[58].

---

53) "天下之理, 至虛之中, 有至實者存, 至無之中, 有至有者存. 夫理者, 寓於至有之中,
而不可以目擊而指數也. 然而學天下之事, 莫不有理." 『朱子語類』(13:65)
54) "若今看得太極處分明, 則必能見得天下許多道理條件皆自此出, 事事物物上皆有箇
道理, 元無虧欠也." 『朱子語類』(9:53)
55) "形而上者謂之道, 形而下者謂之器.' 道是道理, 事事物物皆有箇道理. 器是形跡, 事
事物物亦皆有箇形跡. 有道須有器, 有器須有道. 物必有則." 『朱子語類』(75:107)
56) "心者, 人之神明, 所以具衆理而應萬事者也." 『孟子集註』(13:1)의 朱子註
57) "物與我心中之理本是一物, 兩無少欠, 但要我應之爾." 『朱子語類』(12:154)
58) "謂之無私欲然後仁, 則可, 謂無私便是仁, 則不可. 蓋惟無私欲而後仁始見, 如無所

주희가 자연에서 가장 의미 있게 본 것은 다른 것과의 상호 작용을 통한 끊임없는 변화[生生不息/流行]였다. 그는 어떠한 관심의 치우침도 없이 일을 맞이하는 공정함[公]59)이야말로, 변화를 가능하게 하는 자연의 속성이자 인간의 나아갈 바라 생각했다60). 그것만이 '아버지가 자애로 대하면 감하여 자식은 더욱 효도하고, 자식이 효도하면 감하여 아버지는 더욱 자애롭게61)' 되는 길을 열어줄 것이기 때문이다. 일 기一氣가 유행한다는 것은 그 자체만으로도 자연이자 도덕이라는 함의를 갖는다. 주희가 사람의 심리 문제를 말하는 듯하다가 어느새 천지天地를 운운하는 등, 인간사와 자연 사이를 거침없이 넘나드는 화법을 구사했던 것은 이러한 세계 이해 때문이었다.

壅底而後水方行."『朱子語類』(6:109) 리가 사욕私欲(사의私意)이나 탁한 기질氣質에 '가로막힌다[壅/隔]'는 표현의 예는 도처에서 발견할 수 있다.

59) "凡遇事先須識得箇邪正是非, 盡埽私見, 則公之理自存."『朱子語類』(126:67)/ "公者, 心之平也."『朱子語類』(26:21)/ "公是正無偏陂."『朱子語類』(94:193)

60) 주돈이周敦頤의 다음 발언도 같은 것을 의미한다고 할 수 있을 것이다. "'성인의 도는 지극히 공정할公 뿐이다.' 어떤 이가 무슨 뜻인지를 물었다. 자연은 지극히 공정할 뿐이라고 답하셨다.(聖人之道, 至公而已矣. 或曰, 何謂也. 曰天地, 至公而已矣.)"『通書』「公」

61) "父慈, 則感得那子愈孝, 子孝, 則感得那父愈慈, 其理亦只一般."『朱子語類』(72:12)

3
자연 도덕⁶²⁾의 기초

1) 선을 향하는 자발성

풍우란馮友蘭, 모종삼牟宗三, 진래陳來 등 대부분의 주자학 연구자들은, 격물치지를 외적인 지식을 확충해나가는 공부로 해석했다. 이는 결국 주희가 리를 무엇인지 알 수 있는 대상으로 간주하고 있다고 생각한 것이다. 그러나 이들은 모두 그것이 도덕성의 고양에 긍정적인 역할을 하리라고 믿지는 않았다.

앞서 살핀 주희의 주된 문제의식을 생각할 때, 주자학을 주지주의적 학문으로 해석하는 것은 그 맥락이 어긋나 보인다. 이에 덧붙여, 만약 선이 외부적 지식의 축적과 이를 지키려는 의지를 통해서 억지로 완성되는 것이라면, 과연 그것을 본성이라 말할 수 있겠느냐는 의문에서도 자유로울 수 없을 것이다. 본성이 선하다는 말이 의미를 가지려면, 선행에 어떻게든 자발성의 여지가 있어야만 하기 때문이다.

다음에 인용할 '지나친 관용[姑息]'의 폐단에 대한 설명은, 주희가

---

62) 최진덕은 자연이 곧 선이라는 송명이학의 입장을 '자연도덕주의'라 이름한다. 『인문학, 철학, 그리고 朱子學』 청계, 1004, 314쪽.

사람이라면 본래적으로 선에 대한 내적 경향성을 갖고 있으며, 그것
이 상호 소통될 수 있다고 믿고 있음을 짐작할 수 있는 단서가 된다.

> 말씀하셨다. "길에서 어떤 사람이 물었다. '〈자기가 바라지 않는 일을
> 남에게 행하지 않는 것〉이 서恕입니다. 예컨대 남에게 형벌을 가하는
> 것이 어찌 남들이 바라는 것이겠습니까! 서를 행하지 말아야 할 것입니
> 다.' 어떻게들 생각하는가."
> 모두들 제각기 생각하는 바를 말하였다.
> 선생께서 말씀하셨다. "모두들 분명하게 알지를 못하는구나. 이천伊
> 川[程頤]은 '서는 충忠과 함께 설명해야 한다'고 했는데, 이 말이 흠잡을
> 데가 없다. 충은 자기를 다하는 것[盡己]인데, 자기를 다한 후에 서를 행
> 할 수 있다. 정말 죄가 있는 사람에게 형벌이 가해진다면 그는 이를 당
> 연하다고 생각할 것이니, 형벌에 처한다 하더라도 그가 바라지 않는 바
> 를 억지로 하는 것이 아니다. 그가 형벌을 받기 바라지 않는다면 이는
> 외면의 사심私心이다. 진심으로는 죄를 지었으니 스스로 형벌이 마땅
> 하다고 알 것이다. 요즘 사람들은 충은 이해하지 못하면서 서만 추구하
> 니, 지나친 관용[姑息]의 폐단이 될 뿐이다[63]."

> "아끼는 까닭에 고생시키지 않는다는 것은 지나치게 받아주기[姑息]
> 만 하는 사랑이다. 보통 사람들의 사랑은 상당 부분 이렇게 하는 데서

---

[63] 曰. "路上有人問. '〈己所不欲, 勿施於人〉, 是恕. 如以刑罰加人, 豈其人之所欲! 便是
不恕, 始得. '且說如何.' 衆人各以意對. 先生曰. "皆未分明. 伊川云, '恕字, 須兼忠字
說', 此說方是盡. 忠是盡己也, 盡己而後爲恕. 以刑罰加人, 其人實有罪, 其心亦自以
爲當然, 故以刑加之, 而非强之以所不欲也. 其不欲被刑者, 乃其外面之私心. 若其眞
心, 旣已犯罪, 亦自知其當刑矣. 今人只爲不理會忠, 而徒爲恕, 其弊只是姑息."『朱
子語類』(42:5)

그르치게 된다. 예컨대 얼마 전 어떤 학인이 상복을 입은 채 왔으니, 당연히 그를 돌려보냈어야 했다. 그런데 그가 먼 길을 왔을 것을 생각하니 헛걸음을 하게 해서는 안 될 듯해 그를 물리치지 못했다. 이것은 내가 지나치게 받아준 것이니, 그를 아끼는 방법이 아니었다[64]."

주희는 지나친 관용이 가지는 문제를 설명하기 위해서 딜레마적 상황을 제시한다. 일찍이 공자는 종신토록 행할 한 가지 일을 묻는 자공子貢에게, '자기가 바라지 않는 것을 남에게 행하지 말라[65]'고 했던 바 있다. 하지만 이를 실천하려는 이들은 곧 궁지에 몰리게 된다. 도의상 남의 뜻을 거스르지 않으면 안 된다고 생각되는 때가 발생하는 것이다. 벌 받기를 바라는 사람은 없다. 그런데 어떻게 죄인에게 형벌을 가할 수 있단 말인가. 상중喪中이나 배우고자 하는 열망이 강해 먼 길을 온 사람을 어찌 단호하게 돌려보낼 수 있을 것인가. 주희는 하지만 이러한 경우까지 용인하는 것은 '지나친 관용'이라 하고, 상대방을 아끼는 방법이 아니라고 한다.

그렇다고 주희가 공자의 말을 허언으로 만들고 있는 것도 아니다. 그는 옳지 않은 것을 바라는 것은 외면의 사심私心이고, 이것은 진심과는 다른 것이라고 구분했던 것이다. 주희가 사람이라면 옳고 그른 것을 분별하는 능력을 스스로 갖고 있으며, 그것의 상호 공감이 가능하다고 믿고 있음이 드러나는 대목이다. 그는 사심私心의 개입이 없이

64) "愛之而弗勞, 是姑息之愛也. 凡人之愛, 多失於姑息. 如近有學者持服而來, 便自合令他歸去. 卻念他涉千里之遠, 難爲使他徒來而徒去, 遂不欲卻他. 此便是某姑息處, 乃非所以爲愛也."『朱子語類』(44:30)
65) 子貢問曰. "有一言而可以終身行之者乎?" 子曰. "其恕乎! 己所不欲, 勿施於人."『論語』(15:24)

상황이 그러해서 내리는 결정이라면, 결정을 내린 사람이나 그 결정의 영향 하에 놓이는 사람 모두, 그것이 마땅하다는 암묵적 합의에 이를 수 있다고 생각했던 것이다. 죄를 지은 사람 자신도 처벌을 마땅히 여길 것이라 했다. 그는 명실상부 성선性善을 믿었던 맹자의 후예였다[66].

사람이 본래 선을 향하는 내적 동인을 지니고 있다는 주희의 믿음은 문맥상의 추론이 아닌, 단적인 표현들을 통해서도 확인이 가능한 것이다. 그는 리를 '천하의 물物들 각각이 반드시 갖는 소이연지고所以然之故와 소당연지칙所當然之則[67]'이라 설명했는데, 이 '소당연지칙'을 두고 (그럴 수밖에 없어) '그만둘 수 없는 것[不容已]'이라 부연했다[68]. '마땅함[當然]'이란 강제가 아닌 내적 필연성에 대한 표현이었던 것이다. 우리는 때에 마땅한 행위가 어떠한 인위적 안배 없이도, 저절로 이루어지는 것이라는 강조를 도처에서 발견할 수 있다.

> "요즘 사람들은 '마땅하여 그만 둘 수 없는 것'을 알지 못하고, 그 자리에서 좋고 싫음을 따지고 있을 뿐이다. 만약 내가 마땅히 해야 하는 것임을 진실로 안다면, 저절로 그만 두지 못할 것이다. 예컨대 신하가 되어 반드시 충성한다는 것은 거짓으로 하는 말이 아니니 대개 신하가 되어서는 충성하지 않을 수 없는 것이다. 자식이 되어 반드시 효도한다

---

66) "人性本善, 無許多不美, 不知那許多不美是甚麽物事."『朱子語類』(4:57)
67) "至於天下之物, 則必各有所以然之故, 與其所當然之則, 所謂理也."『大學或問』
68) 이상돈 역시 주희가 '소당연지칙所當然之則'을 (그럴 수밖에 없어) '그만둘 수 없는 것[不容已]'이라 설명하고 있는 등 여러 정황에 근거하여, 주희에게서 천리 인륜은 마음의 내적 구조에 입각한 것임을, 마음이 그 자체 내에 본성 발현의 자발적이고 필연적인 성격을 갖고 있다고 주장한다. 이는 주희가 성선설의 입장에 서 있음을 강조하는 것이라고 할 수 있다.『주희의 수양론』서울대학교 대학원 박사학위 논문, 2010, 29~33쪽.

는 것도 거짓으로 하는 말이 아니라 대개 자식이 되어서는 효도하지 않
을 수 없는 것이다[69]."

"어린아이가 우물에 빠지는 것을 보았을 때 측은지심惻隱之心이 생겨
나는 것을 어떻게 그만 둘 수 있겠는가. 이러한 이야기는 맹자께서 매
우 분명하게 밝혀 놓으셨다. 세상의 일은 인위적으로 계획하는 것이라
면 그만 둘 수가 있다. 만약 그만 둘 수가 없다면, 이는 저절로 그렇게
되는 것이기 때문이다[70]."

주희는 성인의 도를 '배고플 때 먹고 목마를 때 마시는 것[71]'에 비유
하며 그 무위성無爲性[72]을 표현하기도 했는데, 인간에게 여러 관계에

---

69) "今人未嘗看見'當然而不容已'者, 只是就上較量一箇好惡爾. 如眞見得這底是我合
當爲, 則自有所不可已者矣. 如爲臣而必忠, 非是謾說如此, 蓋爲臣不可以不忠. 爲子
而必孝, 亦非是謾說如此, 蓋爲子不可以不孝也."『朱子語類』(18:92)

70) "見孺子將入井, 惻隱之心便發出來, 如何已得! 此樣說話, 孟子說得極分明. 世間事
若出於人力安排底, 便已得. 若已不得底, 便是自然底."『朱子語類』(53:17)

71) "聖人之道, 如飢食渴飮."『朱子語類』(8:3) 흡사 선어록에서나 찾아볼 수 있음직한
말 같다. 이러한 표현은 정씨程氏 형제에게서도 보인다. "飢食渴飮, 冬裘夏葛. 若
致些私吝心在, 便是廢天職."『二程遺書』(6:31)

72) 주희에게 최고의 가치가 자연성에 있었던 만큼 이는 당연한 일이다. 무위無爲의
정신은 선불교禪佛敎나 노장老莊에서만 존숭되었던 것이 아니다. 다음 글은 노장
의 자연 이해에 대한 주희의 동조와 비판을 엿볼 수 있는 일례다. 그는『장자莊
子』「천운天運」에서 보이는 자연의 무의지적 운행에 대한 통찰을 높이 평가하고
있다. 장자의 병폐는 단지 알면서도 행하지 않은 데 있을 뿐이라는 것이다. 이전
사람들이 노장을 잘 이해하지 못했으며, 자신이라면 더 나은 주석서를 쓸 수도 있
을 거라는 말이 흥미롭다. 先生曰. "天其運乎, 地其處乎, 日月其爭於所乎. 孰主張
是? 孰綱維是? 孰居無事而推行是? 意者, 其有機緘而不得已邪? 意者, 其運轉不能
自止邪? 雲者爲雨乎? 雨者爲雲乎? 孰能施是? 孰居無事淫樂而勸是?' 莊子這數語
甚好, 是他見得, 方說到此. 其才高. 如莊子天下篇言'詩以道志, 書以道事, 禮以道行,
樂以道和, 易以道陰陽, 春秋以道名分', 若見不分曉, 焉敢如此道? 要之, 他病, 我雖
理會得, 只是不做." 又曰. "莊老二書解注者甚多, 竟無一人說得他本義出, 只據他臆

대한 정감이 자연적 경향성으로 받아들여지는 이상, 혹 그것을 '마땅한 것'이라는 표현에 담더라도 이는 강제가 될 수 없을 것이다. 그는 도리는 성인이 경전에 써놓았기 때문에 있는 것이 아니라, 천지간에 스스로 존재하는 것[73]이며, 각자가 태어나면서부터 갖고 있는 것[74]이라는 입장을 분명히 했다. 주희는 이런저런 원칙을 미리 정해두고 그것을 애써 지키려 하는 시도를 오히려 헛되다고 본다. 그런 것은 '살아 있는 것'이 아니며, 고생스러워 오래가지 못할 것이라고 했다.

> "'말은 반드시 충실하고 믿음직스러워야 한다'고 했다. 말이란 자연스럽게 충실하고 믿음직스럽게 되는 것이니, 어찌하여 미리 다짐해 두겠는가. 이렇게 해야겠다는 마음이 있다면, 살아있는 것이 아니므로 오래 가지 못할 것이다. 그렇다면 이 말에는 '신信'자 옆에 ('반드시'라는) 글자 하나가 쓸데없이 붙어 있는 것이다. 예컨대 부모를 섬길 때 반드시 효도해야 하고, 연장자를 모실 때 반드시 공손해야 한다는 것은, 효도하고 공손한 것이 이와 같이 저절로 도리에 합당하기 때문이다. 어찌 '반드시'라는 글자를 마음에 두고 이렇게 해야겠다고 항상 생각하겠는가. 그렇게는 고생스러워서 어떻게 오래할 수 있겠는가[75]."

說. 某若拈出, 便別, 只是不欲得."『朱子語類』(125:54)

73) "今之學者自是不知爲學之要. 只要窮得這道理, 便是天理. 雖聖人不作, 這天理自在天地間."『朱子語類』(9:54)

74) "這箇道理, 與生俱生."『朱子語類』(9:42)

75) "'言必忠信', 言自合著忠信, 何待安排. 有心去要恁地, 便不是活, 便不能久矣. 若如此, 便是剩了一箇字在信見邊自是著不得. 如事親必於孝, 事長必於弟, 孝弟自是道理合當如此. 何須安一箇'必'字在心頭, 念念要恁地做. 如此, 便是辛苦, 如何得會長久?"『朱子語類』(8:153)

하지만 인간의 본성이 그러하다 하더라도 현상적으로 악의 존재는 명백하다. 따라서 주희의 이러한 표현들이 의미를 갖기 위해서는, 각자가 선을 발휘할 수 있도록 하는 조건 역시 함께 설명할 수 있어야 한다. 감응에 대한 설명에서, 선을 가로막는 것은 사심私心의 편협성임을 확인했다. 그렇다면 본성을 회복하는 길이란, 때에 따라 자신의 입장을 곧바로 전환할 수 있도록, 스스로의 행보에 미리 어떠한 제한[安排布置]도 두지 않는 것이 될 것이다. 그런 상태에서 일을 맞이했을 때 자연스럽게 안착하는 행위가 곧 선인 것이다.

다음 절에서는 사심私心이 구체적으로 어떻게 발생하고 문제가 되는지, 또 그 극복의 방법은 무엇인지에 대해 대강의 틀을 잡아두려 한다. 이에 대한 주희의 설명은 매우 분명하고 또 복잡하지도 않다.

2) 허심虛心과 감수성의 회복

맹자 이래 유가에서는 마음의 문제적 상황을 방심放心으로 지칭했다. 이에 대한 주희의 해석과, 그것을 바로잡는 길로 제시되는 구방심求放心(혹은 존심存心[76])에는 사심私心을 경계하는 문제의식이 일관되게 관통하고 있다.

---

76) '잃어버린 마음', '잃어버린 마음을 구하는 것', '마음을 보존하는 것'을 각각 원문 그대로 '방심放心', '구방심求放心', '존심存心'으로 표기하는 것을 원칙으로 하되, 문맥상 우리말로 풀어쓰는 것이 자연스러울 때는 융통하도록 하겠다. 본 글에서는 방심과 존심의 실제 의미를 제 4장에서 본격적으로 확인하고, 그에 따른 공부의 방법을 제 5장에서 다뤘다.

주희는 '사람의 본성은 선하지만, 방심하여 악으로 흐르게 된다[77]'고 했다. 방심을 곧 악의 원인으로 지목하는 것이다. 그런데 방심이란 무엇을 의미하는가. 그는 종종 방심을 '마음이 여기에 없는 상태'라고 표현한다. 마음이 여기에 없다는 것은 사사로운 생각에 머물러, 몸이 처해 있는 현장에 대한 주의력이 떨어진 상태를 의미한다. 그런 상태에서 사람은 외부 세계를 바르게 지각하지도, 이에 밀착된 반응을 보이지도 못하게 된다. 변화가 그치는 것이다.

예컨대 주희는 책을 읽는다고 앉아 있더라도, 마음이 그것을 향하지 않으면 독서가 되질 않으니, 눈앞에 책이 없는 것과 마찬가지가 된다고 말하고 있다. 책에 집중하지 못한다면, 읽어도 글 뜻이 파악되지 않고, 기억할 수도 없기 때문이다.

'사람의 길은 오직 충신忠信에 있고, 진실[誠]되지 않으면 사물은 없다'가 무슨 뜻인지 물었다.

대답하셨다. "사물事物이 다가와서 응접할 때, 모두 마땅히 내 진실된 마음을 다해서 그것에 응해야 비로소 이 일이 있게 된다. 또 하나의 일을 할 때, 자기 마음이 여기 있지 않으면 이 일은 이루어지지 않을 것이니, 이 일은 없는 것이다. 예컨대 책을 읽는데, 자기 마음이 여기 있지 않으면 이 책은 없는 것이나 매한가지다[78]."

"예전에 진열陳烈 선생은 기억력이 나빠서 고생했다. 하루는 『맹자』

---

77) "人性無不善, 只緣自放其心, 逐流於惡." 『朱子語類』(12:34)
78) 問'人道惟在忠信, 不誠無物'. 曰. "凡應接事物之來, 皆當盡吾誠心以應之, 方始是有這箇物事. 且幹一件事, 自家心不在這上, 這一事便不成, 便是沒了這事. 如讀書, 自家心不在此, 便是沒這書." 『朱子語類』(21:109)

에서 '학문하는 길에는 다른 것이 없다. 방심을 구하는 것일 뿐'이라는 구절을 읽고, 홀연히 깨달아 말했다. '내 마음을 거두어들인 적이 없으니, 어떻게 책을 기억할 수 있겠는가.' 곧 문을 닫아걸고 정좌靜坐하여 백여 일 간 책을 읽지 않았으니, 이로써 방심을 거두었다. 그러고 나서 책을 읽으니, 마침내 한 번 보고도 잊는 것이 없게 되었다[79]."

주희는 이와 비슷한 의미를 담아, 『대학大學』의 '마음이 여기에 있지 않으면 보아도 보이지 않고, 들어도 들리지 않으며, 먹어도 그 맛을 모른다[80]'라는 구절을 곳곳에서 인용한다. 각자는 타자에 대한 직접적 대면 가운데 존재하는 구체적 감수성의 성격을 지닌다. 인간은 보고 듣는 것과 같은 구체적 감각 지각을 통해서야 자신에게 다가오는 사건과 하나로 연결될 수 있다.

그는 자신에게 다가오는 일들을 잘 지각하는 것을, 선을 향하는 자발성이 동력을 얻게 되는 조건으로 보았다. 주희가 심리 문제를 다룰 때, 전제로 삼는 것 중 하나는 마음이 동시에 여러 일을 처리하지 못한다는 점이다. 마음에 사사로운 관심이 자리할 때 현 상황에 부주의하게 되는 것처럼, 현재의 일에 집중하고 있는 한 사심私心 역시 끼어들 수 없다. 그가 맞이하는 일에 대한 집중을 수양론의 주요 내용[81]으로

---

79) "昔陳烈先生苦無記性. 一日, 讀孟子'學問之道無他, 求其放心而已矣', 忽悟曰. '我心不曾收得, 如何記得書!' 遂閉門靜坐, 不讀書百餘日, 以收放心. 卻去讀書, 遂一覽無遺."『朱子語類』(11:10) 주희 역시 정좌靜坐의 효과를 인정하지만(『朱子語類』(12:137)), 평소 언행으로 볼 때, 하던 일을 작파하고 백여 일씩이나 정좌할 것을 권하지는 않았을 것이다.(『朱子語類』(12:116)(12:143)) 다만 방심放心 때문에 책을 기억할 수 없었다고 하는 부분은 주의해서 봐야 한다.
80) "心不在焉, 視而不見, 聽而不聞, 食而不知其味."『大學章句』「傳文 7章」
81) 경敬은 지금 맞이한 일 한 가지에 집중하는 것을 골자로 하는 수양이다. 경은 존심

제시하게 되는 것은 너무도 당연하다. 이로써 방심하지 않는 것이 바로 존심存心이다. 그것은 사사로운 생각을 물리친다는 의미의 허심虛心과도 의미가 상통한다. 그는 존심하여 일에 대응하면 딱 들어맞지는 않더라도 크게 벗어나지는 않을 것이라고 했다.

　　어떤 사람이 물었다. "존심하면 그것이 바로 인仁입니다."
　　말씀하셨다. "존심하려면 사욕私欲에 져서는 안 되니, 맞이하는 일마다 정신을 차리고 돌보되 물物을 따라 흘러가서는 안 되며, 반드시 단단히 지켜야 한다. 만약 항상 존심하여 다가오는 일에 대응한다면, 비록 딱 들어맞지는 않더라도 크게 벗어나지는 않을 것이다. 잡된 생각이 그 가운데서 어지럽게 하면, 결코 존심할 수 없을 것이다. 존심하지 못하면, 마땅히 보아야 할 것도 볼 줄 모르고, 마땅히 들어야 할 것도 들을 줄 모른다[82]."

방심은 조금만 긴장을 늦춰도 일어난다. '물物에 따라 흘러가지 않

　存心의 방법이다. 다음은 존심에 대한 다른 표현인 미발함양未發涵養 공부가 의미하는 바가 무엇인지를 볼 수 있는 일단이다. "희로애락喜怒哀樂이 아직 발하지 않았을[未發] 때를 중中이라 한다'고 함은 사념이 아직 싹트지 않아 사욕私欲이 조금도 없기에 저절로 치우침이 없음을 의미한다.('喜怒哀樂未發謂之中', 只是思慮未萌, 無纖毫私欲, 自然無所偏倚.)"『朱子語類』(62:118) 미발의 중은 이발已發의 화和를 이루는 조건이 되는데, 미발의 중을 함양涵養하려는 노력은 곧 사욕私欲에 대한 경계와 다르지 않다. 존심은 곧 사사로운 심리 맥락의 틈입 없이, 맞이하는 일에 집중해서 대처해나가는 것을 의미한다. 이 문제에 대해서는 제 4장. 3.에서 자세하게 다루었다.

82) 或問. "存得此心, 便是仁." 曰. "且要存得此心, 不爲私欲所勝, 遇事每每著精神照管, 不可隨物流去, 須要緊緊守著. 若常存得此心, 應事接物, 雖不中不遠. 思慮紛擾於中, 都是不能存此心. 此心不存, 合視處也不知視, 合聽處也不知聽."『朱子語類』(6:84)

도록 단단히 지켜야 한다'는 것은, 그것의 주된 원인이 되는 집착을 경
계하는 것이다. 주희 문헌 곳곳에서 보이는 전전긍긍의 살얼음판 밟
는 조심스러운 분위기는 이러한 문맥과 함께 읽어야 한다. 방심을 구
할 것을 목적으로 하는, 경敬의 절목 가운데 하나로 정제엄숙整齊嚴肅
이 꼽히는 것도 같은 맥락에서 이해할 수 있을 것이다. 다음 인용은 이
러한 논자의 해석에 힘을 실어준다.

> "감感하기 전에는 오성五性[인의예지신仁義禮智信]이 구비되어 있으
> 니, 어찌 선하지 않음이 있겠는가. 일에 응應함에 있어서 주의가 미치지
> 못하게 되면 이것이 곧 악이 되는 것이다. 옛 성현聖賢들이 한평생 전전
> 긍긍하며 살았다는 것은 바로 이를 말하는 것이다[83]."

> 어떤 사람이 물었다. "마음에 선과 악이 있습니까?"
> 대답하셨다. "마음은 활동하는 것이니 자연히 선과 악이 있다. 예컨
> 대 측은지심惻隱之心은 선한 것이니, 어린아이가 우물에 빠지려는 것을
> 보고 측은하게 여기는 마음이 일어나지 않는다면 곧 악이 된다. 선을
> 떠나면 바로 악이 된다[84]."

악은 바람직하지 않은 생각을 가져서가 아니라, 처한 상황에 집중
하지 못하는 부주의 때문에 발생한다[85]. 어두워서 앞을 잘 살피지 못

[83) "當其未感, 五性具備, 豈有不善? 及其應事, 才有照顧不到處, 這便是惡. 古之聖賢
戰戰兢兢過了一生, 正謂此也."『朱子語類』(94:146)
[84) 或問. "心有善惡否?" 曰. "心是動底物事, 自然有善惡. 且如惻隱是善也, 見孺子入井
而無惻隱之心, 便是惡矣. 離著善, 便是惡."『朱子語類』(5:34)
[85) 주희는 그 결과를 행위자가 의도한 것인가의 여부에 따라 '악惡'과 '과過'를 구별
하기도 한다.("有心悖理謂之惡, 無心失理謂之過."『通書解』「愛敬」) 하지만, 이는

할 때 발이 장애물에 걸리고 나무에 머리를 부딪치는 것처럼, 마음이 분분한 생각들로 혼란스럽거나 무언가 고집하는 견해가 있어 지금 이 자리에 집중할 수 없을 때는, 가까이에 있는 사람의 처지나 당면한 과제가 요구하는 바가 무엇인지 잘 보이지 않는다. 그런 상황에서, 남의 곤란에 공감하지 못하고 시비를 가리지 못하게 되어 적절하게 대응할 수 없게 되는 것은 물론이다.

예컨대 어린아이가 우물에 빠진 다급한 상황을 목도하고도 그 아이를 구하지 않은 사람이 있다고 치자. 그는 아이의 부모에 대해 품었던 원한을 떠올리며 모른 척 자리를 떴을 수도 있다. 하지만 누군가 다른 사람의 불운에 애통해하다 무심히 넘겨버린 것일 수도 있다. 그가 어떤 생각을 하고 있었든, 아이가 겪을 불행을 측은하게 여기지 못하게 된 결과는 다를 바 없다. 잘못을 저지른 사람이 어떠한 신조를 갖고 있었는지 따지고 이를 교정하려는 것은 부질없다. 맞이하는 상황을 지각하지 못하게끔, 마음이 이미 다른 생각으로 굳어 있었다는 것이 더 근본적인 문제가 되기 때문이다.

주희는 바른 행위를 위해 당위의 표현을 세워두는 대신, 몸이 처한 상황에 대한 감수성을 회복하도록 촉구하는 길을 택한다. 외부 세계에 대한 주의력을 유지하는 것이 맞이한 일에는 적합하고, 당사자에겐 자발적이고 필연적인 것이 되는 응답을 부를 것이기 때문이다. 외따로 떨어진 채 동일자로 고정된 개체가 있다면, 그의 모든 움직임은 외부적 자극에 대한 감수와 이에 대한 공감이 없기에 억지로 힘써 하

『통서通書』에 대한 주석의 과정에서 이루어진 구별이지, 朱熹가 평소에 이들을 엄격하게 구분해서 말했던 것은 아니다.

는 것이 된다. 이런 경우 선행이란 결국 행위자에게 열려있는 수많은
선택지 가운데서 스스로의 이익을 희생하며 수고롭게 행한 결실이라
고 말할 수밖에 없을 것이다. 반면 타자와 감성적 교류를 통해, 상황으
로부터 계기를 얻은 행위는 행위자가 나름의 이유를 갖고 그렇게 할
수밖에 없어 행하는 것이기에 무위無爲이다. 그는 물가의 어린아이 구
하는 것을 날이 더워 부채질 하는 것만큼이나 자연스러운 일이라고
설명한다[86].

일기一氣는 나와 남이라는 몸적 구분에 갇히지 않는 것이라고 했던
터, 사사로운 주관 없이 감응을 통해 이루어지는 활동은 사실상 그 자
신의 것이라 할 수도 없다. 도덕은 각자가 외부의 자극에 응하도록 하
는 자연의 추동 가운데 저절로 있는 것이다. 주희의 이러한 관점은 쇼
펜하우어가 도덕의 기초를 설명하던 장면을 연상하게 한다. 쇼펜하우
어는 칸트의 의무론적 윤리학을 비판하며, 도덕의 기초로 동정심을
제시한다. 그는 현상이 무수한 개별자로 드러나지만 이들 배후의 본
질은 하나이기에, 사람이라면 고통 받는 이를 구하기 위해 무의식적
으로 손을 뻗치게 되기도 한다고 했다[87].

---

86) 因擧手中扇云. "只如搖扇, 熱時人自會恁地搖, 不是欲他搖. 孟子說'乍見孺子入井
時, 皆有怵惕惻隱之心', 最親切. 人心自是會如此, 不是內交 · 要譽, 方如此."『朱子
語類』(6:80)

87) Arthur Schopenhauer(김미영 옮김),『도덕의 기초에 관하여』책세상, 2011,
232~245쪽. 쇼펜하우어는 좋은 성격을 타고 난 사람에게 세계는 '비아非我'가 아
니라, '또 다른 나'로 인식된다고 한다. 이에 반해 나쁜 성격을 가진 이는 자신과 다
른 모든 것 사이에 '강력한 칸막이 벽'을 두고 그 안에 머물고 있는 것이나 마찬가
지인데, 그의 감정은 남의 불행을 기뻐하는 것 등의 부도덕적 경향에 압도된다고
했다. 주희의 다음 표현을 보자. "추기급물推己及物을 해나가면 물物과 내가 연계
되어 저절로 변화가 끝없이 되는 움직임이 있으니, 이는 곧 '자연이 변화하고, 초
목이 무성해지는' 기상이다. 자연은 이러한 도리일 뿐이다. 추기급물推己及物을

인위적인 조정은 오히려 일을 그르친다. 타자는 애초에 나의 의지 밖에서 출현하고, 그를 적합하게 응대하는 길은 자신의 심리적 편향 없이, 상황이 불러일으키는 만큼의 정감을 따르는 데 있다. 선을 향하는 내적 자발성은 자신의 것이라기보다는 자연의 것이라는 말이 오히려 적절할 것이다. '천하의 일이란 사람이 하는 것 같지만 모두 자연이 하는 것[88]'이라는 표현 앞에서, 우리가 무의식중에 받아들이고 쓰는 자기중심적 주체 이해는 통째로 의문시될 수밖에 없다. 여기에는 우리 각자가 스스로의 의지에 따라 삶을 개척해 나간다기보다는 삶이 우리의 몸을 빌려서 자신을 전개하고 있을 뿐이라고 말함직한, 상당히 낯선 사유 방식이 있다. 주자학에서 각자는, 스스로는 이루 헤아릴 수 없는 자연의 흐름에 단지 동행하는 존재인 것이다.

해나가지 않는다면 물物과 나는 단절[隔絶]되어, 내게 이롭게 하려 남에게 불리하게 하고, 나의 부富를 바라면서 남의 가난함을 바라며, 내가 오래살기를 바라면서 남의 요절을 바란다. 이러한 기상과 같으면, 막히고 단절되니 바로 '자연이 단절되어, 현인이 은거하는 것'과 같다.((亦只推己以及物.) 推得去, 則物我貫通, 自有箇生生無窮底意思, 便有'天地變化, 草木蕃'氣象. 天地只是這樣道理. 若推不去, 物我隔絶, 欲利於己, 不利於人, 欲己之富, 欲人之貧, 欲己之壽, 欲人之夭. 似這氣象, 全然閉塞隔絶了, 便似'天地閉, 賢人隱'.)"『朱子語類』(27:64) 쇼펜하우어는 그러나, 타고난 성격은 변화시킬 수 없는 것이고 윤리학이 자기 안에서 머무는 사람의 도덕성을 고양시키는 역할까지 할 수는 없다고 본다. 쇼펜하우어가 체념한 바로 그 자리에서, 주희는 각자의 기질변화氣質變化를 요구하고 있는 셈이다. 참고로 쇼펜하우어는 주희의 자연[天]에 대한 설명을 보고, 자신의 이론과 일치된다고 말하기도 했다. Arthur Schopenhauer(김미영 옮김), 『자연에서의 의지에 관하여』 아카넷, 2012, 241~243쪽. *쥴리앙이 맹자의 측은지심惻隱之心과 서양 철학에서의 동정심을 비교하기 위해 루소와 쇼펜하우어의 예를 들었던 것도 참고할 수 있을 것이다. François Julien(허경 옮김), 『맹자와 계몽철학자의 대화』 한울아카데미, 2004, 40~55쪽.
88) "故凡天下之事, 雖若人之所爲, 而其所以爲之者, 莫非天地之所爲也."『中庸或問』

　주자학에서 자연은 일기一氣의 유행流行으로 요약된다. 선은 기본
적으로 상황적 요청을 감수하고 응답하는 능력에 달려 있다. 각자는
쉼 없이 변화하는 외부와의 상호연계 가운데 있으며, 마음은 본래 그
러한 몸에 바싹 붙어 이를 주재하는 것이다. 하지만 현실적 인간은 그
사적 관심에 틀어박혀 주변과 틈을 내고, 종종 자신을 둘러싸고 전개
되는 상황의 맥락에 합류하지 못한다. 리理라는 개념이 요청된 것은
이러한 현실 진단과 무관하지 않다.

　논자는 이제 형이상形而上의 리理가 의미하는 것이 무엇인지 자세
히 살펴보고, 그 바탕 위에서 주희가 마음의 문제적 상황을 어떻게 설
명하고 있는지, 그리고 이를 기초로 어떠한 공부론을 전개하고 있는
지 차근차근 짚어나갈 것이다. 이들은 당연히 시종 상호 모순 없이 정
합적으로 짜인 하나의 체계를 이루고 있다.

제3장

●

리理, 변화의 근본

1
무극無極-리理는 있되 형形은 없다

주희가 여조겸呂祖謙과 엮은 '사서四書의 사다리[1]', 『근사록近思錄』을 펼치면 첫 권 「도체道體」편이 눈에 들어온다. 그리고 거기서 가장 먼저 마주하게 되는 글이 바로 주돈이周敦頤의 「태극도설太極圖說」이다. 작가라면 글 전체에 대한 기대와 강박을 떨치면서 담아내는 것이 될 모두冒頭 열기에 신중할 수밖에 없다. 도학道學의 입문서로 기획된 『근사록近思錄』의 첫 글이 되었다는 사실만으로도, 우리는 「태극도설太極圖說」이 주자학 체계 내에서 어떤 위상을 차지하고 있는지 충분히 짐작할 수 있다. 그 글은 다음과 같이 시작된다.

"無極而太極."

주희는 여기서 '무극無極'은 '태극太極'과 별개로 존재하는 것이 아니며[2], '이而'는 무극이 태극으로 이행되었다는 시간적 순서를 의미하

---

1) "近思錄好看. 四子, 六經之階梯, 近思錄, 四子之階梯." 『朱子語類』(105:23)
2) "'無極而太極', 不是太極之外別有無極, 無中自有此理. 又不可將無極便做太極." 『朱子語類』(94:16)

는 것이 아니므로 가볍게 읽어야 한다[3]고 했다. 종합해 보면, 이 문장은 '무극이면서 태극이다' 정도로 새길 수 있을 것이다. 주어가 빠진 듯 불완전한 문장이지만, '무극'과 '태극'이 다른 의미를 가지고 있되 하나의 대상 위에 겹쳐진다고 보는 입장만은 분명하다. 주희는 '무극이태극'이라는 문장 전체의 의미를 다음과 같이 설명했다.

> "'무극無極'은 리理는 있되 형形은 없다는 것이다. 성性으로 말할 것 같으면, 그것이 언제 형形을 가진 적이 있겠느냐. '태극太極'은 음양오행 陰陽五行의 리理가 모두 있으니 공허한 것이 아님을 말한다. 만약 공허한 것이라면 부처가 말하는 성性과 같을 것이다. ... 부처는 피상적으로만 알고 있을 뿐이니, 그 이면의 허다한 도리道理는 보지 못했다. 그는 군신부자君臣父子의 관계를 환망幻妄으로 여긴다[4]."

> "'하늘[上天]이 하는 일은 소리도 없고 냄새도 없지만', 진실로 조화 造化의 지도리이며 온갖 사물의 뿌리가 된다. 때문에 '무극無極이면서 태극太極'이라고 했다. 태극의 밖에 또 다시 무극이 있다는 뜻이 아니다[5]."

무엇보다도 다른 곳에서 보기 힘든 '무극'의 의미를 주희는 어떻게 풀이하고 있는지가 궁금한데, 그는 이것이 '리理는 있되 형形이 없음'

---

3) "'無極而太極', 此'而'字輕, 無次序故也."『朱子語類』(94:16)
4) "無極是有理而無形. 如性, 何嘗有形? 太極是五行陰陽之理皆有, 不是空底物事. 若是空時, 如釋氏說性相似. ... 釋氏只見得箇皮殼, 裏面許多道理, 他卻不見. 他皆以君臣父子爲幻妄."『朱子語類』(94:15)
5) "'上天之載, 無聲無臭', 而實造化之樞紐, 品彙之根柢也. 故曰'無極而太極'. 非太極之外, 復有無極也."『性理大全』卷 1,「太極圖」의 朱子解

을 뜻한다고 했다. 아울러 태극은 세상이 꾸려지는 원리인 음양오행
의 리가 실재한다는 것을 의미한다고 설명했다. 태극은 리와 같다[6].
그렇다면 주희는 '무극이태극無極而太極'을 '무형無形의 리理가 있다'
는 뜻으로 읽고 있다고 해야 할 것이다.

　그런데 무극과 태극이라는 양 측면의 강조에서 무게가 실리는 것은
역시 '무극'이라고 해야 할 듯하다. 기존에도 쓰이던 '태극' 개념에 새
로운 내용을 보탰다는 신선함을 무시할 수가 없거니와, 여기서 리가
실재한다고 말하는 이면에는 무형의 것이라 해서 그것을 아예 없는
것으로 여길까 염려하는 맥락이 들어 있기도 하기 때문이다.

　이러한 내용은 주희가 리를 설명하는 도처에서 심심찮게 발견된다.
리와 기는 달리 형이상자形而上者, 형이하자形而下者로도 불린다[7]. 형
이상자라는 리理의 별칭은 그 무형無形의 성격으로 인한 것이다. 반면
주희는 기라고 불리는 것은 곧 물사物事가 있음을 의미하니 형이하자
라 하고[8], 사물事物(기器/물物/형이하자)은 모두 형적形跡을 가진 것[9]
이라 설명했다. 물物은 곧 형形을 가진 것이다. 그리고 보면 주희가 곳
곳에서 리는 눈앞의 어떤 물物이 아니라고 강조하곤 했던 것[10]도, 결국

---

6) "太極只是一箇'理'字."『朱子語類』(1:4) / "太極非是別爲一物, 卽陰陽而在陰陽, 卽五
　 行而在五行, 卽萬物而在萬物, 只是一箇理而已. 因其極至, 故名曰太極."『朱子語類』
　 (94:22) 등등
7) "理形而上者, 氣形而下者."『朱子語類』(1:10)
8) 問. "陰陽氣也, 何以謂形而下者?" 曰. "旣曰氣, 便是有箇物事, 此謂形而下者."『朱子
　 語類』(94:128)
9) "'形而上者謂之道, 形而下者謂之器.' 道是道理, 事事物物皆有箇道理. 器是形跡, 事
　 事物物亦皆有箇形跡. 有道須有器, 有器須有道. 物必有則."『朱子語類』(75:107)
10) "理不是在面前別爲一物, 卽在吾心."『朱子語類』(9:50) / "大凡天之生物, 各付一性,
　 性非有物, 只是一箇道理之在我者耳."『朱熹集』卷 74,「玉山講義」

은 그것이 형이상자임을 설명하는 것이었다.

　주희가 '무극이태극'을 리의 형이상자적인 성격을 문헌상 증거하는 곳으로 삼은 만큼, 이 명제가 그의 리기론 구상의 토대가 되었다는 말도 과언은 아닌 듯[11]하다. 그런데 흥미로운 일은 주희가 '무극이태극' 해석을 통해 전달하고자 했던 태극의 형이상자적 성격이 그와 문제의식을 공유하지 않는 이상, 당시의 학자들에게도 받아들여지기 쉬운 것만은 아니었다는 사실이다. 무엇보다도 형이상의 리는 이전부터 쓰이던 개념이고, 주희가 이를 새롭게 설명한 것이 소통의 문제를 야기했다.

　이 문장의 해석을 두고 육구소陸九韶[12], 육구연陸九淵 형제가 주희와 격렬한 논변을 벌였던 일은 중국철학사에서 유명한 사건이다. 육구연의 형이상자 이해가 드러나는 다음 대목을 읽어 보자.

　　"나중에 주신 편지에서 '무극無極은 형形이 없다는 것이고 태극太極은 리理가 있다는 것'이라 하셨고, '주周 선생[周敦頤]은 배우는 사람들이 태극을 따로 하나의 물物로 오해할까 염려해서 무극이란 두 글자를 덧붙여 밝힌 것'이라 하셨습니다. 『역易』「계사전繫辭傳」에서는 '형이상자를 도라 한다' 하였고, '한 번 음하고 한 번 양하는 것을 도라 한다'고도 했습니다. 한 번 음하고 한 번 양하는 것이 이미 형이상자인데 하물

---

11) 고지마 쓰요시는 주희가 구상하던 리기론理氣論과 "무극이태극無極而太極" 구절 간의 긴밀성을 두고, 주희가 「태극도설太極圖說」을 그 저자인 주돈이周敦頤의 의도와는 별개로 "필요로 하고 있었다"고까지 말한다. 小島 毅(신현숭 역)『송학의 형성과 전개』논형, 2004, 168쪽.
12) 육구소陸九韶가 주희에게 보낸 편지는 전해지지 않지만, 주희의 답장(『朱熹集』卷 36, 「答陸子美」제 1서, 제 2서) 내용과 육구연陸九淵이 도찬중陶讚仲에게 보낸 편지(『象山集』卷 2, 「與陶讚仲書」)를 보아 짐작할 수 있다.

며 태극이겠습니까. 글 뜻에 밝은 사람이라면 모두 알 것입니다[13]."

주희가 왜 굳이 무극을 고집하는지 도무지 납득이 가지 않는다는 말투다. 여기서 육구연은 '한 번 음하고 한 번 양하는 것' 그 자체를 형이상자이고 태극이라 하고 있다. 음양의 운행을 곧바로 태극이라 한 것이다. 그런데 주희는 이러한 육구연이 도道와 기器의 구분에 어둡다[14]고 평했다. 그는 육구연이 형이상자의 의미를 이해하지 못한 까닭에, 형이하자를 태극으로 오인하고 있다고 생각했던 것이다. 주희는 형이상과 형이하의 영역을 다음과 같이 구분하고 있다.

「대전大傳」에서 '형이상자形而上者를 일러 도道라 한다'고 한 것이나, '한 번 음陰하고 한 번 양陽하는 것을 일러 도道라 한다'고 한 것이 어찌 정말 음양을 형이상자로 여겨 그런 것이겠습니까. 바로 한 번 음하고 한 번 양하는 것은 형기形器에 속하지만, 한 번 음하고 한 번 양하는 근거는 도체道體가 그렇게 하는 것임을 알았기 때문입니다. 때문에 도체의 지극함을 가리켜 태극太極이라 하고, 태극의 유행流行을 가리켜 도라 하니, 비록 이름은 둘이지만 애초에 둘이 아닙니다[15]."

---

13) "後書又謂, '無極卽是無形, 太極卽是有理.' '周先生恐學者錯認太極別爲一物, 故著無極二字以明之.' 易大傳曰, '形而上者謂之道', 又曰, '一陰一陽之謂道.' 一陰一陽, 已是形而上者, 況太極乎! 曉文義者, 擧知之矣." 『象山集』卷 十二, 「與朱元晦」제 1서

14) "今乃深詆無極之不然, 則是直以太極爲有形狀, 有方所矣. 直以陰陽爲形而上者, 則又昧於道器之分矣. 又於形而上者之上復有況太極乎之語, 則是又以道上別有一物爲太極矣." 『朱熹集』卷 36, 「答陸子靜」제 5서

15) "至於大傳旣曰, '形而上者謂之道'矣. 而又曰, '一陰一陽之謂道', 此豈眞以陰陽爲形而上者哉? 正所以見一陰一陽雖屬形器, 然其所以一陰而一陽者, 是乃道體之所爲也. 故語道體之至極, 則謂之太極, 語太極之流行, 則謂之道, 雖有二名, 初無兩體."

　도와 기器를 가르는 주희의 입장은 분명하다. '한 번 음하고 한 번
양하는 것은 형기에 속하지만, 한 번 음하고 한 번 양하는 근거는 도체
가 그렇게 하는 것'이라 했다. 그는 다른 곳에서, 리를 '물物을 생하는
근본[生物之本]'으로, 기氣를 '물物을 생하는 도구[生物之具]'로 표현하
며 이들은 서로 떨어질 수 없는 것이지만, 그 구분을 어지럽혀서는 안
된다고 못 박아 말하기[16]도 한다. 구체화되어 드러난 현상은 일기一氣
의 운동이 이루어내는 것이고, 리는 그 근거라는 것이다.

　그런데 이러한 리와 기의 구분은 석연치 않다. 한 번 음하고 한 번
양하는 것의 근거가 리라는 주희의 설명이 무엇을 의미하는지도 분명
치 않지만, 애초에 이들을 구분할 필요가 있는지부터가 의문이다. 자
체 감응의 운동성을 갖추고 있는 형이하의 기만으로도 이 세상을 충
분히 설명할 수 있을 것 같지 않은가[17]. 이것은 주희가 저렇게 철저하
게, 형이상의 영역을 따로 확보해야만 했던 이유가 무엇인가 하는 의
문을 불러일으킨다.

　주희가 무극을 고집했을 때, 그는 리 안에 담긴 어떤 고정된 내용의

　『朱熹集』 卷 36, 「答陸子靜」 제 5서

16) "天地之間, 有理有氣. 理也者, 形而上之道也, 生物之本也. 氣也者, 形而下之器也,
生物之具也. 是以人物之生, 必稟此理然後有性, 必稟此氣然後有形. 其性其形雖不
外乎一身, 然其道器之間分際, 甚明不可亂也." 『朱熹集』 卷 58, 「答黃道夫」

17) 이 물음을 본격적으로 논의의 장에 불러낸 이가 야마다 케이지다. "요컨대 물질=
에너지인 기에 붙어 존재하면서, 기에 대해서 어떤 능동성도 갖지 않는, 지각을 넘
어선 그 무엇인가가 바로 리인 것이다. 그런데 주희는 도대체 왜 존재개념으로서
는 정말 아무런 성격도 없는 리에 집요하게 매달리는 것일까. 기에는 질서 내지 조
직의 원리가 있다고 말해버리면 되는 것을 도대체 왜 기 외에 리가 존재한다고 주
장하는 것일까." 山田慶兒(김석근 옮김) 『朱子의 自然學』 통나무, 1998, 350쪽. *
이 책의 번역자는 중국어 발음을 존중하는 인명 표기를 했지만, 논자는 본 글 안에
서의 통일성을 위해 이를 수정하였다.

관념이 아닌 형이상이라는 특성에 주목하고 있었다. 그리고 형이상과
형이하를 가르는 기준은 형形이 갖춰졌는가에 있다고 해도 무리는 아
니다[18]. 그런데 선행 연구에서는 '形'을 번역할 때 물리적 몸(모양새)
을 갖는다는 '형상'·'형체'의 의미 정도로만 새기고, 그 이상의 주의
를 기울이지 않고 있다. 때문에 리는 사실상 가시적인(혹은 물질적인)
기의 현상의 조직을 설명하는 추상적 진리, 또는 인간이 각고의 노력
을 통해 실현해야 하는 이념형 정도로 다뤄지는 경우가 많다[19]. 하지

18) 주희는 리와 기가 구분되지만 현실적으로 분리되지 않는 것인데, 만약 형을 갖추
고 있는지의 여부[有形/無形]로 이들을 구분한다면 物物과 理理에 서로 단절이
생기니, 형이상形而上·형이하形而下로 이들을 가르는 것이 적절하다고 말하기
도 한다.(問. "'形而上下', 如何以形言?" 曰. "此言最的當. 設若以'有形·無形'言之,
便是物與理相間斷了. 所以謂'截得分明'者, 只是上下之間, 分別得一箇界止分明. 器
亦道, 道亦器, 有分別而不相離也." 『朱子語類』(75:106))
19) 이는 정론처럼 쓰이는 것이기에, 이미 누구의 이론이라 말하기 힘들 정도가 되었
다. 조금 강하게 표현된 것을 찾자면, 조남호는 "리는 곧 당대의 이념(인 것이다.
그런데 조선 시대의 지식인은 이념을 상대화하지 않았다. 자신의 이념이 절대적
이라고 믿었던 것이다.)"이라고 했다. 조남호, 「율곡학파의 리기론과 리의 주재
성」, 『한국유학과 리기철학』 예문서원, 2000, 163쪽. 이러한 시각에 기초한 리기
해석은 역사가 상당히 오래다. 예컨대 현대적 언어로 한문을 소개한 1세대 학자라
고 할 수 있는 우노 테츠토宇野哲人(1875~1974)는 다음과 같이 리기를 설명하고
있다. "음양의 두 기가 서로 작용하여 만물이 생겨난다. 그리고 이 두 기가 서로 작
용하는 근거[所以]가 곧 리이다. 환언하자면 기는 재료[質料]이고, 리는 법칙이다.
그러므로 리가 없으면 기의 작용이 행해질 수 없고, 기가 없으면 리도 또한 부착
되어 있을 곳이 없다. 리와 기의 두 근원자는 서로 의존하여 존재하여, 리가 없으
면 기도 없어지고 기가 없으면 리도 없어지게 된다. 그러나 나누어 말하자면 리는
정신적인 것이고 기는 물질적인 것이다." 宇野哲人(손영식 역), 『송대 성리학사』
(Ⅱ). UUP, 2005, 145쪽. 리를 이성으로 기를 감성으로 보는 입장 역시 여기서 먼
것으로 생각되지 않는다. "리는 추상적인 것, 형이상形而上으로, 모든 사건의 원인
및 이유가 되는 원리, 원칙을 뜻한다. 필연적 원리를 가리키느냐 당위를 가리키느
냐에 따라 '소이연의 리[所以然之理]', '소당연의 리[所當然之理]'로 구분된다. 사
물의 본질과 같은 것이 리이기도 하다. 이는 추상적인 형이상자이므로 '무작위無
作爲'를 그 특성으로 한다. 퇴계에 의하면 리는 또 '지선至善'한 것이기도 하다. 심

만 이상하다. 원리나 이념형이 물리적 형체를 가지지 않는다는 사실을 그토록 강조할 필요가 있겠는가 말이다. 또한 단순히 현상 이면의 원리가 갖고 있는 비가시성을 형용하기 위해서라면, 육구연도 말했던 것처럼 '소리도 없고 냄새도 없다'는 식의 표현을 덧붙여주면 그만[20]이지, 노장적 색채가 짙은 '무극'이란 표현을 고집해서 반론을 맞이할 필요는 없는 것이었을 터다.

　미리 말해두자면, 주희는 형이상과 형이하를 새롭게 구분지음으로써 이전에 체계적으로 다루어지지 않던 영역을 논의의 장場으로 불러오려 했다. 논자는 그것이 지시하는 바가, 이전 시대 유가의 유산과 맥이 닿는 것이라 생각한다. 과연 '무극이태극'을 적극적으로 해석해내려 했던 주희의 의도는 무엇이었을까. 본 글에서는 리의 정체를 그 무형無形의(혹은 형이상자라는) 성격에 초점을 맞춰 생각해 보려 한다.

　　성心性의 경우 리는 대체로 이성을 뜻한다고 할 수 있다. 기는 모든 현상적인 또
　는 구체적인 것, 형이하形而下로 사물의 질료를 가리킨다. 생멸生滅, 취산聚散, 굴
　신屈伸, 경중輕重, 청탁淸濁 등의 특징이 있다. 한 마디로 '유위有爲', '유욕有慾'이
　라는 작위의 특성을 가진 것이 기다. 이것은 육체적인 것, 본능적인 것을 뜻하므로
　심성의 경우 감성에 해당하는 것으로 볼 수 있다." 윤사순, 「論四端七情書 해제」
　『韓國의 儒學思想』三省出版社, 1977, 75쪽. (이는 김영건, 『동양철학에 관한 분석
　적 비판』라티오, 2009, 43쪽에서 재인용한 것이다.)
20) "若懼學者泥於形器而申釋之, 則宜如詩言'上天之載', 而於下贊之曰'無聲無臭'可也.
　豈宜以無極字加於太極之上?"『象山集』卷 十二,「與朱元晦」제 1서

2
태극太極과 음양陰陽

1) 형이상形而上과 형이하形而下의 구분

(一)

주희는 주돈이周敦頤가 쓴 『통서通書』의 '동動하면서 정靜함이 없고, 정靜하면서 동動함이 없는 것이 물物[21]'이라는 말에 '형形이 있으면 어느 한 편[一偏]에 머물게 된다[22]'고 주석했다. '한 편[一偏/一隅]'이라 함은 주자학 문헌에서, 현상으로 구체화된 것에 대한 형용으로 자주 등장하는 표현이다. 이것만 가지고 '형'이 무엇인지 단언하기는 쉽지 않지만, 그래도 주희가 그 글자에 '고정되어 머무는 것'이라는 의미를 담아서 쓰고 있다는 사실은 알 수 있을 것이다.

> "'동動하면서 정靜함이 없고, 정하면서 동함이 없는 것이 물物'이라는 것은 형이하形而下의 기器를 말한다. 형이하자는 통할 수 없는 까닭에, 그것이 동할 때에는 정이 없고, 정할 때에는 동이 없다. 물은 물이고, 불은 불인 것과 같다. 사람의 경우로 말하자면, 말하면서는 침묵하지 못하

---

21) "動而無靜, 靜而無動, 物也." 『性理大全』卷 2, 『通書』「動靜」
22) "有形, 則滯於一偏." 『性理大全』卷 2, 『通書』「動靜」의 朱子註

고, 침묵하면서는 말하지 못한다. 물物의 경우로 말하자면, 날면서는 땅
에 뿌리박지 못하고, 땅에 뿌리박으면 날지 못하는 것이 이것이다[23]."

　"태극은 형이상의 도이고, 음양은 형이하의 기이다. 그러므로 그 현
상적 측면에서 보면 동정動靜은 때를 같이하지 않고 음양은 위치를 같
이하지 않음에도 불구하고, 태극은 어디에나 있다[24]."

　주희는 형이하자에서 모든 구체화가 갖는 한정, 그리고 이로 인한
분열과 대대의 성격을 본다. 형을 가지는 모든 것은 대립되는 성격의
짝을 지닌다. 음이 있으면 양이 있고 동이 있으면 정이 있다. 그런데
이들 가운데 어느 한쪽의 성격이 구체화될 때, 다른 쪽은 그 모습을 드
러내지 못한다. 동에 한정되면 정할 수 없고, 정에 한정되면 동할 수
없다. 그는 형形의 이러한 특성을 '통할 수 없다[不能通]'고 표현했다.
　달리 설명해 보자. 일단 현상으로 드러난 것, 구체화된 모든 것들은
서로 간에 시공時空을 공유하지 못한다. 칸트는 시간과 공간을 세계를
인식하는 감성의 선험적(a priori) 형식이라 했던 바 있다. 우리는 시간
과 공간이라는 틀 안에서 사유하며 경험을 조직한다. 때문에 경험되
는 내용들 간의 분리는 필연적이다. 이것은 동시에 저것이 될 수 없다.
물은 물이고 불은 불이다. 이사李四는 장삼張三이 될 수 없고 장삼張三

---

23) "'動而無靜, 靜而無動者, 物也.' 此言形而下之器也. 形而下者, 則不能通, 故方其動
　　時, 則無了那靜, 方其靜時, 則無了那動. 如水只是水, 火只是火. 就人言之, 語則不
　　默, 默則不語. 以物言之, 飛則不植, 植則不飛是也." 『朱子語類』(94:181)
24) "太極, 形而上之道也, 陰陽, 形而下之器也. 是以自其著者而觀之, 則動靜不同時, 陰
　　陽不同位, 而太極無不在焉." 『性理大全』卷 1, 「太極圖」의 朱子解

은 이사李四가 될 수 없다[25]. 지시되는 것은 무엇이든, 다른 것을 배제하고 있다는 의미에서 불완전한 것이다. 형이하자는 달리 기器라 말해지기도[26] 하는데, 존재자로서의 제약성을 내포하는 '그릇[器]'이라는 표현은 여러모로 적실한 감이 있다. 주희는 '형'의 의미를 해석함에 있어, 단순히 물리적인 모양새를 갖는다는 것이 아니라 구체화된 것은 '동시에 다른 것이 아닌 그것'으로 한정된다는 점을 부각시키고 있다.

(二)

그렇다면 형이상자에 대한 이해는 그것이 어떠한 한정에 갇히는 것이 아니라는 점에서부터 출발해야 할 것이다. 다음 글 역시 『통서通書』「동정動靜」에 대한 주희의 설명이다[27]. 이 부분은 그가 형이상의 리를 어떻게 이해하고 있는지를 잘 보여준다.

"'동動하면서 동함이 없고, 정靜하면서 정함이 없다'는 것은 동하지 않고 정하지 않는다는 것이 아니고, 형이상의 리를 말한다. 리는 곧 신神이며 헤아릴 수 없는 것이니, 동할 때 정하지 않은 적이 없는 까닭에 '동함이 없다'고 말하고, 정할 때 동하지 않은 적이 없는 까닭에 '정함이 없다'고 말한다. 정하는 가운데 동이 있고, 동하는 가운데 정이 있으며, 정하면서 동할 수 있고, 동하면서 정할 수 있으며, 양陽 가운데 음陰이

---

25) "如這衆人, 只是一箇道理, 有張三, 有李四. 李四不可爲張三, 張三不可爲李四." 『朱子語類』(6:25)

26) "可見底是器, 不可見底是道. 理是道, 物是器." 『朱子語類』(24:54)

27) 주희는 『통서通書』가 모두 태극太極에 대한 해석이라고 했다("通書一部, 皆是解太極說." 『朱子語類』(94:114)) 이는 그의 『통서』 해석 가운데 보이는 리에 대한 관점이 『태극도설太極圖說』에서의 그것과 다르지 않음을 말해준다.

있고, 음 가운데 양이 있으니, 서로 뒤섞이기를 끝없이 하는 것이 이것
이다. '물은 음이며 양을 뿌리로 하고, 불은 양이며 음을 뿌리로 한다'고
하였는데, 물이 음이고 불이 양인 것은 물物이며 형이하자이고, 음에 뿌
리를 두고 양에 뿌리를 두는 근거는 리理이며 형이상자이다[28]."

주돈이周敦頤는 '동하면서 동함이 없고, 정하면서 정함이 없는 것이
신神[29]'이라 했다. 주돈이의 신을 형이상의 리로 치환하여 해석한 주
희는, '신은 형形을 떠나지 않지만, 그것에 구속되지도 않는다[30]'고 주
석했다.

주희는 '동정動靜은 때를 같이하지 않고 음양은 위치를 같이하지 않
지만, 태극은 어디에나 있다'고 했다. 이는 형이상자가 형이하의 것처
럼 특정한 시공에 고정된 채 한정되지 않고, 따라서 감각 기관의 작용
이나 사유 안에 갇히는 종류의 것도 아님을 의미한다. 그럼에도 그것
은 어디에서나 영향력을 행사하고 있는 것이다.

형이상자는 음양이라는 양극적 대대의 세상을 떠나지 않되, 그 어
느 한쪽에 갇혀 머무르지도 않는 것으로 말해진다. 오히려 그것은 시
공에 한계 지어지는 우리의 경험 세계를 비웃듯, 서로 다른 것이 한 자
리에 공존하는 것('정靜하는 가운데 동動이 있고, 동하는 가운데 정이
있으며, 정하면서 동할 수 있고 동하면서 정할 수 있어', '뒤섞이기를

---

28) "'動而無動, 靜而無靜', 非不動不靜, 此言形而上之理也. 理則神而莫測, 方其動時,
未嘗不靜, 故曰, '無動', 方其靜時, 未嘗不動, 故曰, '無靜'. 靜中有動, 動中有靜, 靜
而能動, 動而能靜, 陽中有陰, 陰中有陽, 錯綜無窮是也." 又曰. "'水陰根陽, 火陽根
陰.' 水陰火陽, 物也, 形而下者也, 所以根陰根陽, 理也, 形而上者也."『朱子語類』
(94:181)
29) "動而無動, 靜而無靜, 神也."『性理大全』卷 2,『通書』「動靜」
30) "神則不離於形, 而不囿於形矣."『性理大全』卷 2,『通書』「動靜」의 朱子註

끝없이 하는 것')처럼 표현되는가 하면, 현재 구체적으로 모습을 드러
내고 있는 일이 다른 것과의 연속을 기반으로 하고 있음을 환기시키
는 방식으로('(불이) 음에 뿌리를 두고 (물이) 양에 뿌리를 두는 근거
가 리이며 형이상자') 지시되기도 한다. 주희는 형이상의 리가 갖는
무제약의 중첩성, 신묘불측함을 가리켜 '둘이 함께 있기에 헤아릴 수
없다(兩在, 故不測)[31]'고 말하기도 했다.

모든 현상은 음양이라는 양극적 대대 가운데, 어느 한쪽[一偏]의 모
습으로 드러난다. 이 양쪽을 동시에 취하는 총체의 표현은 역설이다.
그런데 주희가 형이상의 것을 이처럼 해석했던 이유는 무엇일까.

"'동動하면 양陽을 생하고, 동이 다하면 정靜하게 되며, 정하면 음陰을
생하고, 정이 다하면 다시 동한다'고 했다. 이것은 신神이 저절로 그 사
이에 있으면서 음에도 속하지 않고 양에도 속하지 않는 것이다. 때문에
'음양을 헤아릴 수 없는 것을 신이라 한다'고 했다. 또 예컨대 낮은 동이
고 밤은 정인데, 신은 낮에도 (낮과) 함께 동하지 않으며 밤에도 (밤과)
함께 정하지 않는다. 신은 또한 스스로 신이니, 신은 낮과 밤을 변화시
킬 수 있으나, 낮과 밤은 신을 변화시킬 수 없다. 신은 만물을 오묘하게
한다[32]."

"낮과 밤에 비유하면, 낮은 분명 동動에 속하지만 동은 그 신神에 간

---

31) 이는 본래 장재張載의 말이다. 주희는『주역본의周易本義』에서「계사전繫辭傳」의
   "음양陰陽을 헤아릴 수 없는 것을 신神이라 한다(陰陽不測之謂神)"는 부분에, 이
   것으로 주석을 대신하기도 했다.
32) "此說'動而生陽, 動極而靜, 靜而生陰, 靜極復動'. 此自有箇神在其間, 不屬陰, 不屬
   陽. 故曰'陰陽不測之謂神'. 且如晝動夜靜, 在晝間神不與之俱動, 在夜間神不與之俱
   靜. 神又自是神, 神卻變得晝夜, 晝夜卻變不得神. 神妙萬物."『朱子語類』(94:182)

섭할 수 없고, 밤은 분명 정靜에 속하지만 정 역시 그 신에 간섭할 수 없다. 신이라는 것은 형기形器의 껍데기를 초월해서 동정을 관통[貫]하여 말하는 것이니, 그 체體는 항상 이와 같을 뿐이다[33]."

앞 장에서 변화를 감응感應으로 설명했던 바 있다. 낮이 다하면 감感하여 밤이 오고, 밤이 다하면 감感하여 낮이 온다[34]. 주희는 이러한 밤 낮의 교대가, 신神이 그들과 함께 하면서도 밤의 정靜이나 낮의 동動이라는 특성에 제한되지 않는 까닭에 가능한 것이라고 했다. 신이 물物들을 관통하고 있다는 것은, 곧 물들의 상호 연속을 의미한다. 그런데 주희는 신이, 물을 변화시킬 수 있는 존재라고 설명한다. 일음일양一陰一陽, 물들의 상호 연속이 곧 변화다. 모든 구체화된 현상이 음 또는 양에 속하게 되는 것을 숙명이라 한다면, 변화가 그친 상태란 음이 계속되거나 양이 계속되는 것이라 달리 표현할 수도 있을 것이다. 그렇다면 변화를 가능하게 하는 근거로 하나의 물物을 말하는 것은 적절하지 않다. 때문에 주희는 구체화된 것이 갖는 제약에 갇히지 않는 총체성을 항구적 변화의 조건으로 제시했던 것이다.

(三)

그런데 이처럼 설명되는 신神이, 인의예지仁義禮智의 도덕성으로 말해지는 리理와 무슨 관련이 있는지 묻지 않을 수 없다. 무엇보다 앞서

---

33) "譬之晝夜, 晝固是屬動, 然動卻來管那神不得, 夜固是屬靜, 靜亦來管那神不得. 蓋神之爲物, 自是超然於形器之表, 貫動靜而言, 其體常如是而已矣." 『朱子語類』 (94:183)

34) "如風來是感, 樹動便是應. 樹拽又是感, 下面物動又是應. 如晝極必感得夜來, 夜極又便感得晝來." 『朱子語類』(72:14)

인용한 형이상과 형이하에 대한 설명들은 대체로 자연 현상에 대한 것이었고, 인간사에 대한 것도 아니었다. 그것은 단지 자연의 변화를 설명하는데 초점이 맞춰 있을 뿐이었다. 주희가 인간사를 자연 안의 것으로 위치시켜 이해하고 있음이 분명하다 하더라도, 확실성을 기하기 위해서는 물物과 신神이라는 개념이 인간사에 대한 설명에서도 쓰이고 있는지 확인이 필요하다.

변화에 대한 유연함은 존재자에 따라 천차만별로 나타난다. 천년이 넘는 세월 굳건하게 서 있는 암벽도 있지만, 말을 하는가 하면 이내 침묵하고, 달리는가 하면 이내 주저앉는 사람도 있다. 사람은 현재 어떠한 행위를 하고 있더라도, 곧바로 다른 모습을 내보일 수 있는 능력을 상실하지 않기에 여타의 사물들보다 융통성 있게 스스로를 변화시킬 수 있다. 때문에 이들을 다 같이 물物로 지칭하는 것이 온당한지 의문을 가질 만도 하다.

문도門徒인 서우徐寓 역시 이 문제가 궁금했던 모양이다. 그리고 그가 기록한 다음 글을 보면, 이상에서 살폈던 물과 신의 개념들은 인간사를 설명할 때도 여전히 유효한 것으로 생각해도 문제는 없어 보인다. 주희는 신이 곧 리이며, 사람 역시 형이하의 물에 속한다고 설명하고 있는 것이다.

물었다. "동動하면서 정靜함이 없고 정하면서 동함이 없는 것이 물物이다. 정하면서 정함이 없고 동하면서 동함이 없는 것이 신神이다'라고 했습니다. 물이라고 하는 것에 사람도 속하는지 잘 모르겠습니다."
대답하셨다. "사람도 그것에 속한다."
물었다. "신이라고 하는 것은 자연의 조화입니까?"

　　대답하셨다. "신은 곧 이 리理다."

　　물었다. "물物은 형形이 있는 것에 한정되는데 반해서, 사람은 동하면서도 정함이 있고, 정하면서도 동함이 있는데 어찌하여 만물과 같이 말씀하십니까."

　　대답하셨다. "사람은 분명 정하는 가운데 동하고, 동하는 가운데 정하지만 역시 물이다. 대개 물이라고 하는 것은 형기形器에 고정된 성질이 있음을 가리켜 말하는 것이다. 본래는 그러나, 물 가운데 변통變通할 수 있는 것이 있다. 기器가 곧 도道이고 도가 곧 기임을 반드시 알아야 하니, 도를 떠나 기를 말하지 말아야 한다. 모든 물에는 이 리가 있다. 예컨대 이 대나무 의자는 분명 하나의 기이지만, 쓰임이 있을 때면 그 가운데 도가 있다[35)]."

　　주희는 『통서通書』 「동정動靜」의 신神을 형이상의 리理로 설명한다[36)]. 하지만 그가 평소 신을 곧바로 리라 했던 것은 아니다. 그는 다만 신이 '기의 정명精明한 것[37)]'이며, '감感하여 통通하는 것[感而遂通][38)]'이라고

---

35) 問. "動而無靜, 靜而無動, 物也. 靜而無靜, 動而無動, 神也.' 所謂物者, 不知人在其中否." 曰. "人在其中." 曰. "所謂神者, 是天地之造化否?" 曰. "神, 卽此理也." 問. "物則拘於有形, 人則動而有靜, 靜而有動, 如何卻同萬物而言?" 曰. "人固是靜中動, 動中靜, 亦謂之物. 凡言物者, 指形器有定體而言, 然自有一箇變通底在其中. 須知器卽道, 道卽器, 莫離道而言器可也. 凡物皆有此理. 且如這竹椅, 固是一器, 到適用處, 便有箇道在其中." 『朱子語類』(94:185)
36) 주희는 주돈이가 『통서通書』에서 쓴 신神의 의미가 모두 같지 않고, 따라서 문맥을 살펴야 한다고 했다. 問. "通書言神者五, 三章 · 四章 · 九章 · 十一章 · 十六章. 其義同否?" 曰. "當隨所在看." 『朱子語類』(94:155)
37) "神乃氣之精明者耳." 『朱子語類』(140:132)
38) 曰. "神, 只是以妙言之否?" 曰. "是. 且說'感而遂通者, 神也', 橫渠謂. '一故神, 兩在故不測.'" 『朱子語類』(94:155) *정이程頤는 중中과 화和를 각각 적연부동寂然不動과 감이수통感而遂通으로 말했다. 이 틀은 주희의 중화설中和說에서도 그대로 유지된다. ("喜怒哀樂之未發, 謂之中, 中也者, 言寂然不動者也. 故曰天下之大

말하곤 했다. 신이란 형질로 인한 제약 없이, 완벽하게 리의 결을 따라 운행하고 있는 기를 가리킨다.

리가 현실 안에서 정확하게 구현되고 있음을 의미하는 것이 신이라면, 이들 간에 실제적으로 의미 있는 차이가 있다고 말하기도 어려울 것이다[39]. 생각해 보면 신을 리라 하는 것은, 주희가 피와 살로 이루어진 인간이자 세상에 구체적으로 참여하고 있는 성인을 천리天理라고 하는 것[40]과 다를 바 없다.

(四)

정리해 보자. 주희의 형이상자 해석은 어떤 면에서 독특함을 갖는 것인가. 태극 문양은 음과 양이 서로 꼬리를 물고 있는 모습으로 그려진다. 그것은 『주역周易』「계사전繫辭傳」에서 볼 수 있는 것처럼, 본래 한 번 음하고 한 번 양하는, 서로 다른 것들의 상호교대를 의미하는 것이었다. 육구연의 태극론도 그러했다[41].

本. 發而皆中節, 謂之和. 和也者, 言感而遂通者也. 故曰天下之達道."『程氏遺書』(25:30)) 본고에서는 주희의 중화설에 대해 제 4장. 3.에서 다뤘다.

39) "기氣 가운데 정영精英한 것이 신神이 된다. 금목수화토金木水火土가 신이 아니라, 금목수화토가 되는 까닭이 신이다. 사람에게서는 리가 되니, 인의예지신仁義禮智信이 되는 까닭이 바로 그것이다.(氣之精英者爲神. 金木水火土非神, 所以爲金木水火土者是神. 在人則爲理, 所以爲仁義禮智信者是也.)"『朱子語類』(1:51)

40) "聖人便是一片赤骨立底天理."『朱子語類』(31:67)

41) "역易이 도道가 됨은 한 번 음하고 한 번 양하는 것일 뿐입니다. 먼저와 나중, 시작과 끝, 동動과 정靜, 어두움과 밝음, 위와 아래, 전진과 후퇴, 가는 것과 오는 것, 닫힘과 열림, 차고 빔, 줄어듦과 늘어남, 존귀함과 비천함, 귀함과 천함, 겉과 속, 은적과 나타남, 지지와 반대, 순종과 반항, 존립과 멸망, 듦과 낢, 나아감과 물러남, 한 번 음하고 한 번 양하지 않음이 어디 있습니까(易之爲道 , 一陰一陽而已. 先後始終 , 動靜晦明 , 上下進退 , 往來闔闢 , 盈虛消長 , 尊卑貴賤 , 表裏隱顯 , 向背順逆 , 存亡得喪 , 出入行藏 , 何適而非一陰一陽哉!)"『象山集』卷 十二,「與朱元

　주희는 리가 이 같은 기의 움직임과 분리되지 않는다는 틀[42]을 유지하면서[43] 거기에 주돈이에 힘입은 자신의 이론을 덧붙였다. 무극을 리는 있되 형形이 없음을 의미한다고 해석한 것이 그것이다. 그는 형이상자의 어느 한 편에 속하지 않는 성격이 기의 지속적 운행을 가능하게 하는 조건이라고 생각했고, 때문에 그것을 한 번 음하고 한 번 양하며 순환을 그치지 않도록 하는 근거[所以]로서[44] 강조했던 것이다.

　모든 현상은 다른 것과의 관계 사이에서 성립되고, 하나의 현상은 다음 현상을 촉발시키는 과정으로서 존재한다. 그리고 리는 이러한 현상 바깥에 있지 않다. 걷다 지친 이가 의자를 발견하고 그것에 앉는 것처럼, 각각의 사건이 하나의 과정으로 연속되고 있는 한 거기에는 리가 관통하고 있는 것이다. 주희는 이러한 사정을 '도道는 기器가 아니면 드러나지 않고, 기器는 도道가 아니면 성립되지 못한다[45]'고 정리했다.

晦」제 2서

42) 김영식은 주희가 "리를 언급할 때는 그러한 물체나 현상이 존재하거나 일어날 것임을 보장할 뿐"이라고 했다. 『주희의 자연철학』 예문서원, 2006, 59~60쪽. 현상이 서로 다른 것의 연속을 통해 존재하는 것이라면, 리가 이렇게 설명되는 것도 납득할 수 있다. 쥴리앙도 왕부지王夫之에 대한 그의 저서에서, "도는 하나를 가리키지만, 사실은 음양의 연속적인 상호작용에 지나지 않으며, 이 순수한 운행 외에 다른 어떤 것일 수 없다"고 설명했다. François Julien(유병태 역) 『운행과 창조』 케이시 아카데미, 2003, 97쪽.

43) "道未嘗離乎器, 道亦只是器之理. 如這交椅是器, 可坐便是交椅之理. 人身是器, 語言動作便是人之理. 理只在器上, 理與器未嘗相離, 所以'一陰一陽之謂道'. ... 一, 如一闔一闢謂之變. 只是一陰了, 又一陽, 此便是道. 寒了又暑, 暑了又寒, 這道理只循環已." 『朱子語類』(77:29)

44) "蓋陰陽亦器也. 而所以陰陽者, 道也. 是以一陰一陽往來不息, 而聖人指是以明道之全體也." 『朱熹集』卷 45, 「答丘子野」"'一陰一陽之謂道'. 陰陽是氣, 不是道, 所以爲陰陽者, 乃道也. 若只言'陰陽之謂道', 則陰陽是道. 今曰'一陰一陽', 則是所以循環者乃道也." 『朱子語類』(74:109)

45) "理則一而已矣. 其形者則謂之器, ... 然而道非器不形, 器非道不立." 『朱熹集』卷 45,

제3장 리, 변화의 근본 103

하지만 도와 기의 협업이 늘 순조로운 것만은 아니다. 물物이 가지는 소통력이-리의 구현 능력-이 천차만별인 것 역시 분명하기 때문이다. 하나의 개별자가 가진 제한된 형질이 강화될 때면[有形, 則滯於一偏], 이내 다른 것과의 연계는 끊어지고 변화가 멎는다. 주희에게 그것은 '죽은 것[死物]'[46]과 매한가지였다. 사람에게 있어, 이는 자신의 신념을 고집하거나 때에 맞지 않은 감정에 사로잡혀 현재 마주하는 일에 응하지 못하는 경우에 해당한다. 그가 곳곳에서 기氣의 혼탁昏濁함이 성性을 '가리고 막아[蔽塞]' 통通하지 못하게 된다고 하는 것은 바로 이러한 사태를 설명하는 것이다[47].

형이상의 리가 요청되는 것은, 바로 이것을 문제로 지목하는 지점에 있다. 고착을 경계하기 위해서는 기의 지속적 운행을 가능하게 하는 근거에 대한 설명이 필요한데, 이는 한정성을 갖는 하나의 관념으로는 말할 수 없는 까닭이다.

리가 기의 전개에 적극적으로 개입하지 않는다는 표현 역시 같은 맥락에서 이해할 수 있다. 주희는 '일월한서日月寒暑는 도가 아니지만 도가 없으면 저 현상도 없는 것'[48]이라고, 흡사 리에 창조자로서의 성

「答丘子野」

46) 주희가 '살아있는 것'이라고 할 때, 그것은 '어느 한 편에 머물지 않는 것'을 의미한다. "所謂活者, 只是不滯於一隅."『朱子語類』(63:76)

47) 問 "氣質有昏濁不同, 則天命之性有偏全否?" 曰. "非有偏全. 謂如日月之光, 若在露地, 則盡見之, 若在蔀屋之下, 有所蔽塞, 有見有不見. 昏濁者是氣昏濁了, 故自蔽塞, 如在蔀屋之下. 然在人則蔽塞有可通之理."『朱子語類』(4:11) 성인聖人과 어리석은 사람, 사람과 금수禽獸는 타고난 기질氣質에 청淸하고 탁濁한 차이가 있다고 했다.(『朱子語類』(4:86),『朱子語類』(4:67),『朱子語類』(4:96)) 주희는 때로 청한 것과 탁한 것으로 기氣와 형形을 구분하기도 한다. "淸者是氣, 濁者是形."『朱子語類』(3:19)

48) "日月寒暑等不是道. 然無這道, 便也無這箇了. 惟有這道, 方始有這箇. 既有這箇, 則

격을 부여하는 것 같은 표현을 서슴지 않다가도, 기가 일단 생겨난 다음에는 리가 간섭하지 못한다[49]고 강조한다. 리는 정결공활淨潔空闊한 세계로만 있을 뿐,[50] 스스로 어떠한 의지도 갖지 않는 것이다[51]. 이는 일견 리라는 개념의 무용함이 드러나는 지점처럼 생각될 수도 있지만, 실은 그 무한성에 대한 사유를 철저하게 밀고 나간 자연스런 귀결로 생각된다. 만약 현상에 적극적으로 개입하는 활동성과 의지를 갖추었다면, 그것은 곧 기가 가지는 동정動靜의 한정에 떨어져버리니 리라 할 수 없는 것이다[52].

끊임없이 변화하는 상황 내에서 기는 현상을 이루지만, 그 현상에 갇히지 않는 리가 운행의 길을 낸다. 드러남과 동시에 그것으로 한정되는 기는 리를 통해 거듭해서 새로움을 얻게 된다.

(五)

주자학에서 도덕에 대한 구체적 지침을 기대하고 있다면, 이상의 해석이 터무니없는 것으로 보일 수도 있다. 하지만 주희의 리기론은,

---

就上面便可見得道."『朱子語類』(36:122)

49) "氣雖是理之所生, 然旣生出, 則理管他不得. 如這理寓於氣了, 日用間運用都由這箇氣, 只是氣强理弱."『朱子語類』(4:64)

50) "若理, 則只是箇淨潔空闊底世界, 無形迹, 他卻不會造作. 氣則能醞釀凝聚生物也. 但有此氣, 則理便在其中."『朱子語類』(1:13)

51) "蓋氣則能凝結造作, 理卻無情意, 無計度, 無造作. 只此氣凝聚處, 理便在其中."『朱子語類』(1:13) "理不可見, 因陰陽而後知. 理搭在陰陽上, 如人跨馬相似."『朱子語類』(94:41)

52) 이러한 생각에 대해서, 주자학에서 성性을 정정靜에 분속시키고 있지 않느냐는 반론을 제기할 수도 있을 것이다. 하지만 주희가 체體를 정으로 말할 때, 이는 물物로서의 동정動靜 가운데 한쪽을 지칭하는 것이 아니다. 이 문제에 대해서는 제4장 각주 115)에서 설명했다.

도덕 문제를 대하는 오늘날의 통념을 구성하는 것과는 전혀 다른 사유의 산물인지도 모른다. 그것은 어쩌면 지금은 주춤하고 숨어버린 인류의 지혜와 맥이 닿는 것일 수도 있다.

인간의 지성으로는 신神을 인식할 수 없다고 믿었던 니콜라우스 쿠자누스Nicolaus Cusanus가 신의 완전성을 '대립의 합일coincidentia oppositorum[53]'이라 표현했던 것은 잘 알려져 있다.

세계 전역의 신화, 인류의 종교 경험, 유대-그리스도적 전통에서 공통적으로 나타나는 양극적 대립의 합일과 총체성이라는 주제에 관심을 기울였던 엘리아데의 작업은 참고할 만하다. 그는 인간의 직접적 경험이 이것인 동시에 저것일 수 없는, 대립의 쌍(유쾌-불쾌, 가시可視-비가시非可視, 선-악) 가운데 어느 한 편에 머물 수밖에 없음을 지적한다. 또한 인간은 이러한 대립이 절대의 영역에서까지도 유효하다고 간주하는 경향 역시도 갖는다고 했다.

그러나 삶의 진실은 이러한 사유 안에서 파악될 수 없다. 신성을 이해하는 최선의 길은 오히려 사유를 통해서 그것에 접근하려는 모든 시도를 포기하는 데 있다. 개별적이고 단편적인 상황에 얽매이는 주관적 관점에서 벗어났을 때, 사람들은 총체적인 존재 양식에 이르게 된다. 엘리아데에 따르면, 세계 전역에 퍼져 있는 신화와 제의들은 대립의 사유를 초극하여 총체에 이르려는 의지를 보여주고 있다. 아울러 각종 입문식·농신제 같은 총체화의 제의들은 바로 '성공적인 시

---

53) 줄리아 칭 역시 주희 태극론에서 니콜라우스 쿠자누스의 'coincidentia oppositorum'를 떠올렸다. 하지만 그는 그 의의를 주자학 전체 안에서 맥락화하여 설명하지는 않았다. Julia Ching, The Religious Thought of Chu Hsi. New York: Oxford University Press, 2000, p. 53.

작'을 목적으로 하는 것이라고 했다. 만물이 태초의 미분화 상태가 지니고 있던 잠재력으로부터 출현했다는 믿음 때문이다[54].

기가 음양이라는 대립의 쌍으로 말해지는 가운데, 주희의 태극은 여러 신화가 공통적으로 계시하고 있는 신성과 꼭 닮아 있다. 다시 주희의 말을 읽어 보자. 다음은 65세의 주희가 한 말을 습개경襲蓋卿이 기록한 것이다. 그가 추구하는 선이, 인간의 관념적 대립 너머에 존재하는 것임을 또렷이 보여주는 대목이다.

> "성性과 정情, 그리고 마음에 대한 것으로는 맹자와 횡거橫渠[張載]의 이론이 좋다. 인仁은 성이고, 측은해 함은 정이니, 반드시 마음에서 발휘되어 나타나는 것이다. '마음은 성과 정을 총괄한다.' 성은 다만 마땅히 그래야 하는 것이고 리理일 뿐이지, 하나의 고정된 견해[物事]가 있는 것이 아니다. 만약 어떤 고정된 견해를 갖게 된다면, 일단 선이 있으면 또한 반드시 악도 있게 된다. 성은 이러한 것[物]이 아니라, 리일 뿐이기에 선하지 않음이 없다[55]."

주희는 성즉리性卽理라는 정이程頤의 언명을 따라, 리기론의 자연 해석 틀을 심성론心性論 안으로 고스란히 옮겨왔다. 만약 마음에 어떤

---

54) 엘리아데는 세계 각지의 신화에서 자주 발견되는, 양성兩性을 구유하는 신神을 예로 들어 총체성의 의미를 설명하기도 한다. 민중 사이에서 신과 같은 특별한 존재라면, 대립자의 어느 한 쪽에 한정된 것이 될 수 없다는 믿음이 면면이 이어져 왔다는 것이다. Mircea Eliade(최건원 · 임왕준 옮김), 「메피스토펠레스와 양성인 또는 총체성의 신비」, 『메피스토펠레스와 양성인』 문학동네, 2006, 97~160쪽. / Mircea Eliade(이은봉 옮김), 『종교형태론』 한길사, 2004, 528~541쪽

55) "性 · 情 · 心, 惟孟子橫渠說得好. 仁是性, 惻隱是情, 須從心上發出來. '心, 統性情者也.' 性只是合如此底, 只是理, 非有箇物事. 若是有底物事, 則旣有善, 亦必有惡. 惟其無此物, 只是理, 故無不善."『朱子語類』(5:69)

것이 선하다는 관념이 자리 잡고 있으면, 그 조건을 충족시키지 못하는 것은 악이라고 보게 된다. 하나의 관념 역시, 양극적 대대의 한쪽을 차지하는 물物인 것은 마찬가지였던 것이다[56]. 리는 때문에, 어떠한 이념으로 볼 수 없고, 항상적 선은 인간의 관념 안의 고정된 내용으로 지시할 수 없다. 리를 알기 어려운 것은, 그것을 형이하의 물로 착각하고 접근하는 습관 때문이다[57].

주목해야 할 것은, 주희가 '선하지 않음이 없는' 리를 설명하는 방식이다. 리는 고정된 관념[物事]이 아니라, '마땅히 그렇게 해야 하는 것[合如此底]'이라고 했던 것이다. 그는 형이상자를 소이연지고所以然之故와 소당연지칙所當然之則이라는 두 가지 측면으로 자주 설명했는데[58], 위에 인용한 것은 소당연지칙에 해당하는 표현이라고 볼 수 있을 것이다. 그는 부모를 모시는데 효성스러워야 하고, 형을 섬기는데 공경으로 해야 한다는 것 등이 바로 당연지칙이라고 했다[59].

---

56) 관념 역시 형이하자의 성격을 보인다는 것에 대해서는, 다음 절에서 좀 더 자세하게 다룬다.

57) 형이상자와 형이하자는 분리되지 않는다. 때문에 주희는 늘 형이하의 물物을 통해 형이상의 도道로 접근해 나가도록 했다. 형이상자는 쉼 없이 변화하는 형이하자를 통해, 그 일부의 모습을 한시적으로 드러낸다. 주희의 다음 말은 흡사 『능엄경楞嚴經』에서, 달을 가리켜도 사람들이 손가락만 본다고 탄식하던 것을 연상하게 한다. 그가 사람들의 주의를 두도록 하는 지점은 구체적으로 드러난 현상이나 관념이 아니라, 그것이 근원하는 곳이었다. 세상은 늘 변화하고, 때문에 한때의 것에 머무는 것은 적절치 못하다. "'명命을 알지 못한다'에서의 명은 역시 품부 받은 기氣의 명이고, '천명天命을 안다'는 것은 성인聖人이 그 성性 가운데 사단四端이 유래한 곳에 대해서 안 것이다. 사람들이 물을 보는 것과 같으니, 보통 사람은 물의 흐름을 볼 뿐이지만, 성인은 물이 발원하는 곳을 알 수 있는 것이다.('不知命'亦是氣稟之命, '知天命'卻是聖人知其性中四端之所自來. 如人看水一般, 常人但見爲水流, 聖人便知得水之發源處.)"『朱子語類』(4:94)

58) "至於天下之物, 則必各有所以然之故, 與其所當然之則, 所謂理也."『大學或問』

59) "如事親當孝, 事兄當弟之類, 便是當然之則."『朱子語類』(18:93)

리가 형이하의 것이 아니라고 한 이상, 그것은 (다른 것을 배척하는) 고정된 내용의 것으로 생각하기 어렵다. 오히려 그러한 관념을 두지 않은 상태에서 일을 맞이했을 때, 마땅히 행해야 한다고 생각되는 바를 의미한다고 하는 편이 적당할 것이다[60]. 부모와 형제에게 느끼는 정감은 효성과 공경이라는 각각 다른 것으로 경험된다. 그것은 억지로 그렇게 느끼려 해서 그런 것이 아니라, 자연스럽게 그리 되는 것이기 때문에 '그만둘 수 없는 것[不容已]'이다[61].

리는 음과 양, 서로 다른 것 사이를 관통하고 있느니 만큼, 그 자체가 관계를 함축하고 있다. 사람은 단편적인 생각에 머물러[停滯/偏倚] 소통력을 상실하지 않을 때, 변화해 나갈 수 있다.

진순陳淳이 '그만 둘 수 없는 것不容已'에 대해 물었을 때, 주희는 다음과 같이 대답했다. '봄이 생하면 곧 가을이 저무니 이는 멈출 수 없는 것이다. 음이 극에 이르면 양이 생한다. 마치 사람이 뒤에서 마음대로 조종하고 있는 것 같으니 어떻게 멈추게 할 수 있겠는가[62].' 형이상자의 존재를 말하는 것은 곧 현상이 고정된 채 멈춰버린 것이 아니라, 다른 것과의 관계 안에서 그 본유적인 힘에 의해 끊임없이 거듭나고 있음에 대한 환기인 것이다.

---

60) 한형조는 '당연當然'이 당위라기보다는 사물의 내적 필연성을 가리키는 것이라 설명한다. 『주회에서 정약용으로』세계사, 1997. 87쪽
61) "一物之中, 莫不有以見其所當然而不容已, 與其所以然而不可易者." 『大學或問』
62) 問. "或問云. '天地鬼神之變, 鳥獸草木之宜, 莫不有以見其所當然而不容已.' 所謂 '不容已', 是如何?"曰. "春生了便秋殺, 他住不得. 陰極了, 陽便生. 如人在背後, 只管 來相趨, 如何住得!"『朱子語類』(18:90)

2) 성性이 수많은 도리道理로 말해지는 까닭

(一)

우리의 일상 언어에서 무형無形이란 물리적인 형상이나 형체가 없
는 것을 의미한다. 때문에 사람의 관념 같은 마음의 활동 역시 무형의
것으로 말해진다. 하지만 그러한 통념을 주자학 내 용어들에까지 적
용하는 것은 온당하지 않은 듯하다. 다음 인용을 보자.

> 물었다. "사람의 심心은 형이상과 형이하 중에 어떤 것입니까?"
> 대답하셨다. "폐나 간 같은 오장五臟 가운데 하나로서의 심장[心]은
> 하나의 물物이 실제로 있는 것이다. 요즘 학자들이 논의하는 '붙잡으면
> 있고, 놓으면 잃어버리는' 마음[心]은 본래 신명불측神明不測한 것이다.
> 때문에 오장으로서의 심장은 병이 들면 약으로 보양할 수 있지만, 이
> 마음은 창포나 복령으로 보양할 수 없다."
> 물었다. "그렇다면 마음의 리가 곧 형이상인 것입니까?"
> 대답하셨다. "마음은 성性과 비교한다면 조금 자취가 있고, 기氣와 비
> 교한다면 당연히 더 신령하다[63]."

주희는 똑같이 '심心'이라 지칭되는 심장과 마음을 두고, 심장은 물
物[형이하]이라고 잘라 말하지만, 마음에 대해서는 애매한 태도를 취
한다. 그것을 형이상의 것이라고도 형이하의 것이라고도 단언하지 않

---

63) 問. "人心形而上下如何?" 曰. "如肺肝五臟之心, 卻是實有一物. 若今學者所論操舍
存亡之心, 則自是神明不測. 故五臟之心受病, 則可用藥補之, 這箇心, 則非菖蒲・茯
苓所可補也." 問. "如此, 則心之理乃是形而上否?" 曰. "心比性, 則微有跡, 比氣, 則
自然又靈."『朱子語類』(5:41)

는 것이다. 다른 곳에서도 그렇다. 그는 마음을 기의 정상精爽[64]이라고
한다. 이는 마음이 여타의 사물보다 고정되는 성격이 적고 변통이 자
재롭다 하더라도, 완전한 형이상자로 말할 수는 없음을 의미하는 것
으로 보인다.

구체화된 마음의 활동이라면, 형이상·형이하의 구분이 좀 더 용이
해 보인다. 주희는 마음을 한 몸의 주재자라고 정의하는데[65], 마음의
활동은 몸의 움직임과 불가분의 관계에 있다. 즉 사람이 갖고 있는 견
해나 감정은 곧 그 몸의 움직임으로 구현되고, 때문에 그것을 완전히
무형의 것이라 말하기는 어려울 듯하다.

그런데 심리 활동이 갖는 유형有形의 성격을 보여주는 결정적 단서
가 있다. 주희는 마음이 다만 하나의 길만 가질 뿐이라, 두 가지 일은
드러내지 못한다고 말한다[66]. 지난 일을 생각할 때, 지금 맞이하는 일
에는 집중할 수 없다. 하나의 감정이 표현되는 동안 다른 감정은 드러
나지 못한다. 또한 하나의 주장이 고집될 때 다른 가능성들에 대해서
는 부주의하게 된다. 어떠한 생각이나 감정을 일으킬 때, 그것에는 '침
묵하면서는 말하지 못하는 것'과 같은 형이하자[物]의 성격이 뚜렷한
것이다.

이와 관련한 주희의 설명을 하나 읽어 보자. 예컨대 성인은 온몸이

---

64) "心者, 氣之精爽." 『朱子語類』(5:28)
65) "性是心之道理, 心是主宰於身者. 四端便是情, 是心之發見處. 四者之萌皆出於心,
而其所以然者, 則是此性之理所在也." 『朱子語類』(5:60)
66) "心只是有一帶路, 更不著得兩箇物事. 如今人要做好事, 都自無力. 其所以無力是如
何? 只爲他有箇爲惡底意思在裏面牽繫. 要去做好事底心是實, 要做不好事底心是
虛. 被那虛底在裏面夾雜, 便將實底一齊打壞了." 『朱子語類』(16:66)

혼연히 천리天理인 존재[67]인데, 그는 마음에 어떠한 감정이나 생각 같은 심리적 제한을 담아두지 않는 사람이라고 말해진다. 주희는 성인의 이러한 마음 상태를 두고, '마음에 조금의 형적形跡도 없다'고 표현하고 있다.

"성인의 마음은 환하게 비고 밝아 조금의 형적形跡도 없다. 일[事物]이 다가오는 것을 보면, 크거나 작거나 사방팔방에서 그것이 다가오는 대로 응應하지 않음이 없으니, 이 마음에 원체 고정된 무엇[物事]을 둔 적이 없다[68]."

마음이 하나의 심리 상태에 머물러 있을 때, 사람은 다가오는 일에 맞춰 변화된 모습을 내보일 수 없게 된다. 생각하고 일을 도모하는 마음의 활동은 형이상의 리를 드러내기도 하고 이를 가로막기도 하는 형이하자와 같이 다루어지고 있음이 분명하다[69]. 이 부분은 주희의 학문 전반을 이해하는데 있어 중요한 단서가 된다.

성인의 마음은 다가오는 일마다 응할 수 있게끔, 단지 텅 비고 밝은 [虛明] 것으로 묘사된다. 마음이 어떠한 생각에 고착되어 있다면, 그 내용이 무엇이든 상관없이 리의 구현을 가로막아 변화를 멎게 하고, 이는 악이라는 결과로 귀결될 수 있기 때문이다. 이러한 사실은 주자학자들의 공부가 단순히 특정한 내용의 관념을 진리로 구성하는 체계

---

67) "聖人一身渾然天理." 『朱子語類』(58:1)
68) "聖人之心, 瑩然虛明, 無纖毫形跡. 一看事物之來, 若小若大, 四方八面, 莫不隨物隨應, 此心元不曾有這箇物事." 『朱子語類』(16:155)
69) "凡人之能言語動作, 思慮營爲, 皆氣也, 而理存焉." 『朱子語類』(4:41)

가 아니며 오히려 그것을 경계하는 것임을 짐작하게 한다.

주자학 문헌 곳곳에서 볼 수 있는, 인간의 마음에 본래적으로 갖춰 있는 도가 매우 많다는 언급은, 얼핏 보기에 별 상관이 없는 것 같지만 이러한 가설을 뒷받침하는 논의들을 불러 모은다. 성性은 곧 수많은 도리를 의미하는 것이었다[70]. 성이 리일理一의 리理[大本/一原]라면, 다수의 도리는 곧 일마다 하나씩 갖춰 있는 분수分殊의 리理(用의 理)를 향한다. 앞서 대강의 내용을 살핀 무형無形의 리는 갖가지 현상을 가능하게 하는, 여러 도리의 발원처라는 의미를 지닌다.

(二)

주희는 '크게는 천지만물이, 작게는 기거하며 먹고 숨 쉬는 것이, 모두 다 태극과 음양의 리[71]'라 했다. 무엇이든 물物이 있으면 곧 그것의 리가 있다. 이는 생명이 없거나 자연물이 아닌, 사람이 만들어낸 사물의 경우까지도 해당된다. 때문에 그는 마른 초목이나 토끼털로 만든, 하잘 것 없어 보이는 붓에도 그것의 리가 있다고 했던 것이다[72]. 그런데 주희는, 사물事物은 애초에 기의 치우친 것을 얻었기에 리가 막혀서 아는 것이 없다고 하며, 상대적으로 리가 통하는 사람과 대비시킨다[73].

---

70) "理在人心, 是之謂性. 性如心之田地, 充此中虛, 莫非是理而已. 心是神明之舍, 爲一身之主宰. 性便是許多道理, 得之於天而具於心者. 發於智識念慮處, 皆是情, 故曰 '心統性情'也."『朱子語類』(98:43)

71) "大而天地萬物, 小而起居食息, 皆太極陰陽之理也."『朱子語類』(6:45)

72) 問. "枯槁有理否?"曰. "才有物, 便有理. 天不曾生箇筆, 人把免毫來做筆. 才有筆, 便有理."『朱子語類』(4:28)

73) "自一氣而言之, 則人物皆受是氣而生. 自精粗而言, 則人得其氣之正且通者, 物得其氣之偏且塞者. 惟人得其正, 故是理通而無所塞, 物得其偏, 故是理塞而無所知."『朱

"리理의 측면에서 말하자면 만물은 근원이 하나이므로, 사람과 물物 사이에 귀천의 차이가 없다. 기氣의 측면에서 말하자면 바르고 통한 것을 얻는 경우에는 사람이 되고, 치우치고 막힌 것을 얻는 경우에는 물物이 된다. 때문에 어떤 것은 귀하고 어떤 것은 천하여 같을 수가 없는 것이다. 천하여 물物이 된 것은 형기形氣의 치우침과 막힘에 속박되어 그 본체本體의 온전함을 충분히 할 수 없다. 사람만이 태어나서 기의 바르고 통하는 것을 얻었기에 그 성性이 가장 귀한 것이다. 때문에 그 마음은 허령虛靈하고 밝아서 온갖 리[萬理]가 모두 갖추어져 있다[74]."

먼저 사물의 경우를 살펴보기로 한다. 천지간이 다만 일기一氣의 유행流行일 뿐이고, 리와 기가 떨어질 수 없는 것인 이상, 리도 기를 따라 유행해야 하는 것임은 분명하다. 그런데 형기形氣의 고정된 모습이 강화되어 경우에 따라 변통되지 못할 때면, 리 역시 이를 따라 틈이 벌어지게 된다[75].

기의 소통력이 그것을 통해 발휘되는 리의 내용을 결정한다. 기질지성氣質之性이란 이를 말한다. 주자학에서 말하는 치우침偏이란 형形

子語類』(4:41)

74) "以其理而言之, 則萬物一原, 固無人物貴賤之殊. 以其氣而言之, 則得其正且通者爲人, 得其偏且塞者爲物. 是以或貴或賤而不能齊也. 彼賤而爲物者旣梏於形氣之偏塞, 而無以充其本體之全矣. 唯人之生, 乃得其氣之正且通者, 而其性爲最貴. 故其方寸之間, 虛靈洞徹, 萬理咸備."『大學或問』

75) "氣升降, 無時止息. 理只附氣. 惟氣有昏濁, 理亦隨而間隔."『朱子語類』(4:56) 미우라 쿠니오도 리가 본래적으로 가진 운동성이 탁한 기로 인해 구속되는 것이라 설명한다. "탁한 기를 품수하면 리는 그것으로 인해 '폐고蔽固/蔽錮'되어 자신을 드러낼 수 없게 된다. '폐고'는 말 그대로 가려지고 닫힌 상태를 가리킨다. 리는 본래 기를 타고 유행하는 것이지만, 이 경우는 청명하지 못한 기에 갇혀서 운동의 자유를 구속받게 된다는 말일 것이다. 리가 움직이지 않는 이상 기 또한 정체되어 있는 것은 아닐까?" 三浦國雄(이승연 역)『주자와 기 그리고 몸』 예문서원, 2003. 31쪽.

을 가진 것이 그 구체화된 모습으로 고정되어 있음을 말하는 것이고, 막혔다塞고 하는 것은 이로 인해 외부와의 소통이 원활하지 못함을 의미한다.

사물은 치우치고 막힌 기를 얻은 것이기에 그 리 역시도 매우 단순하게 표현되곤 한다. 심지어 리가 마치 자신의 정의定義처럼 말해지는 경우[76]까지 있다. 이는 그 사물이 주변의 변화하는 상황에 따라 융통되지 못하고, 쓰임이 지극히 한정되어 있음을 의미한다.

예컨대 의자는 우리가 앉을 때 쓰고, 그 리는 이 목적을 중심으로 말해진다. 네 다리가 있고 평평해서 앉을 수 있는 것이 바로 의자의 리라는[77] 식이다. 그러한 리는 의자가 의자일 수 있게 한다. 그런데 여기서 의자를 제작하고 이를 사용하는 인간 역시도 의자에게 다른 방면의 기대는 하지 않는다는 점에 유의해야 한다. 예컨대 책상을 필요로 하는 상황에서 의자가 그 요구에 응應하지는 않지만, 이는 문제가 되지 않는 것이다. 사물은 그것을 향한 요구나 실제 쓰임 모두가 이처럼 단순한 구조 안에 놓인다. 동물의 경우, 이보다는 맞이하는 관계에 응하는데 있어 복잡성을 띠게 된다.

물었다. "성性은 인의예지仁義禮智를 갖추고 있습니까?"

---

76) 김영식은 어떤 사물의 리에 대한 표현은 마치 그 사물의 정의定義를 닮았다고 했는데, 이는 기가 치우쳐 있는 사물과 외부 사이의 단순한 교섭 내용을 원인으로 생각해도 될 것 같다. 『주희의 자연철학』 예문서원, 2006, 62쪽.

77) "這道理, 若見得到, 只是合當如此. 如竹椅相似, 須著有四隻脚, 平平正正, 方可坐. 若少一隻脚, 決定是坐不得. 若不識得時, 只約摸恁地說, 兩隻脚也得, 三隻脚也得, 到坐時, 只是坐不得."『朱子語類』(9:55) 김영식, 상게서, 같은 곳에서도 이러한 '의자의 리'를 사물의 정의를 닮은 리에 대한 표현의 일례로써 소개하고 있다.

대답하셨다. "이는 '그것을 이루는 것이 성性[成之者性]'이라는 말과
같다. 그 앞에는 또 '한 번 음하고 한 번 양한다[一陰一陽]'와 '그것을 잇
는 것이 선이다[繼之者善]'라는 말이 있다. 한 번 음하고 한 번 양하는 도
는 사람을 이룰지 사물을 이룰지 모르지만, 이미 이 인의예지를 갖추고
있다. 흔히 보는 곤충들도 모두 이것을 가지고 있으나, 다만 치우쳐서
완전하지 못하고 탁기濁氣에 막혀 있을 뿐이다[78]."

"성性은 햇빛과 같은데, 사람과 다른 동물이 이를 다르게 부여받는
것은 구멍 틈으로 들이는 빛에 많고 적은 차이가 있는 것과 같다. 사람
과 동물은 형질形質의 제한을 받아서 넓히기가 어렵다. 땅강아지와 개
미의 경우에는 (들이는 빛이) 이처럼 적기 때문에 군신君臣의 구분만을
알 뿐이다[79]."

주희는 동물들도 본래는 인의예지를 갖추고 있다고 한다. 하지만
이들은 형질의 치우침으로 인해 매우 제한된 관계에서만 이를 발휘하
게 된다. 예컨대 땅강아지와 개미는 군신의 구분만을 안다고 했다. 부
모와 자식, 형과 아우, 친구지간 등의 다른 관계는 모르는 것이다. 사
물이나 동물의 리가 이처럼 단순한 것과 대조적으로 사람의 마음이
갖추고 있는 리는 본래 여러 가닥[萬理/許多道理]인 것으로 말해진다.

---

78) 問. "性具仁義禮智?" 曰. "此猶是說'成之者性'. 上面更有'一陰一陽', '繼之者善'. 只
    一陰一陽之道, 未知做人做物, 已具是四者. 雖尋常昆虫之類皆有之, 只偏而不全, 濁
    氣間隔." 『朱子語類』(4:5)
79) "性如日光, 人物所受之不同, 如隙竅之受光有大小也. 人物被形質局定了, 也是難得
    開廣. 如螻蟻如此小, 便只知得君臣之分而已." 『朱子語類』(4:12)

"리는 한 가닥의 실처럼 조리가 있으니, 이 대나무 바구니와 비슷하다."

대나무 가닥의 윗줄을 가리키며 말씀하셨다. "한 가닥은 이렇게 간다."

또 다른 한 가닥을 가리키며 말씀하셨다. "한 가닥은 저렇게 간다. 대나무의 결과 비슷하니, 세로로 난 결도 다 같은 리고 가로의 결도 다 같은 리다. 마음이 있으면, 곧 수많은 리[許多理]를 지닌다[80]."

"사람의 마음은 지극히 신령하여 온갖 리[萬理]를 고르게 갖추고 있다. 때문에 가는 곳마다 알지 못함이 없다. 인의예지의 성性은 배움으로 충만하게 하면 행하여 통하지 않음이 없을 것이니, 이는 기器가 아니라고 해도 된다. 사람의 자질才은 분명히 제각기 품부된 기질氣質에 한정되니, 할 수 있는 것도 할 수 없는 것도 있다[81]."

사람의 마음이 갖추고 있는 리는 본래 수가 많은 것이기에 저 의자의 리나 동물의 리처럼 간략한 내용으로 지시될 수 없다. 사람이 다수의 리를 지니고 있다는 것은 물론 맞이하는 일에 따라 스스로를 변화시켜 그것에 대응할 수 있음을 의미하는 것이다.

주희는 곳곳에서 임금이 되었을 때, 신하가 되었을 때, 자식이 되었을 때, 또 부모가 되었을 때, 그 처한 곳에 따라 붙잡아야 하는 맥락이

---

80) "理如一把線相似, 有條理, 如這竹籃子相似." 指其上行篾曰. "一條子恁地去." 又別指一條曰. "一條恁地去. 又如竹木之文理相似, 直是一般理, 橫是一般理. 有心, 便存得許多理." 『朱子語類』(6:12)

81) "人心至靈, 均具萬理. 是以無所往而不知. 然而仁義禮智之性, 苟以學力充之, 則無所施而不通, 謂之不器可也. 至於人之才具, 分明是各局於氣稟, 有能有不能." 『朱子語類』(24:52)

모두 다른 것임을 강조한다. 각각의 일에는 그것만의 리가 있고[82], 사람의 마음 역시 이에 응할 수 있도록 본래 수많은 리를 갖추고 있다. 마음이 사물처럼 치우친 형기形氣에 속박되지 않아, 갖추고 있던 리들이 일에 따라 적확하게 발휘될 때, 사람과 일 사이에는 하나의 리가 관통하게 된다.

"지금 제군들은 단지 한 가지 맥락에서만 천리天理를 엿보고, 천리는 이런 것이라고 하며 이로써 온갖 일에 통하게 하려 하는데, 어떻게 할 수 있을지 모르겠다. ... 오상五常의 가르침을 예로 들면, 집에서는 부모와 자식, 부부, 형제 관계가 있을 뿐이지만, 출타하면 벗이 있고 그 가운데도 매우 많은 일이 있다. 관직을 갖게 되면 임금과 신하라는 직분이 정해지는데 여기에도 또 매우 많은 일이 있으니, 일들마다 모두 마땅히 주의를 기울여야 한다[83]."

"이 도리는 각각의 경우가 있으니, 한 측면에서만 보고 말해서는 안 된다. 여기에 있을 때는 이렇게 말하고 저기에 있을 때는 또한 저렇게 말하는 것이니, 객이냐 주인이냐, 이것이냐 저것이냐 등의 상황에 따라 각각이 자연히 달라진다[84]."

---

82) "理固是一貫. 謂之一理, 則又不必疑其多. 自一理散爲萬事, 則燦然有條而不可亂, 逐事自有一理, 逐物自有一名, 各有攸當, 但當觀當理與不當理耳. 旣當理後, 又何必就上更生疑!"『朱子語類』(6:73)

83) "今公只就一線上窺見天理, 便說天理只恁地樣子, 便要去通那萬事, 不知如何得. ... 且如五常之敎, 自家而言, 只有箇父子夫婦兄弟, 才出外, 便有朋友, 朋友之中, 事已煞多. 及身有一官, 君臣之分便定, 這裏面又煞多事, 事事都合講過."『朱子語類』(117:52)

84) "這箇道理, 各自有地頭, 不可只就一面說. 在這裏時是恁地說, 在那裏時又如彼說, 其賓主彼此之勢各自不同."『朱子語類』(8:12)

　주희는 제자들이 대처해야 할 일이 여럿인데도, 하나의 일에서 엿본 천리로 온갖 일에 적용하려 한다고 꾸짖는다. 리가 때에 따라 다른 내용을 갖고 있음을 망각하는 것은, 한 가지 문장으로 모든 의사 표현을 대신할 때 발생하는 곤란함과도 형식면에서는 동일하다. 그는 하나의 옳은 길이 무엇인지가 아니라, 어떻게 할 때 각각의 일에 적합한 대처가 가능해지는지에 관심을 두고 있는 것이다.

（三）
　이러한 문제의식은 기질氣質 변화를 촉구하는 부분에서 좀 더 분명하게 드러난다.

　　"사람의 성性은 같지만 품부 받은 기에는 치우침이 없을 수 없다. 목기木氣를 치우치게 얻은 사람은 측은지심惻隱之心이 항상 많아 수오羞惡·사손辭遜·시비지심是非之心이 그것에 막혀 발하지 않는다. 금기金氣를 치우치게 얻은 사람은 수오지심羞惡之心이 늘 많기 때문에 측은惻隱·사손辭遜·시비지심是非之心이 그것에 막혀 발하지 않는다. 수기水氣와 화기火氣 역시 마찬가지다. 오직 음양의 덕이 합치되고 오성五性이 모두 갖추어지고 난 다음에야 중정中正하여 성인이 될 수 있다[85]."

　　"대개 물사物事가 한쪽으로 치우치게 얻으면, 그 밖의 다른 것은 가려진다. 예컨대 자애로운 사람은 결단력이 부족하고, 결단력이 있는 사

---

[85] "人性雖同, 稟氣不能無偏重. 有得木氣重者, 則惻隱之心常多, 而羞惡·辭遜·是非之心爲其所塞而不發. 有得金氣重者, 則羞惡之心常多, 而惻隱·辭遜·是非之心爲其所塞而不發. 水火亦然. 唯陰陽合德, 五性全備, 然後中正而爲聖人也."『朱子語類』(4:73)

람은 잔인함이 많다. 인仁이 많으면 의義를 가리고, 의가 많으면 인을
가리게 되는 것 같다[86]."

주희는 기질의 문제를 다룰 때 상당히 특이한 어법을 사용한다. 그
는 사람이 재화에 욕심이 많은 기질이나 남의 고통에 무감각한 기질
을 타고났다는 것을 문제로 지목하지 않는다. 따라서 특정한 내용의
부도덕의 바로잡아야 한다는 훈시도 없다.

그의 표현은 좀 더 섬세한 해석을 요구한다. 누구나 선한 본성은 타
고난다. 하지만 기질을 치우치게 얻었다. 그 치우친 기질의 내용 자체
는 경우에 따라 선한 것이 될 수도 악한 것이 될 수도 있는 것이기에
가치론적 차등 없이 다루어진다. 다만 특정 기질의 비중이 커지면, 그
것이 마음의 다른 표현들을 가로막는 역할을 하게 되니 문제가 된다.
이는 동動에 한정되면 정靜할 수 없고, 정에 한정되면 동할 수 없어 '통
하지 못하는不能通' 형이하자의 성격과 표현이 겹친다. 예컨대 목기木
氣를 치우치게 얻은 사람은 측은지심이 많아 수오 · 사손 · 시비지심
이 그것에 막혀 발하지 않는다는 것이다.

위 인용에서 우리는 주희가 선한 본성에 대한 표현인 인의예지 역
시도, 그것이 현실로 구체화되었을 경우라면 무조건적 선으로 말하고
있지 않음을 볼 수 있다. 사단四端은 인의예지의 단서이지만, 그 가운
데 하나의 성격으로 고정된 경우를 두고 그는 바람직하다고 하지 않
는다. 자애로워 보이던 이가 결단력이 부족한 것이 결점으로 드러나
고, 결단력이 있어 높이 평가되던 이가 경우에 따라서는 잔인한 모습

---

86) "大凡物事稟得一邊重, 便占了其他底. 如慈愛底人少斷制, 斷制之人多殘忍. 蓋仁多,
便遮了義, 義多, 便遮了那仁." 『朱子語類』(4:9)

을 보인다. 아무리 긍정적으로 평가되는 덕목이라 할지라도 그것이
외부와의 관계 맺는 방식을 고정시키는 개성이 된다면, 적합하지 않
은 곳에서는 불화를 일으키니 항상적인 선을 보증할 수 없다. 주자학
에서 말하는 변화시켜야 할 기질이란 부도덕적인 의미를 가진 명칭들
의 나열이 아니라, 소통 불능을 일으키는 경향성을 의미할 뿐이다[87].

주희는 만물 가운데 최고로 귀한 존재[最貴者]인 사람이라면 그 개
인적 성향이 치우쳐 있다 하더라도 이를 바로잡을 수 있다고 본다. 기
질변화가 학문의 목적이 된다는 것[88]은 이러한 생각에 기초하는 것이
다. 그러고 보면 주희가 사람과 동물을 대비시키며 기질의 바름과 치
우침을 말했던 것은 단순한 사실 설명이었다기보다는, 외부와 관계
맺는 방식의 경향성의 경화硬化를 경계하는 의미가 강했다고 해야 할
듯하다.

(四)

우리는 『논어論語』의 '군자불기君子不器[89]'에 대한 주희의 해석에서
도, 이러한 문제의식의 연장을 발견할 수 있다. 물론 공자의 저 짧은
말로, 그의 진정한 의도가 무엇이었는지 단언하기는 쉽지 않다. 하지
만 주희는 이 구절을 체體와 용用, 형이상形而上과 형이하形而下, 도道

---

87) 그러므로 주희에게서 선과 악은 상황 맥락을 떠난 고정된 내용으로 말할 수 없는
것이었다. 연원을 따져보면 분명 그 흐름이 유장할 것이지만, 가까이 정호도 다음
과 같이 말했다. "천하의 선과 악은 모두 천리이다. 악이라 하는 것은 본래부터 악
으로 정해져 있는 것이 아니라, 과하거나 혹은 미치지 못하는 것을 그렇게 부를 뿐
이니, 양주楊朱와 묵적墨翟의 무리도 그렇게 이해해야 할 것이다.(天下善惡皆天
理, 謂之惡者非本惡, 但或過或不及便如此, 如楊墨之類.)"『二程遺書』(卷二上)
88) "人之爲學, 卻是要變化氣稟, 然極難變化."『朱子語類』(4:59)
89) 子曰. "君子不器."『論語』(2:12)

와 기器의 대비라는 주제 의식 하에서 일관되게 해석해내고 있다.

> "'군자불기'란 하나에 구애되지 않는 것으로, 이른바 '체體에는 모든
> 것이 갖춰 있다'는 것이다. 사람의 마음에는 본래 수많은 도리가 갖추
> 어져 있는데, 익숙해지면 자연히 어떻게 해야 하는지를 알게 되어 모든
> 일에 두루 미치게 된다. 자공子貢은 호련瑚璉이니 사당에서만 쓸모用가
> 있을 뿐, 다른 곳으로 옮겨서는 쓸모가 없다. 원헌原憲은 풀뿌리를 먹던
> 사람일 뿐이니, 나라에 도가 있을 때는 나서서 한 가지 일도 해내지 못
> 할 것이고, 나라에 도가 없을 때도 어지러운 세상을 바로잡지 못할 것
> 이다. 백이伯夷는 청렴하고 유하혜柳下惠는 온화하지만 역시 한 가지 일
> 만 할 수 있을 뿐이다[90]."

군자는 한 가지 쓸모로 한정되지 않는 인물이다. 하지만 '군자'를 다
재다능의 만능인으로 보거나 '기器'를 한 분야의 전문가로 보는 것은
논의의 초점을 벗어난 것이다. 사람의 마음에 본래적으로 수많은 도
리가 갖추어져 있다는 것은, 사람이 본래 변화하는 형편에 따라 융통
성 있게 대처할 수 있고, 또 그렇게 해야 하는 존재임을 의미하는 것이
다. 즉 사당에서 제사를 모실 때나, 나라에 도가 있거나 없을 때와 같
이 처한 곳의 요구에 맞춰 응할 수 있는 존재라는 것이다.

군자라면 항상 때와 장소에 어울리는 몸가짐을 갖출 줄 안다. 하지
만 하나의 타성으로 굳어진 이라면, 그것이 일반적으로 높이 평가되

---

90) "'君子不器', 是不拘於一, 所謂'體無不具'. 人心原有這許多道理充足, 若慣熟時, 自
然看要如何, 無不周遍. 子貢瑚璉, 只是廟中可用, 移去別處便用不得. 如原憲只是一
箇喫荣根底人, 邦有道, 出來也做一事不得, 邦無道, 也不能撥亂反正. 夷清, 惠和, 亦
只做得一件事."『朱子語類』(24:49)

는 덕목이라 하더라도 문제가 된다. 예컨대 청렴하기만 고집하거나 온화하기만 고집하는 사람이라면, 그것이 적합한 곳에서만 쓰임을 얻을 것이고 적합하지 못한 곳에서는 불화不和하게 될 것이다. 자공의 경우 벼슬에서 물러나야 할 때 물러나지 못하는 우를 범했다.

"자공子貢도 치우친 사람이었으니 귀할 수는 있되 친할 수는 없었기에, 종묘와 조정에만 적합하여 물러나지 못했다. 이것이 자공의 치우침이다[91]."

어느 한 가지 성향에 고정되어 현실에 두루 적합하지 못하게 되는 '치우침[偏/倚/邪]'은, 마음에 본디 갖추어져 있는 수많은 도리의 발현을 가로막으니, 칭송받을 일이 못 된다. 이는 선을 단지 상황 안에서 과불급過不及이 없는 것[已發의 和]으로 보는 맥락과 무관하지 않다. 군자는 미리 정해져 있는 준칙을 굳은 의지로 지켜냈기 때문이 아니라, 맞이하는 상황적 요구에 부합했기에 선한 것이다.

주희는 학문에 뜻을 둔 사람이라면 모름지기 온갖 변화에 거침없이 통할 수 있어야 한다[92]고 말한다. 넓게 보아야 한다고도 했다. 곳곳에서 보이는, 치우치지만 않으면 저절로 바른 길을 가게 된다는 표현[93]

---

91) "子貢也是箇偏底, 可貴而不可賤, 宜於宗廟朝廷而不可退處. 此子貢之偏處."『朱子語類』(24:54)
92) "人亦須是通達萬變, 方能湛然純一."『朱子語類』(12:65)
93) "學者要學得不偏, 如所謂無過不及之類, 只要講明學問. 如善惡兩端, 便要分別理會得善惡分明後, 只從中道上行, 何緣有差."『朱子語類』(13:55)/"凡遇事先須識得箇邪正是非, 盡埽私見, 則至公之理自存." 大雅云. "釋氏欲驅除物累, 至不分善惡, 皆欲埽盡. 云凡聖情盡, 卽如知佛, 然後來往自由. 吾道卻只要埽去邪見. 邪見旣去, 無非是處, 故生不爲物累, 而死亦然."『朱子語類』(126:67)

들은 이상의 맥락을 알아야만 이해할 수 있다. 치우침[偏倚]이 없다는
것은 그 자체가 본원으로서 태극의 특성이고, 허다한 도리를 구비한
본성에 대한 형용이기도 하다[94]. 사람은 그러한 상태에서야 현재 맞이
하는 일과 자신을 결속시킬 도리를 알 수 있게 된다.

(五)
주희는 기질을 변화시켜 중中[95]으로 돌아갈 것을 말한다.

　물었다. "사람의 강경함이 중을 넘어서는 경우가 있는데, 왜 그렇습
니까?"
　대답하셨다. "그것이 이것보다 낫고, 강경한 것이 유연한 것보다 훌
륭하다고 생각해서 줄곧 강경하기만 한 것이다. 주周 선생[周敦頤]은
'강해서 좋은 경우는 의로우며, 강직하고, 과단성이 있으며, 엄격하고
굳세며, 심지가 굳은 것으로 나타난다. 강해서 나쁜 경우는 사납고 편

---

94) "'中者天下之大本', 乃以喜怒哀樂之未發, 此理渾然, 無所偏倚而言. 太極固無偏倚
而爲萬化之本, 然其得名自爲至極之極, 而兼有標準之義, 初不以中而得名也."『朱
熹集』卷 36,「答陸子靜」제 6서
95) 주희는 두 가지의 중中을 구분했다. 어떠한 생각이나 감정도 아직 발현되지 않아,
치우침이 없는[不偏不倚] 중(일명 '미발未發의 중')과 희로애락喜怒哀樂이 과불
급過不及 없이 적절히 발현되는 중(일명 '이발已發의 화和')이 그것이다. 주희가
공부를 통해 회복해야 할 것으로 말하는 중은 대개 미발의 중을 의미한다고 보는
것이 옳다고 생각한다. 미발한 때의 중의 확보가 이발의 화를 가능하게 하는 조건
이 되는 까닭이다. 제 4장에서 우리는 마음이 어떠한 생각이나 감정으로 미리 균
형을 잃지 않은 상태라면, 외부에서 다가오는 일에 적합하게 응할 수 있게 된다는
믿음을 확인할 수 있을 것이다. *或問太極. 曰. "未發便是理, 已發便是情. 如動而生
陽, 便是情."『朱子語類』(94:38))/"心之全體湛然虛明, 萬理具足, 無一毫私欲之間.
其流行該遍, 貫乎動靜, 而妙用又無不在焉. 故以其未發而全體者言之, 則性也. 以其
已發而妙用者言之, 則情也."『朱子語類』(5:76)

협하며 횡포한 것으로 나타난다'고 했는데 반드시 이처럼 구별해야 한
다."

물었다. "어떻게 그것을 조절해야 선으로 귀착되게 할 수 있겠는지
요."

대답하셨다. "반드시 중에서 그것을 구해야 한다[96]."

기질변화론은 수많은 도리의 맥락을 가로막는, 각자의 심리적 경향
성을 경계하는 의미를 갖는 것이었다. 현실은 유동적이고 복잡하다.
때문에 주돈이의 말처럼 똑같이 강경한 입장을 취한다 하더라도 때에
따라 평가가 갈리게 된다. 하나의 입장을 고수하는 것은, 맞이하는 일
에 올바르게 대처하지 못하는 원인이다.

그렇다면 문제를 특정한 도덕적 덕목의 강제를 통해 바로잡으려는
것은 어불성설이다. 방도는 중을 회복하는데 있을 뿐이다. 주회는 마
음을 비우고 리를 살펴라[97]고 했는데 이 역시 중의 회복을 요구하는
것이다. 오직 중만이 운행의 길을 찾을 수 있게 한다. 그는 도처에서,
한 측면[一偏]에서 본 생각을 고집해서는 안 된다고 강조한다.

"보통 사람들의 학문은 대개 하나의 이치에 치우치고, 하나의 학설만
을 주장하는 것이다. 때문에 사방을 보지 못해 논쟁이 일어난다. 성인
이라면 중을 지키고 바르며 조화롭고 공정하니 치우침이 없다[98]."

---

96) 問. "人有剛果過於中, 如何?" 曰. "只爲見彼善於此, 剛果勝柔, 故一向剛. 周子曰.
'剛善爲義, 爲直, 爲斷, 爲嚴毅, 爲幹固. 惡爲猛, 爲隘, 爲强梁.' 須如此別, 方可." 問.
"何以制之使歸於善?" 曰. "須於中求之."『朱子語類』(118:28)
97) "虛心觀理."『朱子語類』(9:47)
98) "常人之學, 多是偏於一理, 主於一說. 故不見四旁, 以起爭辨. 聖人則中正和平, 無所

"힘들고 장애물이 많다 느끼더라도 반드시 그 가운데서 통通하는 도
리를 얻을 수 있다. 포정庖丁은 소를 잡을 때, 뼈와 힘줄이 모여 있는 곳
에서 '큰 틈새를 헤치고 큰 공간을 찔러 나간다'고 했다. 소의 근골이 모
여 있는 곳에서 통할 수 있는 리를 얻었던 것이기에 19년을 쓴 칼날이
금방 숫돌에 간 것 마냥 예리했던 것이다. 사리事理들 사이에서도 마찬
가지니, 만약 모여 있는 곳에서 대처하지 않는다면 한 측면만을 보게
되니 어떻게 적절히 통할 수 있겠는가99)."

"유학자들의 도는 크게 중정하여[大中至正] 어느 방향으로나 균형이
잡혀 있다. 불교에서는 단지 한 측면만 보아, 거기서 이미 막혀버렸으니,
이것이 '편파적인 말에 그들이 막혔다는 것을 안다'고 하는 것이다100)."

주희는 전체를 보지 못하고101) 하나만을 주장하는102) 보통 사람들과

偏倚."『朱子語類』(8:10)
99) "雖覺得有許多難易窒礙, 必於其中卻得箇通通底道理. 謂如庖丁解牛, 於族處卻'批大
郤, 導大窾.' 此是於其筋骨叢聚之所, 得其可通之理, 故十九年刃若新發於硎. 且如
事理間, 若不於會處理會, 卻只見得一偏, 便如何行得通?"『朱子語類』(75:10)
100) "儒者之道大中至正, 四面均平. 釋氏只見一邊, 於那處都蔽塞了, 這是'詖辭知其所
蔽'."『朱子語類』(126:75)
101) "인仁은 양陽이고 지知는 음陰이니 각각 도의 한 측면을 얻어서 그 소견에 따
라 전체로 생각하는 것이다. '날마다 쓰면서도 알지 못한다'라는 것은 모두들 먹
고 마시지만 그 맛을 아는 이가 드물다는 의미니 더 나쁜 것이다. 그러나 이 도는
어디에나 있다.(仁陽知陰, 各得是道之一隅, 故隨其所見而目爲全體也. '日用不
知', 則莫不飮食, 鮮能知味者, 又其每下者也. 然亦莫不有是道焉.)"『周易本義』「繫
辭上傳」의 朱子註 *이것은 "어진 사람[仁者]은 그것을 보고 인仁이라 하고, 지혜
로운 사람[知者]은 그것을 보고 지知라고 한다. 백성은 매일 쓰면서도 알지 못하
니, 군자의 도는 드물다.(仁者見之謂之仁, 知者見之謂之知, 百姓日用而不知,
故君子之道鮮矣.)"『周易』「繫辭上傳」에 대한 주석이다.
102) "한 가지만 고집할 뿐이라면 무슨 일을 할 수 있겠는가. 넓게 보아야 한다. 세상
의 온갖 일이 모두 장애가 되지 않아야 된다.(只守著一些地, 做得甚事! 須用開闊

성인을 대비시킨다. 그는 『장자莊子』「양생주養生主」의 고사를 통해 일에 대처함에 있어 공정함의 중요성을 설명한다. 19년간 수천 마리의 소를 잡았는데도 포정庖丁의 칼날은 마치 방금 숫돌로 간 것 마냥 예리하기만 하다. 만약 그 근골이 모인 곳에 균등하게 주의를 기울이지 않는다면, 어느덧 칼은 뼈에 튕겨 날이 상했을 것이다. 사리事理가 모여 있는 곳에서 대처하라는 것은, 곧 어떠한 입장도 편들지 않는 중中을 의미한다.

사리가 모여 있는 곳! 이러한 총체로의 환기는 곧 유학자들의 도로 이끄는 것이므로, 그 자체가 이단과의 변별점으로 기능하기도 한다. 이단이 문제가 되는 것은 유학에서 중도中道를 통해 살리려 하는 총체성의 의미를 모르기 때문이다. 그들이 다만 한 측면에서만 보았기 때문에 막혀버렸다는 것은, 변화하는 상황에 아랑곳하지 않는 하나의 주의주장을 가졌음[103]에 대한 지적이다. 고정화된 견해는 그 내용이 어떤 것인지를 막론하고 형이하의 것이지 형이상의 것이 아니다. 주희의 입장에서 볼 때, 그들은 형이하의 물을 형이상의 리라 착각하고 있는 것이다.

리가 쉼 없이 변화하는 기를 떠나 존재할 수 없다는 말에는, 리가 하나의 고정된 이념형이나 지식의 형태로 존재할 수 없다는 의미 역시 내포되어 있다. 때문에 리를 모든 것에 적용 가능한 지식이나 추상적 진리, 일정한 내용 안에 가둘 수 있는 관념으로 보는 것은 잘못이다. 그러한 관점에는 리기론이 함축하는 역동성이 간과되어 있다. 오직

看去. 天下萬事都無阻礙, 方可.)"『朱子語類』(9:66)
103) 제 6장 1.에서 이러한 이단관을 확인할 수 있다.

존재자가 감응을 통해 변화에 참여하고 있을 때, 리 역시 함께 유행한
다 말할 수 있는 것이다.

　리가 가진 무형의 성격은 각자가 치우친 견해[偏見]로 굳어지지 않
도록 하는 이론적 기초가 된다. 주희는 무궁한 도리와 사람의 생각이
갖는 한계를 대비시키며, 자기 견해에 고착되지 않도록 힘쓸 것[104]을
당부한다. 도리는 각자가 맞이하는 일들을 통해 스스로의 삶으로 쉼
없이 잇대야 하는 것이지, 절대나 불변이라는 형용과 함께 대상화하
고 지식으로 소유할 수 있는 종류의 것이 아니다. 주희가 깨달음을 갈
급하는 불교도를 향해, 도는 사람이 장악할 수 있는 대상[物]이 아님을
강조했던 것[105]도 같은 맥락에서 이해할 수 있을 것이다.

　주자학에서 각각의 존재자들은 늘 변화하는 상황으로의 일시적인
편입을 반복하며 자신만의 길[道]을 걷는다. 바른 길은 매순간 갖고
있던 심리적 편향의 내용들을 떨어내어 획득되는 공정함[公]에서 출
발한다. 그렇게 하기 위해서는 맞이하는 상황에 집중함으로써, 다른
일로 인한 심리적 찌꺼기[渣滓]를 만들지 않는 것이 기본이다. '성인
되는 학문의 시작이자 끝'인 경敬 공부[106]가 의도하는 것이 바로 이것
[107]이었으니, 주희는 경을 행하면 마음에 온갖 리[萬理]가 갖추어진다

104) "人學當勉, 不可據見定. 蓋道理無窮, 人之思慮有限." 『朱子語類』(101:167)
105) "所謂道, 不須別去尋討, 只是這箇道理. 非是別有一箇道, 被我忽然看見, 攫拏得
　　來, 方是見道. 只是如日用底道理, 恁地是, 恁地不是. 事事理會得箇是處, 便是道
　　也. 近時釋氏便有箇忽然見道底說話. 道又不是一件甚物, 可摸得入手." 『朱子語
　　類』(13:52)
106) "敬之一字, 豈非聖學始終之要也" 『大學或問』
107) 앞서 "형형이 있으면 어느 한 편에 머물게 된다"고 했다.("有形, 則滯於一偏." 『性
　　理大全』卷 2, 『通書』「動靜」의 朱子註) 다음 글에서 경敬은 '머무르지 않기 위해
　　하는 것'으로 말해진다. 우리는 여기서 주희의 마음공부가 의도하는 것이 무엇인

고 했다[108].

사람들은 그러한 바탕 위에서 가장 적실한 길을 스스로[109] 찾아가야 한다. 그렇지 않으면 또 하나의 입장에서, 그저 세상의 한 측면만을 봤을 뿐이면서, 그것이 언제 어디서나 옳은 것이라고 고집하기 쉬운 까닭이다.

3) 무한자로서의 태극太極

이제 주희와 육씨 형제 사이의 '무극이태극無極而太極' 논변에서 쟁점이 되는 주요 사안이 무엇인지 짚어보기로 한다[110]. 이는 본 장의 도입부에서 보였던 문제 제기에 대한 마무리이자, 앞 절에서 살핀 내용이 우연적인 것이 아님을 확인하고 그 의미를 좀 더 선명히 하는 작업이기도 할 것이다.

육구연陸九淵은 주희에게 보낸 첫 번째 편지에서 '극極'이란 '중中'

지 그 대강을 짐작할 수 있다. "伊川云. '主一之謂敬, 無適之謂一.' 又曰. '人心常要活, 則周流無窮而不滯於一隅.' 或者疑主一則滯, 滯則不能周流無窮矣. 道夫竊謂, 主一則此心便存, 心存則物來順應, 何有乎滯?" 曰. "固是. 然所謂主一者, 何嘗滯於一事? 不主一, 則方理會此事, 而心留於彼, 這卻是滯於一隅." 『朱子語類』(96:39)

108) "敬則萬理具在." 『朱子語類』(12:88)

109) 주희는 격물格物을 '몸소[親]'해야 한다고 강조한다. 격물은 자신이 해야지 남에게 부탁할 수 없는 일이라 했다. "'身親格之', 說得'親'字急迫. 自是自家格, 不成倩人格!" 『朱子語類』(18:103)

110) 주희와 육씨 형제간의 태극 논변에 대해서는 이미 많은 연구물이 있다. 때문에 본고에서는 이들 논쟁의 세세한 과정은 생략하고 핵심 쟁점에 대한 설명에만 집중하기로 한다. 애초에 이 장章의 목적은 이들 간의 논쟁을 소개하는 것이 아니라, 태극의 의미를 선명하게 하는 데 있었다.

을 의미하니, '무극無極'이란 '무중無中'이 되어 이는 있을 수 없는 표현
이라 했다. 다음 그의 말은 '무극'이란 표현에 대한–그것이 노장老莊의
언어가 아니냐는 의문 제기를 제외하고는– 타당성을 직접 따져 물은
것으로는, 사실상 유일한 부분이 된다고 할 수 있다.

"'극極'이라는 글자는 '형形'으로 해석해서는 안 될 것입니다. '극'은
'중中'을 의미합니다. '무극無極'을 말한다면 '무중無中'을 말하는 것처럼
되는데, 이것이 어떻게 가능하겠습니까. 배우는 사람들이 형기形器에
빠질까 염려되어 그렇게 해석했다면, 『시詩』에서 '하늘이 하는 일'을 말
하면서 '소리도 없고 냄새도 없다'고 찬미했듯이 하면 되는 것입니다.
무슨 까닭으로 '무극'이란 글자를 '태극' 위에 덧붙여야 하겠습니까[111]."

하지만 앞서 살핀 것처럼, 주희는 '무극'을 '형은 없되 리는 있다'는
뜻으로 풀이했지, '극'을 '형'이라고 하지는 않았다[112]. 육구연이 '극은
중을 의미한다'고 한 것에 대해 주희는 다음과 같이 답했다.

"황극皇極의 극이나 민극民極의 극은 표준標準의 의미입니다. 여기에
세워 저쪽에서 보이도록 할 때 바라보는 방향에서 바름[正]을 취하도록
한 것이지, 그 중中의 의미로 명명한 것이 아닙니다[113]."

---

111) "且極字亦不可以形字釋之. 蓋極者, 中也. 言無極, 則是猶言無中也, 是奚可哉? 若
懼學者泥於形器而申釋之, 則宜如詩言'上天之載', 而於下贊之曰'無聲無臭'可也.
豈宜以無極字加於太極之上?"『象山集』卷 12,「與朱元晦」제 1서
112) "老兄自以中訓極, 熹未嘗以形訓極也. 今若此言, 則是已不曉文義, 而謂他人亦不
曉也. 請更詳之."『朱熹集』卷 36,「答陸子靜」제 6서
113) "若皇極之極, 民極之極, 乃爲標準之意, 猶曰立於此而示於彼, 使其有所向望而取
正焉耳. 非以其中而命之也."『朱熹集』卷 36,「答陸子靜」제 6서

"북극北極의 극極·옥극屋極의 극·황극皇極의 극·민극民極의 극에 대해 여러 학자들이 중中으로 해석한 적이 있지만, 이것은 이 물物의 극이 항상 이 물物의 중에 있기 때문이지 극極자를 가리켜 중으로 해석했던 것은 아닙니다. 극이란 지극至極함을 말하는 것일 뿐입니다. 구체적으로 말해본다면, 사방팔방에서 모여들어 이 지점에 도달했으니 더 이상 갈 곳이 없는 것입니다. 이로부터 미루어 나가면 사방팔방 모두에 편들거나 반대함이 없이, 일체가 균형잡히게 되므로 극極이라 하는 것일 뿐입니다. 후세의 사람들은 중中에 거함으로써 사방의 일에 응할 수 있는 까닭에 그 지점을 가리켜 중이라 했던 것이지, 그 의미를 중으로 풀이할 수 있다고 한 것이 아닙니다[114]."

그는 '극極'이 표준標準 혹은 지극至極을 의미한다고 한다. 이 부분은 주의해서 살펴야 한다. 우리는 흔히 '표준'이라 하면, 보통 '내용이 정해져 있는 기준'으로서 이에 근거해 온갖 일들의 가치가 변별될 것이라 받아들인다[115]. 그런데 주희가 지금 말하는 것은 그런 것과 전혀 상

---

114) "至如北極之極, 屋極之極, 皇極之極, 民極之極, 諸儒雖有解爲中者, 蓋以此物之極常在此物之中, 非指極字而訓之以中也. 極者, 至極而已. 以有形者言之, 則其四方八面合輳將來, 到此築底, 更無去處. 從此推出, 四方八面都無向背, 一切停勻, 故謂之極耳. 後人以其居中而能應四外, 故指其處而以中言之, 非以其義爲可訓中也." 『朱熹集』卷 36, 「答陸子靜」제 5서

115) 예컨대 소현성은 「주희와 육구연의 태극논변」(『東洋哲學』(제 24집))에서 주희와 육구연의 논쟁을 다음과 같이 정리한다. "... 정작 중요한 것은 극을 중으로 해석함으로써 육구연은 리(태극)를 우주와 만물 그리고 인간의 마음속에 충만한 것이라고 본 것이다. 따라서 이것은 직각적으로 내 마음 속에서 구할 수 있는 것이며, 이성적 추론과 지식의 축적에 의해 이해될 수 있는 것이 아니라고 본다. 이와 달리 주희는 극을 지극·표준으로 해석함으로써 객관적이고 보편적인 법칙으로 이해하였다. 이것이 바로 그들이 중과 지극을 강조한 근본적인 이유라고 할 수 있다.(117쪽)"

관이 없다. 그에게 표준이란 다른 것과 구별되는, 하나의 내용적 실체로 존재하지 않는다. 그는 다만 극을 기준으로 삼았을 때, 무엇에도 편들지 않기 때문에 균형이 잡히게 된다고 말했다.

중中은 문자적 의미로 극과 동의어라 할 수는 없지만, 극을 형용하는 말[116]이 되는 것은 틀림이 없다. 중은 자기가 갖는 성격 때문에 스스로 중인 것이 아니라, 어떤 방면에서 바라보더라도 공정한 것이기에 중이다. 요컨대 주희에게 있어, 표준은 편파적인 생각을 경계한 것이니, 결과적으로 자신이 취할 수 있는 모든 행위의 가능성을 공평하게 살려 둔 지점을 의미하는 것이 된다.

'이러저러한 것이 중'이라는 구체적 관념을 갖는다면, 그 관념 밖의 다른 것에 대해서는 배척하게 되니 치우친 것이고, 이는 오히려 중에서 멀어지는 결과를 야기할 것이다. 중을 '중앙'이라는 문자적 의미로 해석하는 것 역시 적절치 않다. 그로 인해 '중앙'이 아닌 것은 부정하게 되니, 이는 주희가 중을 통해 전달하고자 하는 것과 어긋나는 까닭이다. 그가 무극을 리의 형이상적인 성격을 환기시키려는 의미로 썼다는 것을 생각하면 당연한 일이다. 어느 한쪽 편을 들지 않음을 의미하는 중은, 리의 총체성을 지시하는 표현 가운데 하나였던 것이다[117].

---

116) "極是名此理之至極, 中是狀此理之不偏." 『朱熹集』 卷 36, 「答陸子靜」 제 6서/ 참고로 주희의 고족제자로서 그와 유사하게 태극 개념을 정리했던 진순陳淳은 『北溪字義』에서 太極을 至中·至正·至粹·至神·至妙한 것이라 형용하고 있다.("太極之所以至極者, 言此理之至中至明至粹至神至妙, 至矣, 盡矣. 不可以復加矣, 故强名之曰極耳." 『北溪字義』(18:7))

117) "성性이 반드시 중中인 것은, 물이 반드시 차갑고 불이 반드시 뜨거운 것처럼 분명한 일입니다. 사람들이 그 성을 놓쳐버리고 기질이 이를 어둡게 하여 중하지 않음[不中]이 있는 것일 뿐, 성이 그 중을 얻지 못하는 것은 아닙니다.(性之必中, 如水之必寒, 火之必熱. 但爲人失其性, 而氣習昏之, 故有不中, 而非性之不得其中

주희는 주돈이가 '무극이태극'을 말한 것은, 사람들이 치우친 견해 [偏見]를 가지는 것에 대한 염려 때문이었다고도 했다. 이는 앞 절에서 살핀 내용들을 통해 이미 분명한 것이다.

"제가 지난 편지에서 '무극을 말하지 않으면 태극은 하나의 물物과 같아져서 모든 변화의 근본이 되기에 부족하고, 태극을 말하지 않으면 무극은 공적空寂으로 떨어져 모든 변화의 근본이 될 수 없다'고 했던 것 은 주周 선생[周敦頤]의 의도를 밝힌 것입니다. 그때 이처럼 두 측면으 로 설명하지 않았다면 독자들은 말뜻을 잘못 알고 필시 치우친 견해[偏 見]를 갖는 문제를 두게 될 것이니, 남들이 '있다'고 말하는 것을 들으 면 실제로 '있다'고 생각하고, 남들이 '없다'고 말하는 것을 보면 진실로 '없다'고 여겼을 터이지요[118]."

"'무극無極' 두 글자를 말하자면, 바로 여기가 주周 선생이 도체道體 를 명철하게 파악하고 보통 사람들의 생각을 뛰어넘은 지점이지요. 남 들이 왈가왈부 하는 것에 아랑곳하지 않고, 자신의 이해를 따지지 않으 면서 용감히 나아가 남들이 감히 말 못하는 도리를 밝혔으니 후학들에 게 태극의 오묘함이 '있다'거나 '없다'는 것에 속하지 않고 특정한 모습 에 한정되지 않는다는 것을 알도록 하신 것입니다[119]."

也.)"『朱熹集』卷 56, 「答方賓王」제 2서 / "中是理, 理便是仁義禮智, 曷常有形象 來? 凡無形者謂之理, 若氣, 則謂之生也."『朱子語類』(83:99)

118) "至熹前書所謂'不言無極, 則太極同於一物而不足爲萬化根本, 不言太極, 則無極 淪於空寂而不能爲萬化根本', 乃是推本周子之意. 以爲當時若不如此兩下說破, 則 讀者錯認語意, 必有偏見之病, 聞人說有卽謂之實有, 見人說無卽謂之眞無耳."『朱 熹集』卷 36, 「答陸子靜」제 5서

119) "若論無極二字, 乃是周子灼見道體, 逈出常情. 不顧旁人是非, 不計自己得失, 勇往 直前, 說出人不敢說底道理, 令後之學者曉然見得太極之妙不屬有無, 不落方體."

무극이란 태극이 모든 한정을 초월하여 있음을 형용하는 언어다[120]. 형을 갖는 것[物]이란 양극적 대대의 한 쪽에, '동시에 다른 것이 아닌 그것'으로 고정됨을 의미했다. 거기에는 '있다/없다'라는 최고의 유개념적類槪念的 한정까지도 포함되어 있다[121]. '없는' 동시에 '있을' 수는 없으니, '유有'에 대비되는 '무無'라면, 그것 역시 형形을 가진 것에 대한 지칭에 지나지 않을 것이다[122].

주희는 무극이란 개념의 의의를, 태극을 하나의 형상形象을 가진 물物로 오인하지 않도록 한 데서 찾았다[123]. 육구연은 무극이 무형無形을 의미하는 것이라면 『시경詩經』에서 했듯이 '소리도 냄새도 없다'는 식의 표현을 쓰면 되는 것이라 했지만, 리는 형에 구속되지 않기에, 이러저러한 내용의 것으로 말할 수 없다. 단지 비가시성의 표현만 두고 보자면, 그것은 기에 대한 것도 리에 대한 것도 될 수 있다. 그런데 형이상에 대한 이해가 없는 한, 그것은 한정적 사태에 대한 형용이나 구체화된 것에 대한 묘사에 불과한 것이 될 수밖에 없다. 이전에 체계적으

『朱熹集』卷 36, 「答陸子靜」 제 5서

120) "周子所以謂之無極, 正以其無方所, 無形狀." 『朱熹集』卷 36, 「答陸子靜」 제 5서

121) 주희는 다음 번 편지(『朱熹集』卷 36, 「答陸子靜」 제 6서)에서 "노자老子의 유有와 무無는 둘이지만 주돈이周敦頤의 유와 무는 하나(熹詳老氏之言有無, 以有無爲二, 周子之言有無, 以有無爲一, 正如南北水火之相反, 更請子細著眼, 未可容易譏評也.)"라고 말한다. 그는 노자의 무극無極은 무궁無窮을 뜻("老子'復歸於無極', 無極乃無窮之義"『朱熹集』卷 36, 「答陸子靜」 제 5서)하는 것이기에 주돈이가 의도하는 바와는 다르다고도 했다. 이것은 무극이 노자의 언어가 아니냐는 물음에 대한 주희의 답변이 된다.

122) 무극과 유/무에 대한 설명은 데카르트René Descartes가 무한은 유한의 상대어로 설명할 수 없으며, 유한자인 사람에게 파악되지 않는 것이 무한자의 본성이라고 했던 것을 연상하게 한다.

123) "'無極而太極.' 蓋恐人將太極做一箇有形象底物看, 故又說'無極', 言只是此理也." 『朱子語類』(94:7)

로 거론된 바 없는 형이상자를 논의의 장場으로 끌어오려고 했던 주희에게 이는 부족하다 여겨졌음직도 하다. 그것은 자신이 의도하는 것과는 다른 의미로, 세간에서 너무 익숙해진 표현이었다.

하나의 견해를 사사로이 가질 때면, 필연적으로 맹점이 생겨서 맞이하는 일에 적절하게 응하지 못하게 된다. 그 견해가 스스로를 외부로부터 차단시키고 변화를 그치게 하는 것이다. 주희의 무극론은 외부와의 소통 불능으로 이끄는 치우친 견해를 근본적으로 경계하는 의미를 지닌다. 그는 '무극이태극'에 대한 해석을 통해, 각자가 구성하고 고집하는 견해가 리와 전혀 상관이 없다는 점을 분명히 했던 것이다.

육씨 형제는 형이상의 것을 분명히 밝혀야 할 필요를 느끼는 주희와 문제의식을 공유하고 있지 않았고, 때문에 그의 기획을 이해할 수 없었다. 그들은 주희가 무극 해석을 그렇게 한 의도가 무엇이었는지에 대해 의미 있는 문제 제기를 하지 못하고, 주로 문헌학적인 측면에 집중하여 의혹을 표시하며 그것이 유가의 것이 아니라고 주장했다. 그들은 주희가 왜 그렇게까지 무극에 집착하는지 모르겠다는 태도를 보인다[124]. 때문에 주희는 육씨 형제와의 서신 교환에서, 자신이 보기

---

124) 육씨 형제는 유학 부흥의 저술로서 「태극도설太極圖說」에 붙은 권위를 의심스러워했고 이 부분에 대한 추궁을 계속했다. 주돈이는 목수穆修에게서, 목수는 도사 진단陳摶에게서 「태극도太極圖」를 얻었으니, 이는 도가의 저작이 분명하다는 것이었다.("朱子發謂濂溪得太極圖於穆伯長, 伯長之傳, 出於陳希夷, 其必有攷. 希夷之學, 老氏之學也. 無極二字, 出於老子知此雄章, 吾聖人之書所無有也."『象山集』卷 12,「與朱元晦」제 1서) 다음은 육구연이 주희에게 보낸 편지의 일부다. "「계사繫辭」에서 '신神은 한정이 없다'고 했으나 어찌 신이 없다 말할 수 있겠습니까. '역易은 형체가 없다'고 했지만 어찌 역이 없다 할 수 있겠습니까. 노자는 무無를 천지天地의 시작으로 생각했고 유有를 만물의 어머니로 여겼으며, 상무常無로 오묘함을 살피고 상유常有로 끝내 귀착하는 곳을 보았습니다. 직접 '무無'를 덧붙이는 것은 바로 노자의 학문인데 어떻게 숨길 수 있겠습니까. 그 폐단이 여

에는 극히 주변적인 부분을 해명하는데 많은 힘을 쏟아야 했던 것이다.
이들의 논쟁이 당최 합의점을 찾을 수 없었던 건 당연한 일이었다[125].

기에 있기 때문에 술수術數를 담당하는 데까지 이르고 거리끼는 것이 없게 되었
습니다. 이 리는 세상에 분명히 있는 것인데 어떻게 없다고 하겠습니까. 만약 없
다고 한다면 임금은 임금답지 않을 것이고, 신하는 신하답지 않을 것이며, 아비는
아비답지 않고, 자식은 자식답지 않을 것입니다. … '태극의 참 모습'이라든가 '전
해지지 않던 비의秘義', '사물이 있기 전', '음양의 바깥', '유무有無에 속하지 않
는 것', '위치나 형체로 한정되지 않는 것', '보통 사람들의 생각을 뛰어 넘음', '속
세 밖으로 넘어감' 등은 혹시 이전에 선종禪宗을 배워서 하는 말이 아닙니까. 평
소에 그 이론을 사사로이 하여 스스로를 뛰어나다 생각하고 있다가 배우는 사람
들을 가르칠 때, 때때로 이를 신비화해서 글 뜻에 대한 수많은 말을 늘어놓는 것
이 '누설'이라는 말의 연원입니다.(繫辭言神無方矣, 豈可言無神? 言易無體矣, 豈
可言無易? 老氏以無爲天地之始, 以有爲萬物之母, 以常無觀妙, 以常有觀徼. 直將
無字搭在上面, 正是老氏之學, 豈可諱也? 惟其所蔽在此, 故其流爲任術數, 爲無忌
憚. 此理乃宇宙之所固有, 豈可言無? 若以爲無, 則君不君, 臣不臣, 父不父, 子不子
矣! … 如所謂太極眞體, 不傳之秘, 無物之前, 陰陽之外, 不屬有無, 不落方體, 逈出
常情, 超出方外等語, 莫是曾學禪宗, 所得如此? 平時旣私其說以自高妙, 及敎學者,
則又往往秘此而多說文義, 此漏洩之說所從出也.)"『象山集』卷 十二,「與朱元晦」
제 2서

125) 논자는 '무극이태극無極而太極'에 대한 이들의 서신교환을 논쟁으로 보기는 어
   렵지 않은가 생각하는 편이다. 어떠한 언쟁이 논쟁이라고 불리기 위해서는, 최소
   한 상대가 무엇을 주장하고 있는지는 파악하고 있어야 한다고 생각하는 까닭이
   다. 하지만 육씨 형제는 무극에 대한 해석을 고집하는 주회의 의도를 끝까지 이
   해하지 못했다. 진래陳來는 무극에 대한 견해에 주회와 육구연 간에 의미 있는
   차이가 있는 것도 아니고, 이는 이들 견해가 이후 갈라진 것과도 무관하다고 했
   던 바 있다. 陳來,『朱子哲學硏究』三聯書店, 2010, 454. 논자는 주회에게 형이상
   과 형이하의 구분은 곧 그 학문의 핵심처에 해당되고 이단을 판별하는 기준이 되
   는 것인 까닭에, 이들이 합의점을 찾지 못한 까닭은 그래도 분명하게 밝혀두어야
   한다고 생각한다.

3
소결: 항상 선한 리理는 동시에 온갖 변화의 근본이다

그라네나 엘리아데는 고대 중국에서의 도를, 특정 학파의 것이 아닌 그들 모두가 공유하던 기본 관념으로 설명했다[126]. 중국 전통에서 '변화'는 학파를 막론하고 세상을 이해하는 주된 틀이었다. 인간의 길이란 스스로 의도하지 않았어도 감내해야만 하는, 자기 안팎에서 이어지는 상황의 변화를 저항 없이 자신의 삶 안으로 온전하게 옮겨놓는 것이었다.

유학적 전통에서는 변화[易]를 달리 '생생生生'이라 말하기도 한다. 주희는 『주역周易』「계사전繫辭傳」의 '생하고 생하는 것을 변화라 한다(生生之謂易)'는 문장을, '음이 양을 생하고, 양이 음을 생하니 그 변화가 무궁하다[127]'고 주석했다. 음과 양은 복잡다기한 현상계를 설명하기 위한 고안이고, 변화란 이 양극의 긴장 가운데 있는 일시적인 존재들을 시간적 측면에서 돌아보고 그 역동성을 확인한 결과다. 세상은 매순간 이 음양 교대의 무한한 재생再生에 의해 이루어지고 유지된다. 그는 자연에서 쉼 없이, 만물의 변화를 추동하는 활동을 우선적으로

---

126) Marcel Granet(유병태 역), 『중국사유』한길사, 2010, 304쪽./ Mircea Eliade(최종성 · 김재현 역), 『세계 종교 사상사2』이학사, 2005, 36~37쪽.
127) "陰生陽, 陽生陰, 其變無窮." 『周易本義』「繫辭上」의 朱子註

보았고[128], 인간의 길 역시 이에 겹치는 것이라 생각했다.

(一)

주희는 한 번 음하고 한 번 양하는 것이 역易이며, 한 번 음하고 한 번 양하게 하는 근거가 태극이라고 한다. 현상의 변화를 가능하게 하는 영역을 따로 밝혀서 말한 것이다. 태극론의 가장 중요한 의의는 현상의 항상적 변화를 가능하게 하는 근거를 제시하는 데 있었다고 해도 과언이 아니다.

"하나가 언제나 둘을 생하는 것은 저절로 그렇게 되는 리[自然之理]다. 역易은 음양의 변화이고, 태극은 그 리다[129]."

"하늘과 땅 사이에 오직 동정動靜 양단이 끊임없이 순환하고 있을 뿐 다른 일은 없으니, 이를 역易이라고 한다. 그런데 동動하고 정靜하는 데는 반드시 동정하는 근거로서의 리가 있으니, 이것이 이른바 태극이다[130]."

태극이 '온갖 변화의 근본[萬化之根]'이 될 수 있는 것은, 그것이 지니는 무형의 성격 때문이다. 주희는 육구연에게 태극이 온갖 변화의

---

128) "某謂天地別無勾當, 只是以生物爲心. 一元之氣, 運轉流通, 略無停間, 只是生出許多萬物而已."『朱子語類』(1:18)

129) "一每生二, 自然之理也. 易者, 陰陽之變, 太極者, 其理也."『周易本義』「繫辭上」의 朱子註

130) "蓋天地之間只有動靜兩端循環不已, 更無餘事, 此之謂易. 而其動其靜則必有所以動靜之理焉, 是則所謂太極者也."『朱熹集』卷 45,「答楊子直」제 1서

근본이 될 수 있는 것은 치우침[偏倚]이 없기 때문이라고 했다[131]. 무엇이든 구체화될 때라면 음 또는 양, 양극적 대대의 어느 한쪽을 취할 수밖에 없다. 그리고 어떠한 한정의 표현이 지속된다는 것은, 곧 변화가 멈추었음을 의미한다. 때문에 형을 가진 것은 변화의 근거가 되기에 부족한 것이다.

태극은 음과 양, 어느 쪽에도 더 우호적이지 않고 다만 그 상호작용을 관통함으로써, 새로운 일이 발생하는 근거가 될 뿐이다. 당연히 그것은 이러저러한 내용의 관념으로 지시할 수도 없다[132]. 사람의 견해나 감정 같은 구체화된 심리 작용情도 음양오행으로 구체화되는 형이하의 것이기 때문이다. 예컨대 그는 불인지심不忍之心과 같은 도덕적 정감이나 만물을 생生해야 한다는 의지 역시 음양의 기에서 찾을 것이지, 형이상자인 리에서 찾을 것이 아니라고 한다. 그것은 기가 쉼 없이 유행하고 있는 한, 저절로 있는 것이다.

> "성性은 말할 수 없다. 성이 선하다고 말하는 것은 단지 저 측은惻隱 · 사손辭遜의 네 가지 단서를 보고 그 성이 선한 것을 알 수 있기 때문이다. 맑은 물이 흐르는 것을 보고 그 근원이 반드시 맑을 것이라 아는 것과 같다. 네 가지 단서는 정이며, 성은 리이다. 발동한 것은 정이고 그 근본은 성이니, 그림자를 보고 형체를 안다는 뜻과 같다[133]."

---

131) "太極固無偏倚, 而爲萬化之本." 『朱熹集』 卷 36, 「答陸子靜」 제 6서
132) 엘리아데가 『노자』 첫머리 '도가도비상도道可道非常道'의 '도'를 두고, "존재의 양식을 초월하는 것이므로 지식으로써 접근할 수 없다"고 했던 일은 바로 이와 같은 사정을 가리킨다. Mircea Eliade(최종성 · 김재현 역), 『세계 종교 사상사2』 이학사, 2005, 45쪽.
133) "性不可言. 所以言性善者, 只看他惻隱 · 辭遜四端之善則可以見其性之善. 如見水流之淸, 則知源頭必淸矣. 四端, 情也, 性則理也. 發者, 情也, 其本則性也, 如見影知

"그 근원에서부터 차마 하지 못하는 마음[不忍之心]이 있어 변화가
끊임이 없다고 한다면, 이 말은 잘못된 것이다. 그 근원에는 차마 하지
못하는 물物이 없기에, 차마 하지 못함이 있다고 말할 수 없다. 음양오
행이 있으면, 닫고 열림이 있고, 동정動靜이 있어서 저절로 생성할 뿐이
니, 일부러 생성하려 한 것이 아니다. 물物을 생성한다고 말할 때는 또
한 이미 유행한 다음이다. 이 기가 쉼 없이 유행하면, 저절로 물物을 생
성하고, 저절로 사랑하게 된다[134]."

장식張栻에게 보낸 다음 시에서도, 그가 태극에 대해 비슷한 의미
부여를 하고 있음을 확인할 수 있다. 태극은 있다거나 없다거나 하는
관념에조차 갇히지 않기에, 그것에 대해서는 쉽사리 말할 수 없다. 그
러나 그것은 세상의 온갖 변화를 가능하게 하는 근본이며, 성인이란
그것과 늘 함께 하는 존재를 가리킨다.

"오래 전 내가 모순에 차 있을 때
그대를 따라 건곤乾坤을 알게 되었다.
비로소 태극의 심오함을 알게 되었으나,
요체는 아득하여 말하기 어렵구나.
있다고 하나 어찌 자취가 있으며,
없다고 했으니 다시 무엇이 있으리오.
오직 주고받는 데에 응하니

形之意."『朱子語類』(5:58)
134) "如云從他源頭上便有箇不忍之心, 生生不窮, 此語有病. 他源頭上未有物可不忍在,
未說到不忍在. 只有箇陰陽五行, 有闔闢, 有動靜, 自是用生, 不是要生. 到得說生物
時, 又是流行已後. 旣是此氣流行不息, 自是生物, 自是愛."『朱子語類』(95:126)

다만 막힘없이 이르러 근원을 볼 뿐이다.
온갖 변화가 여기로부터 흘러나오고
모든 성인이 이 근원과 함께 하네[135]."

형이상자라는 표현은 새로운 것이 아니었지만, 주희는 '무극이태극'
해석을 통해 태극의 의미를 재정비함으로써 진정한 형이상의 영역을
확보하려 했다. 바로 여기에서 온갖 도리가 출현하니, 주희가 그것을
지극히 비어있는 가운데 있는 지극히 실한 것, 지극히 없는 가운데 있
는 것[136]이라고 설명했던 것을 놓쳐서는 안 될 것이다. 태극에 대한 내
용적 규정은 가능하지 않지만, 그것은 어디에나 어김없이, 저절로 있
다는 것이다. 주자학은 자연에 대한 무한한 신뢰를 기반으로 하고 있
고, 이 지점은 바로 그 신뢰가 응집된 곳이라고 하겠다.

(二)

자연은 하나의 현상에서 또 다른 현상을 부단히 이끌어낸다. 변화
를 가능하게 하는 것은 다른 것의 존재이다. 지금 지목하고 있는 이 일
은, 그것을 둘러싸고 있는 다른 것이 있기에 생긴 것이다. 음양오행,

---

135) "昔我抱氷炭, 從君識乾坤. 始知太極蘊, 要眇難名論. 謂有寧有跡, 謂無復何存. 惟
應酬酢處, 特達見本根. 萬化自此流, 千聖同玆源."『晦庵集』卷 5,「奉酬敬夫」주
희는 1167년 가을, 호상湖湘의 장식張栻을 방문하여 두 달을 함께 보냈다. 속경
남束景南에 따르면, 이 시기 주희와 장식이 토론한 내용은 시종일관 태극의 이치
에 대한 것이었다고 한다.『朱子大傳』上. 北京: 商務印書館, 2003. 263. 인용한 글
은 이 때의 증별시贈別詩로, 본 책에서 인용한 주희의 글 가운데 가장 앞선 시기
의 것이며 유일하게 중화신설 이전의 작품이다.
136) "天下之理, 至虛之中, 有至實者存, 至無之中, 有至有者存. 夫理者, 寓於至有之中,
而不可以目擊而指數也. 然而擧天下之事, 莫不有理."『朱子語類』(13:65)

감응의 체계가 보여주는 것은 변화하는 현상들 간의 상관성이다. 무형의 리는, 구체화된 현상들이 간단 없이, 하나의 과정으로 연속되어 변화할 수 있도록 하는 근본이다. 리의 존재는 곧 상호성의 확보를 의미하기에, 각각의 모든 지목 가능한 것들은 리가 있은 다음에야 비로소 있는 것이라[137] 말할 수 있다[138].

　자연의 의지를 거스른다는 것은 오직 변화가 멎었음을 의미한다. 책의 초입에서 일별한 공자의 천상탄川上嘆[139]을 다시 생각해 보자. 주희와 그 주변 학자들은 이 글을 놓고, 공부에의 결의를 다지기도 했다. 냇물은 그 낙차를 따라, 밤낮으로 그침 없이 흐른다. 그런데 이처럼 쉼없는 변화가 자연적 진실이라 하더라도, 사람의 변화 역시 아무런 노력 없이 이루어지는 것이라 말하기는 어렵다.

　　"자연은 변화하여 가는 게 있으면 그 뒤를 따라오는 게 있어 한 순간도 멈추지 않으니, 바로 도체道體의 본연本然이다. 냇물이 흐르는 것은 그것을 가장 쉽게 볼 수 있는 예이다. 그래서 여기서 이렇게 말씀하여, 배우는 사람이 항상 스스로를 살펴 잠시라도 끊어짐[間斷]이 없도록 하

---

137) "天下之物, 皆實理之所爲. 徹頭徹尾, 皆是此理所爲. 未有無此理而有此物也."『朱子語類』(64:97)
138) 도모에다 류타로는 주희의 태극은 초월성과 내재성이라는 두 가지 성격을 갖는데, 주희가 태극의 형이상적 초월성을 주장하여 만물만화萬物萬化의 근거로 한 것은 육구연의 태극 이해가 내재적이기만 한 것과 다른 점이라고 설명한다. 友枝龍太郎,『朱子の思想形成』東京:春秋社, 1969, 468~469. 내재와 초월 구도로 주희와 육씨 형제의 태극론을 해석하는 것은 소현성(「주희와 육구연 형제의 태극논변」『東洋哲學』(제 24집))도 마찬가지다. 그런데 이상의 연구에서는 태극의 초월적 성격이 어떻게 구체적 제 현상으로 연결될 수 있는지에 대해 설명하지 않았다.
139) 子在川上, 曰. "逝者如斯夫! 不舍晝夜."『論語』(9:16)

신 것이다[140]."

"자연의 운행을 보니 주야한서晝夜寒暑로 잠시잠깐 멈춤이 없도다. 성인의 학문 역시 태어나서 죽을 때까지 이와 같을 뿐이니 중단하는 법이 없다[141]."

"사람들은 역易을 알지 못하고 이를 체득하지 못해, 때가 이미 변했는데도 알지 못하고 끝내 도리에 맞지 않는 일을 행하여 그 시기에 마땅히 해야 할 바에 어긋나게 된다. 오직 성현만이 끊임없이 유행하며 알고 체득해서 그 몸이 곧 역이 되는 까닭에, 변화하여 도를 따를 수 있는 것이다. '때에 따라 변화하여 도를 따른다'는 것은 시중時中을 말하는 것과 같다[142]."

주희는 도처에서 불식不息하는 자연 혹은 성인을 보통 사람들과 대비시키며 분발을 촉구한다. 사람들은 너무도 자주, 하나의 주관이나 심리 상태에 머물러 주변 상황에 무감해지고 때에 맞지 않는 행위를 하게 된다. 반면 성현은 항상 깨어[常惺惺] 스스로 변화를 그치지 않는다.

공자는 거백옥蘧伯玉(이름은 원瑗)의 진퇴進退가 군자답다며[143] 기

---

140) "天地之化, 往者過, 來者續, 無一息之停, 乃道體之本然也. 然其可指而易見者, 莫如川流. 故於此發以示人, 欲學者時時省察, 而無毫髮之間斷也."『論語集註』(9:16)의 朱子註
141) "觀天地之運, 晝夜寒暑, 無須臾停. 聖人爲學, 亦是從生至死, 只是如此, 無止法也."『朱子語類』(34:142)
142) "就人言之, 衆人不識易而不能體, 則時旣遷而不知, 遂以倒行逆施而違其時之所當然. 惟聖賢之流行無窮而識之體之, 其身卽易, 故能變易以從道. 所謂'隨時變易以從道', 猶曰時中云耳."『朱熹集』卷 39,「答范伯崇」제 5서
143) "君子哉蘧伯玉! 邦有道, 則仕, 邦無道, 則可卷而懷之."『論語』(15:7)

렸다. '육십 년 동안 육십 번 변했다'고 전해지는[144] 그는, 나라에 도
가 있는지를 살펴서 벼슬살이만을 고집하지 않고 때에 맞춰 처신했
다. 주희는 그 비결을 지나간 일을 잊고[145], 고집스레 머무르지 않으려
는[146] 노력으로 봤다. 공부는 각자에게 끊임없는 각성을 요구한다. 천
리天理는 사의私意[147], 혹은 사욕私欲[148]이라 불리는 개별자적 관심을
제거했을 때 들어서기[149] 때문이다.

---

144) 그의 이야기는 『장자』에 좀 더 상세하게 소개되어 있다. "거백옥蘧伯玉은 육십
년 동안 육십 번 변했다. 그것이 옳다고 하며 시작했으나 끝내는 그르다며 물리
치지 않은 적이 없다. 지금 옳다 하는 것은 지난 59년 동안은 그르다고 했던 것
이 아니었나 모르겠다. 만물은 생겨나는 것은 있되 그 뿌리는 볼 수 없다. 밖으로
나온 것은 있되 그 문은 볼 수 없다. 사람은 모두 자신의 지적 능력으로 알게 되
는 것은 존중하면서도, 그렇게 알지 못할 것은 믿을 줄 모르니, 어찌 크게 이상한
것이 아니겠는가. 그만 두자. 그만 두자. 나 또한 이를 피할 수 없다. 이게 정말 옳
은 말인가? 옳은 말인가?(蘧伯玉行年六十而六十化. 未嘗不始於是之而卒黜之以
非也. 未知今之所謂是之非五十九非也. 萬物有乎生, 而莫見其根. 有乎出, 而莫見
其門. 人皆尊其知之所知, 而莫知恃其知之所不知而後知, 可不謂大疑乎. 已乎. 已
乎. 且无所逃. 此所謂然與? 然乎?)"『莊子』「則陽」 *"莊周稱 '伯玉行年五十而知
四十九年之非'." 又曰. "'伯玉行年六十而六十化.' 蓋其進德之功, 老而不倦. 是以踐
履篤實, 光輝宣著. 不惟使者知之, 而夫子亦信之也."『論語集註』(14:25)의 朱子註
145) "謂舊事都消忘了."『朱子語類』(44:71)
146) "只是消融了, 無固滯."『朱子語類』(44:72)
147) "程子曰. 自漢以來, 儒者皆不識此義. 此見聖人之心, 純亦不已也. 純亦不已, 乃天
德也. 有天德, 便可語王道, 其要只在謹獨."『論語集註』「子罕」, 이는 공자의 천상
탄川上嘆에 대한 설명이다. /"有天德, 則便是天理, 便做得王道, 無天德, 則做王
道不成. 無天德, 則是私意, 是計較. 後人多無天德, 所以做王道不成."『朱子語類』
(36:123)
148) "仁是全體不息. 所謂全體者, 合下全具此心, 更無一物之雜. 不息, 則未嘗休息, 置
之無用處. 全體似箇桌子四脚, 若三脚便是不全. 不息, 是常用也. 或置之僻處, 又被
別人將去, 便是息. 此心具十分道理在, 若只見得九分, 亦不是全了. 所以息者, 是私
欲間之. 無一毫私欲, 方是不息, 乃三月不違以上地位. 若違時, 便是息. 不善底心固
是私, 若一等閑思慮亦不得, 須要照管得此心常在."『朱子語類』(28:50)
149) 이는 달리 사욕私欲를 제거하면 천리天理가 저절로 갖추어진다는 표현으로 나
타나기도 한다. "只是天理, 當其私欲解剝, 天理自是完備."『朱子語類』(6:119)/

　기질의 장애가 없이 중정中正한 성인은, 그 한 몸이 혼연히 천리라고 말해진다. 다음은 주희가 『통서通書』「동정動靜」을 설명하는 과정에서 행한 성인에 대한 묘사다. 이는 인격화된 자연에 대한 표현이라고 할 수 있다.

　　"동動과 정靜은 서로 대대對待가 되어 서로 간에 없을 수 없는 것으로서, 이는 천리가 저절로 그러한 것이지, 사람의 힘으로 할 수 있는 바가 아닙니다. 만약 동과 대대가 되지 않는다면 정이라 할 수 없을 것이고, 정과 대대가 되지 않는다면 동이라 할 수가 없겠지요. 다만 대다수 사람들의 동은 동에 치우쳐 정이 없고, 대다수 사람들의 정은 정에 매몰되어 동이 없습니다. 이것이 주周 선생이 '물物은 통하지 못하는 것'이라 했던 것의 의미입니다. 오직 성인만이 인욕人欲의 사私가 없어서 천리를 온전하게 하는 까닭에, 동할 때도 정의 리가 사라진 적 없고, 정할 때도 동의 기미가 멈춘 적이 없습니다. 이것이 주周 선생이 '신神은 만물을 오묘하게 한다'고 했던 것의 의미입니다[150]."

　동은 정에 대한 대대의 의미에서 동이고, 정 역시 동에 대해 그러한 것이다. 이들은 서로가 없으면 존재하지 못한다. 이를 잘 알고 있는 성

"此意思纔無私意間隔, 便自見得人與己一, 物與己一, 公道自流行."『朱子語類』(6:78)/"意·必·固·我旣亡, 便是天理流行, 鳶飛魚躍, 何必更任私意也!"『朱子語類』(36:35)

150) "動靜二字相爲對待, 不能相無, 乃天理之自然, 非人力之所能爲也. 若不與動對, 則不名爲靜, 不與靜對, 則亦不名爲動矣. 但衆人之動, 則流於動而無靜, 衆人之靜, 則淪於靜而無動. 此周子所謂物則不通者也. 惟聖人, 無人欲之私, 而全乎天理, 是以其動也, 靜之理未嘗亡, 其靜也, 動之機未嘗息. 此周子所謂神妙萬物者也."『朱熹集』卷 42,「答胡廣仲」제 2서

인은 '동이 아닌 정', '정이 아닌 동'처럼 양극적 대대의 한 쪽을 고집하지 않는다. 이는 그가 지금 보이고 있는 언행이 주변과의 관계에 따른 상대적이고 일시적인 것일 뿐이어서, 그것을 상황적 맥락에서 분리시켜 절대화할 수 없음을 의미한다. 그는 지금 당장 어떠한 입장을 취하고 있다 하더라도, 때가 바뀌면 바로 새롭게 변모된 모습을 내보일 수 있는 자인 것이다.

주희는 성인의 모습을, 사람들이 흔히 하나의 입장에 굳어지는 것과 대비시켜 보인다. 대다수 사람들이 동하고 정할 때, 그것에 치우쳐서 다른 편을 알지 못한다고 하는 것을 보라. 사람이 하나의 관계 방식으로 굳어진 까닭에, 자신이 현재 처한 상황의 부름을 인지하지 못하게 됨을 문제로 제기하는 것이다. 먼저 인용했던 글에서, 보통 사람들은 때가 변했는데도 알지 못하는 까닭에 마땅히 해야 할 바에 어긋나곤 한다고 한탄했던 것도 같은 의미이다. 그는 이 지극히 개인적이고 사소해 보이는 문제에서 온갖 악덕이 근원한다고 봤던 것이다.

리는 각자가 다가오는 관계에 응하는[物來而順應][151] 가운데 있는, 일기一氣의 유행을 따라 자연의 방향으로 난 결이기에 항상 선하다. 반면 형기形器로 드러난 것은 선할 수도 그렇지 못할 수도 있다. 각각의 존재자들은 주변의 다른 것들 사이에서 하나의 성격이 고집되지 않고 탄력적으로 운용되는 한은 선하지만, 그렇지 못할 때면 불선하게 된다. 주희는 『주역周易』 「계사전繫辭傳」의 '한 번 음하고 한 번 양하는 것을 도라 하니, 이어가는 것이 선이고, 이룬 것은 성이다.(一陰一陽之謂道. 繼之者善也, 成之者性也.)'를 해석하면서, '이어가는 것이 선'이라고

---

151) "君子之學, 莫若擴然而大公, 物來而順應." 『近思錄』(2:4)

하는 것은 끊임없는 변화를 의미[152]한다고 했다. 인간에게 불선不善이란 상황과 보조를 맞춰 변화하지 못하는 것[不應]에 다름 아니다. 이 점은 쥴리앙도 분명하게 지적하고 있다[153].

주희는 인간이 어떤 시기 제 위치에서의 일시적 진실을 진리라 참칭하고 이를 고집하거나 개별자적 감정에 머물러 있는 것을 다가오는 관계에 불응하게 되는 원인으로 생각했다. 이는 곧 자연의 궤도[自然的道理]에서 이탈되는 것이다. 때문에 그는 항상 '지금 여기[在這裏/在此]'라는 상황에 마음을 모으라[154]고 강조한다. 항상 변화하는 상황에 대한 집중과 대처의 의지만이 스스로를 편협에서 벗어날 수 있게 하는 길이기 때문이다. 논자는 주희의 이러한 통찰이 그의 인성론 전반을 꿰뚫는 근저가 된다고 생각한다.

---

152) "流行造化處是善, 凝成於我者卽是性. 繼是接續綿綿不息之意, 成是凝成有主之意."『朱子語類』(74:118) "'一陰一陽之謂道', 太極也. '繼之者善', 生生不已之意, 屬陽. '成之者性', '各正性命'之意, 屬陰. 通書第一章可見. 如說'純粹至善', 卻是統言道理."『朱子語類』(74:115) *이것은 또한 당연히 천리天理의 유행을 의미하는 것이기도 하다.(問. "集注謂'天道者, 天理自然之本體', 如何?" 曰. "此言天運, 所謂'繼之者善也', 卽天理之流行者也. 性者, 著人而行之."『朱子語類』(28:83))

153) 쥴리앙은 유가에서의 변화란 세계의 실재를 이루는데 그치는 것이 아니라 그 자체가 인간의 이상이 됨을 말한다. 변화는 자기완성에 이르는 유일한 길이며, 하나의 도덕양식이 된다고 한다. 또한 선과 악이라는 범주에 대한 혼동은 가능치 않으나, 그 내용은 때와 상황에 따라 변하는 것이라고도 했다. 하나의 덕목만을 고집하는 편파성이 문제가 된다. François Julien(유병태 역)『운행과 창조』케이시 아카데미, 2003, 282쪽, 63쪽.

154) 이는 제 5장 공부론의 중심 내용에 해당한다.

제4장

●

심리적 고착에 대한 논의들

1
방심放心, 혹은 심心과 신身의 불일치

(一)

주희는 학문의 으뜸가는 강령으로, 맹자가 말한 구방심求放心을 들었다[1]. 또 그렇게 해야 비로소 자기의 본성이 선함을 알 수 있게 된다[2]고도 했다. 그가 구방심을 힘을 써야 할 일의 전부라고 했던 것은 아니지만, 이를 공부의 골간으로 여겼던 것[3]은 틀림없다.

그런데 주희는 종종, 사람들이 마음을 잘못 이해하고 있다고 지적했다. 공자의 경우만 해도 마음을 어떻게 하라고 하지 않고 실제 일을 잘 처리할 것을 말했기에 저절로 문제될 것이 없었는데, 맹자 이후 사람들은 '방심放心을 구하려' 하다가 오히려 병통을 갖게 되었다[4]는 것

---

1) "孟子說 '學問之道無他, 求其放心而已矣.' 此最爲學第一義也. 故程子云 '聖賢千言萬語, 只是欲人將已放之心, 約之使反復入身來, 自能尋向上去.'"『朱子語類』(59:158)
2) "學者須是求放心, 然後識得此性之善."『朱子語類』(12:34)
3) "孟子云·學問之道無他, 求其放心而已, 豈是此事之外, 更無他事? 只是此本不立, 卽無可下手處. 此本旣立, 卽自然尋得路逕, 進進不已耳."『朱熹集』卷 56,「答鄭子上」제3서
4) 이와 같은 지적은 다음에서도 찾아볼 수 있다. "論語不說心, 只說實事.〈節錄作: "只就事實上說."〉孟子說心, 後來遂有求心之病."『朱子語類』(19:14)/"孟子言存心·養性, 便說得虛. 至孔子教人'居處恭, 執事敬, 與人忠'等語, 則就實行處做功夫. 如此, 則存心·養性自在."『朱子語類』(19:19)

이다. 구방심을 공부의 목적이라 하던 그가 이렇게 말하는 것은 무슨
까닭일까.

> 누군가 물었다. "고요할 때는 이 마음을 알 수 있는데, 일을 대할 때
> 면 알 수가 없습니다."
> 말씀하셨다. "마음을 어떻게 알 수 있겠는가. 일을 대할 때 옳은 것을
> 구하고 잘 대응할 수 있다면, 마음이 바르게 된 것이다. 제대로 응應하
> 지 못하면 마음이 그 바름을 잃은 것이니, 궁리窮理해야 할 것이다. 남
> 이 인사를 하면, 반드시 성실하게 그에게 답례해야 한다. 남이 어디서
> 왔는지를 물으면 반드시 내가 어디서 왔는지 사실대로 말해야 한다. 이
> 것이 곧 일에 응하는 마음이니, 어이하여 따로 이 마음을 알 필요가 있
> 겠는가. … 공자께서는 그래서 심心을 대단하게 말하지 않았고 실제 일
> 에 대해서만 말씀하셨기에 저절로 문제될 것이 없었다. 맹자에 이르러
> 비로소 '구방심'을 말씀하셨다. 간단히 말해서 이것은 사람들이 (마음
> 을) 밖으로 내달리지 않도록 한 것뿐인데, 여기에서 폐단이 생기니 이
> 로써 성인의 언어에 미치지 못하는 것을 본다."5)

지금 주희는 맹자가 '구방심'을 말한 것이 잘못되었다고 탓하고 있
는 것도, 그것이 공자가 제시한 길과 다르다고 말하고 있는 것도 아니
다. 이 문답에서 포착해내야 할 것은, 주희가 마음을 수양하겠다며 그

---

5) 或問. "靜時見得此心, 及接物時又不見." 曰. "心如何見得? 接物時只要求箇是. 應得
是, 便是心得其正. 應得不是, 便是心失其正, 所以要窮理. 且如人唱喏, 須至誠還他
喏. 人問何處來, 須據實說某處來. 卽此便是應物之心, 如何更要見此心? … 夫子所以
不大段說心, 只說實事, 便自無病. 至孟子始說'求放心', 然大槪只要人不馳騖於外耳,
其弊便有這般底出來, 以此見聖人言語不可及." 『朱子語類』(121:67)

것을 대상화하고 직접 제어하려는 태도를 경계하고 있다는 것이다. 그는 다른 곳에서 다음과 같이 말하기도 했다. '마음은 본디 인식하는 것인데, 도대체 무엇으로 이 마음을 인식한다는 것인가. 예컨대 사람의 눈은 원래 사물을 보는 것인데, 어떻게 눈을 볼 수 있겠는가[6].'

그는 마음을 본래 몸이 일을 맞아 응대하는 행위의 장場 가운데 있는 것으로 본다[7]. 때문에 지금 인사를 받아 답례하고 남이 건네 오는 말에 올바르게 응대하고 있다면, 마음은 이상 없이 기능하고 있다고 하는 것이다. 마음이 올바른지 여부는 다만 자신이 현재 처해 있는 상황 맥락 안에서, 시기적절한 행위를 하고 있는지를 살피는 점검을 통해서 간접적으로만 말할 수 있을 뿐이다. 이는 역으로, 주자학에서 행위를 정돈할 것을 말하는 것이 마음을 다스리는 것과 무관하지 않은 일이 되리라는 행간을 짐작하게도 한다[8].

주희는 마음과 외부와의 연동을 강조하고 있다. 외부적 상황에 연속되어 있는 것인 몸과 마음 사이의 본래적 불가분리성이라고 해도 좋다. 감응 체계가 보여주는 현상들 간의 상관성은 마음의 문제를 다룰 때도 마찬가지로 적용된다. 바른 마음은 주위와 무관하게 홀로, 독립적으로 존재하지 않는 것이다. 그리고 이러한 생각은 그의 수양론

---

6) "心自是箇識底, 卻又把甚底去識此心! 且如人眼自是見物, 卻如何見得眼!"『朱子語類』(20:128)

7) 다음 인용도 이를 뒷받침하는 자료가 된다. "마음이란 일이 없을 때는 보이지 않다가, 일에 응하여 물物을 맞이하게 되면 바로 여기에 있다. 일에 응하고 나면 다시 보이지 않으니, 이렇게 신출귀몰한 것이다.(心無事時, 都不見, 到得應事接物, 便在這裏. 應事了, 又不見, 恁地神出鬼沒!)"『朱子語類』(17:39)

8) 논자는 주자학에서 예禮나 정제엄숙整齊嚴肅이 요청되는 지점이 바로 여기라고 생각한다. 즉, 이들은 단순한 윤리적 강제가 아니라, 마음을 바르게 하려는 목적을 상위에 두는 공부라는 것이다.

의 기반이 된다.

(二)

주자학 문헌에서 마음의 문제적 상황은 종종 '마음이 밖으로 내달린다', '마음이 몸 밖으로 나가서 이를 주재하지 못한다' 등으로 표현된다. 바로 이것이 '방심했다'고 지칭되는 상태임을 짐작하기는 어렵지 않다. 다음 글을 살펴보자.

> 물었다. "전에 선생님께서 마음은 하나의 덩어리 같은 것이 아니라고 하셨습니다. 제가 가만히 생각해 보니, 몸 전체가 모두 마음이고 심장은 그 중추일 뿐인 것이 아닐까 합니다."
> 대답하셨다. "그렇지 않다. 몸 전체는 마음이 아니고, 신령하고 밝은 마음이 오르내리는 집이다. 마음에 병이 있는 사람은 바로 그 집이 편안하지 않은 것이다. 대체로 오장五臟이 다 그렇다. 마음이 어떻게 움직이고 작용하지 않겠는가. 반드시 항상 몸이라는 껍데기 안에 있어야 할 것이니, 비유하자면 여기 건양현建陽縣의 지현知縣은 항상 관아에 있어야 이 현縣을 관장할 수가 있는 것이다9)."

> "생각건대 몸은 집에, 마음은 집의 주인에 비유할 수 있겠다. 주인이 있는 다음에야 집안을 청소하고, 집안일을 정돈할 수 있다. 주인이 없다면, 이 집은 황량하니 실제로 무슨 쓸모가 있겠는가10)."

---

9) 問. "先生嘗言, 心不是這一塊. 某竊謂, 滿體皆心也, 此特其樞紐耳." 曰. "不然, 此非心也, 乃心之神明升降之舍. 人有病心者, 乃其舍不寧也. 凡五臟皆然. 心豈無運用? 須常在軀殼之內. 譬如此建陽知縣, 須常在衙裏. 始管得這一縣也."『朱子語類』(5:42)

10) "蓋身如一屋子, 心如一家主. 有此家主, 然後能洒掃門戶, 整頓事務. 若是無主, 則此

주희는 마음은 몸을 드나들지만, 항상 몸속에 있도록 해야 하는 것
이라고 말한다. 마음이 어떻게 움직인다는 것인지, 몸을 드나든다는
것이 무엇을 의미하는지, 위 인용만으로는 알기 어렵다. 그래도 일단,
지현知縣(현의 장관)이라면 관아에 있어야 현縣의 일을 돌볼 수 있다
는 비유나 집에 주인이 있어야 집안일을 돌볼 수 있다는 비유를 통해,
마음이 몸 밖으로 나간다면 몸을 잘 다스릴 수 없다고 보는 입장만은
분명히 읽을 수 있을 것이다[11].

　　논자는 이들이 지시하는 실제 의미가 무엇인지 확인할 수 있는 자
료를 찾아 부심했다. 방심이란 구체적으로 어떤 상태를 가리키는 것
일까. 그러다 발견한 것이 『근사록近思錄』「존양存養」에 실린 정호의
말이었다.

　　　"마음은 몸속에 있어야 한다. 밖으로 조금만 틈이 나도 달아나버린

　　屋不過一荒屋爾, 實何用焉?"『朱子語類』(59:147)

11) 이러한 심신心身 연관은 일찍이 맹자에게서도 발견되는 것이다. 임헌규는 『유가
의 심성론과 현대 심리철학』(철학과 현실사, 2001, 53~56쪽)에서, 맹자의 심 개념
에는 신 개념이 동반되어 있는데, 이것이 지志와 기氣의 관계로 표현되어 있다는
점을 지적했다. 맹자에게 몸은 기로 가득 차 있는 것이고, 지는 그 기를 제어하는
장수에 비유된다는 것이다. "지는 기의 장수이며, 기는 몸을 채우고 있는 것이다.
지가 다다르면, 기가 그것을 따라 거기에 이른다. … 지가 전일하면 기가 그것을 따
라 움직이고, 기가 전일하면 지가 그것을 따라 움직인다. 지금 넘어지고 달리는
것은 기이지만 도리어 마음을 동요하게 하기도 한다.(夫志, 氣之帥也, 氣, 體之充
也. 夫志至焉, 氣次焉 … 志壹則動氣, 氣壹則動志也. 今夫蹶者趨者, 是氣也, 而反動
其心.)"『孟子』(3:2) 주희는 여기서의 지와 기의 관계를 다음과 같이 정리하고 있
다. "사람은 지를 보존해야만 하니, 지를 보존할 수 있으면 기는 저절로 청清해진
다.(人當持其志, 能持其志, 則氣當自淸矣.)"『朱子語類』(52:42) 주희에게 있어 기
가 청하다는 것은 곧 존심存心 상태임을 의미한다.(이상돈, 『주희의 수양론』서울
대학교 대학원 박사학위논문, 101쪽) 그 밖에 『朱子語類』(12:36)에서는 "지를 지
키면 마음이 거두어진다.(只持其志, 便收斂.)"고도 했다.

다.(心要在腔子裏. 只外面有些隙罅, 便走了.)[12]"

'腔子'에는 '가슴'이라는 뜻이 있다. 하지만 여기서 '腔子裏'는 '가슴 속'이 아니라, 주희가 여러 곳에서 말하듯 '몸속'을 뜻한다[13]. 사람들은 마음을 가슴이나 머리와 같은 신체 부위와 연관시키는데 익숙하다. 마음이 특정 부위가 아니라, 몸 전체에 그 본래 영역을 두는 것이라 한 다면, 그 행위와의 연결도 좀 더 직접적인 것이 될 것이다. 그런데 주 희가 마음의 영역을 그렇게 보았다 하더라도, '마음은 몸속에 두어야 한다'는 문장은, 문자 그대로 읽자면 뜻을 새기기가 상당히 난감하다. 앞서 주희가 마음을 직접적으로 제어할 수 있는 대상으로 생각하고 있지 않다는 것은 이미 살폈다. 그런데 이는 무슨 뜻이고, 어떻게 그렇 게 할 수 있는가.

우리는 이 정호의 말에 대한 『주자어류』의 문답에서, 주희가 마음에 대해 갖고 있는 기본적 감각 같은 것을 짐작해 볼 수 있다.

> 물었다. "'마음을 몸속에 두어야 한다'고 하였습니다. 일을 생각하고 사물을 대할 때라면, 마음을 어찌해야 합니까?"
> 말씀하셨다. "생각하고 일을 대한다는 건 그만둘 수 없지만, 몸이 여 기에 있으면, 마음도 마땅히 여기에 있어야 한다."
> 물었다. "그렇다면 일을 대할 때는 마음이 일에 가 있어야 하고, 일이 끝나면 이 마음도 그것에 관여해서는 안 됩니다."

---

12) 『程氏遺書』(7:10/7:15), 『近思錄』(4:34)
13) "滿腔子, 是只在這軀殼裏, '腔子'乃洛中俗語." 『朱子語類』(53:30) 이외에 『朱子語 類』(5:60), 『朱子語類』(53:25), 「答鄧衛老」제 1서 등등

말씀하셨다. "그렇게 해야만 한다.[14]"

일을 생각하고 사물을 대하면서, 어떻게 마음을 몸속에 둘 수 있느냐는 질문에 주희는 몸이 여기에 있으면 마음도 여기에 모여 있어야 한다고 했다. 기록자인 요덕명廖德明(자는 자회子晦)은 그것이 현재 마주하고 있는 일에만 마음을 두고, 끝난 일에는 관여해서는 안 된다는 뜻인지를 확인한다. 주희는 그렇게 해야 한다고 했다.

주희는 마음이 마치 관심사에 따라 몸을 드나드는 것처럼 설명하고 있다. 이러한 설명이 이해하기 어려운 것은 아니다. 예컨대 무언가 지난 일을 회상할 때면, 지금 자신이 처한 주변의 일에 대해서는 둔감해지는 대신 그때의 감각들은 되살아나는 느낌을 받지 않는가. 흡사 마음이 과거의 그때로 가 있는 듯도 한 것이다. 그렇다면 '마음이 몸 밖으로 나간다'고 하는 것은 무언가 다른 일을 생각하느라 현재 몸이 접하고 있는 일들에 전념하지 못하고 있는 상태를 의미하는 것이라고 봐도 무리는 없어 보인다. 아울러 '마음을 몸속에 두라'는 것은 현재 자신이 처해 있는 상황에 집중하라는 경계와 다르지 않을 것이다[15].

무엇보다 반가운 것은 정호의 표현을 발견했을 때 기대했던 것처

---

14) 問. "'心要在腔子裏.' 若慮事應物時, 心當如何?" 曰. "思慮應接, 亦不可廢. 但身在此, 則心合在此." 曰. "然則方其應接時, 則心在事上, 事去, 則此心亦不管著." 曰. "固是要如此." 『朱子語類』(96:13)

15) 오하마 아키라는 주희가 출입出入하는 심심을 말할 때, 출이란 심이 외물에 끌릴 때를 뜻하며, 입이란 심이 자각·자성에 의해 안에 있을 때를 뜻한다고 했다. 마음을 어떻게 안으로 들이는지에 대해서는 '마음을 잃어버렸다는 자각'이 곧 '존심存心'이 된다고 했다. 大濱晧(이형성 역)『범주로 보는 朱子學』예문서원, 1999, 251~252쪽. 논자가 여기서 말하고자 하는 것은, 이러한 입장에 대해 맥락을 보강해주는 의미가 있을 것이다.

럼, 주희가 이 문장을 선대 학자들이 공부의 본령으로 꼽은 구방심의 의미로 해석하고 있다는 점이다. 구방심은 수시로 몸 밖을 향하는 마음을 바로잡아 몸 안으로 되돌리는 것, 즉 현재 일을 맞이하고 있는 현장에 주의를 기울이도록 하는 것이었다.

　누군가 '마음은 몸속에 두어야 한다'는 것에 대해 물었다.
　말씀하셨다. "사람들이 하나의 마음을 갖고도, 하루 종일 딴 데로 내버려두니 언제 여기에 둘 수 있는가. 맹자께서 오로지 '방심을 찾도록' 하신 것은 요즘 사람들이 종일 마음을 잃어버린 채 몸을 사공 없는 배처럼 하여, 동으로 흐르는지 서로 흐르는지 배에 탄 사람들이 모두 모르듯 하고 있기 때문이다. 나는 전에 사람이 독서를 하기 전에 먼저 마음과 몸을 여기로 모은 다음에야 독서하여 그 의미를 구할 수 있다고 한 적이 있다. 지금 여기서 억지로 책을 붙잡은 채 마음은 저리로 날려보냈으니, 어떻게 발전할 수 있겠는가.[16]"

　"마음의 신령함이란 일단 '한 몸을 주재하는 것'이라고 한다. 그 바름을 얻어 항상 보존한다면 이목구비, 사지와 뼈가 모두 명령에 따라 일을 행하게 되니, 내가 하는 모든 움직임이 항상 리에 부합될 것이다. 그렇지 않으면, 몸은 여기에 있는데도 마음은 저기로 내달리게 되어 육신을 제어하지 못하게 될 것이다. 그런 상황에서라면 '탐욕스럽게 새를 올려보다가, 뒤돌아 남에게 잘못 응하지[17]' 않을 자 거의 없다. 공자의

---

16) 或問"心要在腔子裏". 曰. "人一箇心, 終日放在那裏去, 得幾時在這裏? 孟子所以只管教人'求放心', 今人終日放去, 一箇身恰似箇無梢工底船, 流東流西, 船上人皆不知. 某嘗謂, 人未讀書, 且先收斂得身心在這裏, 然後可以讀書求得義理. 而今硬捉在這裏讀書, 心飛揚那裏去, 如何得會長進?"『朱子語類』(96:14)
17) 이는 두보杜甫가 지은 「만성이수漫成二首 (二)」의 부분을 인용한 것이다. "江皐已

'붙들면 있고, 놓치면 잃는다'라는 말과 맹자의 '그 방심을 구하고, 그 대체大體를 따른다'라는 말은 모두 이를 말한 것이라고 생각한다[18]."

첫 번째 인용에서 주희는 마음을 몸이 일을 대하는 현장에 집중시키지 못하는 것을 두고, 방심하여 몸을 사공 없는 배처럼 하고 있다고 비유한다. 이 글에 따르면, 독서할 때 집중하지 않아 글의 의미를 구하지 못하는 경우 같은 것이 바로 방심 상태다. 두 번째 인용을 보면, 주희는 마음을 몸이 있는 곳에 두는 것을 그 행위가 리에 부합되도록 하는 조건으로 생각하고 있음을 알 수 있다.

이상의 내용을 종합해 보자면, '마음이 몸속에 없는' 문제적 상태에 대한 표현인 '방심'은, 몸이 처한 상황에 집중하지 못해 감수성과 바람직한 행동력을 잃은 상태를 지칭할 뿐 그 이상의 의미가 개입되어 있지 않다는 점을 눈여겨봐야 할 듯하다. 예컨대 '부도덕적 의도' 등은 방심의 성립 조건에 전혀 포함되어 있지 않은 것이다. 그가 공맹의 말을 모두 같은 맥락에서 해석하고 있음도 짚어두어야 한다.

주희는 『맹자』「고자告子 상上」의 "학문의 방법에는 다른 것이 없다. 그 방심을 찾는 것일 뿐이다[19]"에 대한 『집주』에 "성현의 수많은 말들은 다만 사람들로 하여금 방심을 붙들어 몸으로 되돌아오게 하려 한

仲春, 花下復淸晨, 仰面貪看鳥, 回頭錯應人, 讀書難字過, 對酒滿壺頻, 近識峨嵋老, 知余懶是眞."
18) "惟是此心之靈, 旣曰一身之主. 苟得其正而無不在是, 則耳目鼻口四肢百骸, 莫不有所聽命以供其事, 而其動靜語默出入起居惟吾所使而無不合於理. 如其不然, 則身在於此而心馳於彼, 血肉之軀無所管攝, 其不爲仰面貪看鳥, 回頭錯應人者幾希矣. 孔子所謂操則存, 舍則亡, 孟子所謂求其放心從其大體者蓋皆謂此."『大學或問』
19) "學問之道無他. 求其放心而已矣."『孟子』(1:11)

것이었는데, 이렇게 되면 저절로 진보할 수 있게 되니, 가깝고 쉬운 것을 배워서 심오한 경지에 이르게 될 것[下學而上達]이다.[20]"는 정자程子의 말을 인용해 두기도 했다. 이제 이 말의 의미도 새길 수 있게 되었다.

그의 '방심' 이해가 이러하다면, 우리는 이제 '방심의 자각이 곧 존심'라는 다음의 설명에도 이내 납득할 수 있을 것이다.

"'방심을 구하는 것'은 하나의 마음으로 하나의 마음을 구하는 것이 아니니, 구한 것은 이미 거두어들인 마음일 뿐이다. '조즉존操則存'은 하나의 마음으로 하나의 마음을 붙잡는 것이 아니니, 붙잡은 것은 이미 내가 보존한 마음일 뿐이다. 마음은 비록 천백 리 밖으로 멀리 내쳐졌다가도, 한 번 거두어들이면 여기에 있는 것이니, 그것은 본래 오고 감이 없다[21]."

"방심했다는 사실을 알기만 해도 그렇지 않은 상태가 된다. 예컨대 닭이나 개를 잃어버렸다면 하룻밤이 지나도록 찾지 못하는 경우도 있고, 누구에게 죽임을 당해 끝내 찾지 못하는 경우도 있다. 마음은 방심했다는 것을 알기만 하면 이 마음이 바로 여기에 있다[22]."

존심(혹은 구방심)은 방심의 상태를 자각하고 나서, 다시 별도로 노

---

20) 故程子曰. "聖賢千言萬語, 只是欲人將已放之心約之, 使反復入身來, 自能尋向上去, 下學而上達也." 『孟子集註』(11:11)
21) "'求放心', 非以一心求一心, 只求底便是已收之心. '操則存', 非以一心操一心, 只操底便是已存之心. 心雖放千百里之遠, 只一收便在此, 他本無去來也." 『朱子語類』(59:139)
22) "放心, 只是知得, 便不放. 如雞犬之放, 或有隔一宿求不得底, 或有被人殺, 終身求不得底. 如心, 則才知是放, 則此心便在這裏." 『朱子語類』(59:133)

력을 기울여야 이루어지는 것이 아니라는 요지다. 주희는 존심 상태
를 몸이 처해 있는 상황에 집중하고 있는 것으로 이해하고 있다. 때문
에 방심을 자각할 수 있다면 이미 마음은 여기에 있다고 설명하는 것
이다.

여러 정황을 미루어 볼 때, 실제 '방심'이라 지칭되는 상태의 스펙트
럼은 매우 넓다고 해야 할 것이다. 그것이 현재 몸이 처한 상황에 마음
을 쏟고 있지 못함을 의미할 뿐이라면, 일하다 잠시 딴 생각을 하는 것
으로부터, 지난 일로 인한 감정 상태에 머물러 있는 것, 미리 옳다고
정해둔 신념에 철저해서 일이 닥치기도 전부터 이런저런 관념적 대비
로 분분한 것 등 모두가 이에 해당된다.

사람은 시시각각 다가오는 타자들에 노출되어 있고, 마음은 바로
그 자리에서 정황을 파악하고 몸을 움직이게 한다. 몸 밖에서는 하나
의 일이 끝나면 다음 일이 닥쳐서, 그의 대응을 기다린다. 주변은 계속
해서 변화하는데, 일단 어떠한 관심사에 마음을 빼앗기게 되면 이에
집중할 수 없어 응하지 못하게 된다. 마음이 몸속에 있지 않으면 일을
그르치게 되는 것이다[23].

방심은 2장에서 살폈던, 일기一氣의 유행이 끊어지는 지점에 다름
아니다. 리가 기와 떨어질 수 없는 것[24]인 이상, 방심은 곧 일리一理의
유행이 끊어지는 지점이기도 하다. 리가 마음이 아니면 붙어 있을 곳
이 없다[25]고 했던 것은, 마음이 외부의 일을 맞이하고 대처하고 있는
몸을 본래 영역으로 하고 있다는 기본 입장과 함께 읽어야 그 의미가

23) "人精神飛揚, 心不在殼子裏面, 便害事."『朱子語類』(12:9)
24) "無是氣, 則是理亦無掛搭處."『朱子語類』(1:11)
25) "理無心, 則無著處."『朱子語類』(5:26)

분명해지는 것이었다. 방심은 자신의 사적 관심으로 인한 외부와의
단절 상태라 정리할 수 있을 터인데, 주희가 이것을 기와 함께 리의 유
행 역시 끊어지는 악의 발생 지점이자 자연에서의 이탈로 보고 있음
은 틀림이 없다.

　이제 방심의 의미를 주희의 학문 전체에서 맥락화하기 위해, 혹은
여기서 살핀 것이 우연적인 것이 아님을 확인하기 위해, 그가 마음의
문제적 상황을 지칭하는 다른 표현들의 실제 의미도 살펴보자.

2
방심과 관련한 논의들

1) 사사로운 주관의 활동

한문을 우리말로 옮길 때, '私心' 등을 곧바로 '이기심'으로 옮기는 예가 적지 않다. 그것이 지칭하는 것에, 자기 자신의 이익만을 꾀하는, 부도덕적 의도가 포함되어 있다는 생각이 반영된 번역이라고 할 수 있다. 공사公私 개념의 의미를 설명하는 연구물 사이에서도, 이 같은 시각을 발견하는 것은 어려운 일이 아니다[26]. 이러한 사정은 악의 발

---

26) 예컨대 권향숙은 공公과 사私를 '사회(적 규범)'와 '개인' 구도로 설명하여, 주희를 결국 근대적 '개인'의 의미를 부정한 학자처럼 읽어낸 미조구찌 유조(溝口雄三)의 시각을 비판하며, 주희의 공과 사가 윤리적 의미로서의 '소통과 단절'의 이미지를 담고 있다 말한다. 논자 역시 이러한 해석에는 찬성한다. 그러나 다음과 같이, 사를 곧바로 이기심과 같은 부도덕적 의도와 연결 짓는 관점에는 재고가 필요하다고 생각한다. "주희는 한 개인에게서도 도덕적 소통의 경향을 '公', 이기적 욕심에 이끌려서 천리에서나 인간관계에서 폐쇄적 성향을 갖는 것을 '私'로 규정한다. 주희에게서 公 개념은 천리의 속성으로서 공명정대함을 의미하는 것인데 구체적 현실에서는 대중적이고 보편적인 것으로서 사회적 구성원 누구나 인정할 수 있는 객관성을 갖는다. 반면, 私 개념은 공동체와의 소통을 염두에 두지 않는 이기적인 자세로서, 은폐적이며 인륜사회에서 관계적 소통을 막는 장애요인으로 언급된다." 권향숙, 「주희의 公과 私」『哲學論究』제 30집, 28쪽. 이러한 틀로는 논자가 본문에 인용하는 글들-특히 다음 절, 2)사욕私欲과 외부와의 단절 부분의 것-을 설명할 수 없다. 부도덕적 의도 역시 사에 포함되는 것은 분명하지만, 논자가 관심을

생과 관련한, 기존의 주자학 해석을 보여주는 일면이라 할 수 있다.

옳은 것은 천리지공天理之公, 그른 것이 인욕지사人欲之私로 말해진
다[27]. 주희가 말하는 공과 사를 곧바로 선과 악으로 치환하는 것은 성
급하다 하더라도, 이들이 밀접한 관계를 갖고 있다는 사실만은 의심
할 필요가 없어 보인다. 그러나 마음의 문제적 상황에 대한 표현인 '방
심'이 주체의 도덕적 의도와 직접적인 관련을 갖고 있는 것이 아니고,
단지 현재 처한 상황에 집중하지 못해 그에 걸맞는 행동력을 잃은 것
을 의미하고 있음을 볼 때, 기존의 해석을 다시 검토해 볼 필요는 있
다.

먼저 주희가 공과 사를 어떻게 구별하고 있는지부터 살펴야겠다.
주희는 사적인 자기[私己]와 관련된 것이라면 집착하기 쉬우니 이로
써 공과 사를 나누어볼 수 있다고 한다.

누군가 공과 사의 구별을 물었다.
대답하셨다. "비유하건대 어떤 일이 공중公衆에 관계된 일이라면, 마
음속으로 크게 상관하지 않을 테지만, 사적인 자기와 관련된 일이라면
마음에 담아 생각하고 생각하여 잊지 않을 것이니, 이것이 바로 공과
사를 분별하는 방법이다[28]."

두는 것은 '사'라 칭해지는 다양한 상황을 한데 묶어 설명할 수 있도록 하는 보다
근본적인 정의다.
27) "凡一事便有兩端: 是底卽天理之公, 非底乃人欲之私. 須事事與剖判極處, 卽克治擴
充功夫隨事著見." 『朱子語類』(13:30)
28) 或問公私之別. 曰. "今小譬之. 譬如一事, 若係公衆, 便心下不大段管, 若係私己, 便
只管橫在胸中, 念念不忘. 只此便是公私之辨." 『朱子語類』(16:143)

주희는 집착하기 쉬운 것이 사적인 자기와 관련된 일이라고 한다. 그는 공과 사를 분별하는 기준으로 사회적으로 바람직하게 여겨지는 규범 등을 말하지 않는다. 또한 그것의 판별을 개인적 자각에 우선적으로 의존한다는 점을 볼 때, 객관성을 의식하고 있지도 않는 듯하다.

자신이 무엇인가에 집착하고 있음을 깨닫고 이를 사사롭다고 판단하게 되는 것은, 일하면서 다른 생각을 하다가 문득 정신을 차리는 방심의 각성 순간과도 겹쳐 보인다. 무엇인가에 연연한다는 것은, 자기도 모르는 사이 그 밖의 다른 것을 고려 대상에서 배제한다는 의미의 편파성을 내포한다. 기질이라 표현되는, 각자의 치우친 성향을 변화시키려는 노력 역시 사에 대한 경계와 무관하지 않은 것이다. 악의 발생은 부도덕적 의도보다는 사적 주관의 관심이 야기하는 부주의와 우선적 관련을 갖는다. 논자는 이 부분의 숙지가 그의 사 개념을 이해하는 관건이 된다고 생각한다.

(1) 물物에 대한 집착

주희는 감응感應으로 세상의 쉼 없는 변화를 설명한다. 일물一物은 주변 다른 것과의 상호 관계 가운데서 일시적으로 존재한다. 이러한 상호성은 마음의 경우도 예외가 아니어서, 주희는 마음이 가지는 가장 의미 있는 기능으로 지각知覺을 말한다[29]. 지각은 사람들 각자가 자신에게 다가오는 일들을 감각하고 해석하며 이를 통해 반응하는, 일

---

29) 마음이 발동하는 것이 지각知覺이며(問. "心之發處是氣否?" 曰. "也只是知覺." 『朱子語類』(5:24)), 지각되는 것은 곧 리다.("所知覺者是理. 理不離知覺, 知覺不離理." 『朱子語類』(5:25)) 인간 각자는 지각을 통해 외부와 연속된다.

련의 과정을 모두 포함하는 활동을 의미한다[30].

60세 이후 주희는 인심도심설人心道心說을 개진하는데, 이것은 지각을 그 발원처에 따라 두 개의 층리로써 구분한 것이다. 잘 알려진 것처럼 인심도심설은 『서경書經』 「대우모大禹謨」의 십육자전심결十六字傳心訣-'인심人心은 위태롭고 도심道心은 은미하니, 정밀하게 살피고 전일하게 지켜서 그 중中을 잡아야 한다(人心惟危, 道心惟微, 惟精惟一, 允執厥中.)'-에 근거한다.

그는 「대우모해大禹謨解」에서 인심과 도심을 다음과 같이 구분하고 있다.

"마음은 사람의 지각知覺으로, 몸을 주재하면서 사물에 응하는 것이다. 형기形氣의 사私에서 생겨나는 것을 가리켜 인심이라 하고, 의리義理의 공公에서 발원하는 것을 가리켜 도심이라고 한다. 인심은 쉽게 움직이지만 돌이키기가 어려운 까닭에 위태롭고 불안하다. 의리는 밝히기는 어렵고 어두워지기는 쉽기 때문에 은미하여 드러나지 않는다[31]."

---

30) 야마다 케이지는 주희의 '知覺'이 우리가 오늘날 사용하는 '지각'과 상당 부분 겹치는 개념이지만, 이보다 외연이 조금 더 넓은 것이어서 감각에서 인식까지를 모두 포함하고 있는 것이라 했다. 山田慶兒(김석근 옮김), 『朱子의 自然學』 통나무, 1998, 373쪽. 논자가 보기에 주희가 말하는 '知覺' 개념에는 그 외에도 이를 토대로 하는, 외부를 향한 반응까지도 포함되어 있는 것 같다. 이어서 본문에 인용한 글들이 근거가 될 것이다. 예컨대 주희는 '마음은 사람의 지각이니, 몸을 주재하면서 사물에 응하는 것'이라 했고, '기뻐하고 분노하는 것 역시도 인심'이라 한다. 또한 야마다 케이지는 인심의 지각 대상은 물질적인 것이고, 도심의 지각 대상은 리로 비물질적인 것(374쪽)이라고도 하는데, 이는 주희의 의도를 잘 살리는 구분이 아닌 것 같다.

31) "心者, 人之知覺, 主於身而應事物者也. 指其生於形氣之私者而言, 則謂之人心. 指其發於義理之公者而言, 則謂之道心. 人心易動而難反, 故危而不安. 義理難明而易昧, 故微而不顯." 『朱熹集』 卷65 「大禹謨解」

주희는 도심과 인심이 각각 의리義理의 공公(혹은 성명性命의 정正)과 형기形氣의 사私에서 생겨나는 것[32]이라고 설명한다. 이는 인심도심설이 결국 공과 사에 대한 논의임을 의미하는 것이다.

인심의 발원처인 '형기의 사'에서의 '형기'는 입과 귀·코와 눈·사지[33]처럼 각자가 외부를 감각하고 반응을 보이는[34] 감각 기관 및 몸을 말한다. 또한 곧이어 소개할 문답에 따르면, '사'는 기본적으로 남과 상관이 없는 것이라는 의미를 지닌다고 했다. 추위와 더위, 배고픔과 통증 등은 개체로서의 몸의 몫이기에 사사로운 것[私]이다. 인심은 육신을 가진 개별자로서, 외부 세계를 감각하고 이에 반응하는 지각인 셈이다.

주희는 정이가 인심을 곧바로 사욕私欲으로 여겨 배척한 것과는 달리, 형기의 사나 인심 자체를 나쁘다고 문제 삼지는 않는다. 그는 사람이라면 누구나 형기를 갖는 까닭에 성인이라도 인심이 없을 수 없고, 누구나 선한 본성을 부여받았으므로 아무리 우매하더라도 도심을 갖지 않는 사람은 없다[35]고 했다. 인심은 기질氣質의 마음이다[36]. 기질은 거칠게 말해서, 개별화·고정화된 개인적 특성을 의미한다. 형이하形而下의 물物은 상황 내의 요구에 맞춰 자리하고 있는지의 여부에 따라 때로는 선하고 때로는 불선한 것이 된다. 인심의 발현 역시 마찬가지

---

32) "蓋嘗論之心之虛靈知覺, 一而已矣. 而以爲有人心道心之異者, 則以其或生於形氣之私, 或原於性命之正, 而所以爲知覺者不同."『朱熹集』卷76「中庸章句序」
33) 問. "先生說, 人心是'形氣之私', 形氣則是口耳鼻目四肢之屬." 曰. "固是."『朱子語類』(62:36)
34) "道心是知覺得道理底, 人心是知覺得聲色臭味底."『朱子語類』(78:193)
35) "然人莫不有是形, 故雖上智不能無人心, 亦莫不有是性, 故雖下愚不能無道心."『朱熹集』卷76,「中庸章句序」
36) "人心者, 氣質之心也, 可爲善, 可爲不善."『朱子語類』(78:210)

어서 경우에 따라 선한 것이 될 수도, 악한 것이 될 수도 있다. 주희는
인심을 곧바로 불선한 것이라 말하지 않고, 다만 위태롭고 불안하다
고만 했다.

> '형기形氣의 사私에서 생겨난다'는 것에 대해 물었다.
> 말씀하셨다. "배가 주리고 부르며 춥고 더운 것 같은 일들은 모두 내
> 몸의 혈기형체血氣形體에서 생겨나며, 타인과는 상관이 없어 사私라 이
> 른다. 역시 바로 나쁘다고 할 것은 아니지만, 계속해서 그것에 끌려가
> 서는 안 된다[37]."

> 물었다. "마음이란 것에는 온갖 리가 갖추어져 있습니다. 선하게 발
> 하는 것은 진실로 마음에서 나오는 것입니다. 그런데 선하지 않게 발하
> 는 것은, 모두 품부 받은 기나 물욕物欲의 사私 때문이니, 역시 마음에서
> 나오는 것 아닙니까?"
> 대답하셨다. "진실로 마음의 본체는 아니지만, 역시 마음에서 나오는
> 것이다."
> 또 물었다. "그것이 인심이라는 것입니까?"
> 대답하셨다. "그렇다."
> 자승子升이 계속해서 물었다. "인심 역시 선과 악을 겸하고 있지 않
> 습니까?"
> 대답하셨다. "또한 아울러 말한 것이다[38]."

---

37) 問'或生於形氣之私'. 曰. "如飢飽寒煖之類, 皆生於吾身血氣形體, 而他人無與, 所謂
　　私也. 亦未能便是不好, 但不可一向狗之耳."『朱子語類』(62:37)
38) 問. "心之爲物, 衆理具足. 所發之善, 固出於心. 至所發不善, 皆氣稟物欲之私, 亦出
　　於心否?" 曰. "固非心之本體, 然亦是出於心也." 又問. "此所謂人心否?" 曰. "是." 子
　　升因問. "人心亦兼善惡否?" 曰. "亦兼說."『朱子語類』(5:33)

인심이 선할 수도 악할 수도 있는 것이라면, 인심과 도심의 관계는 어떻게 보아야 할까. 인심과 도심이 각각 형기形氣의 사私와 의리義理의 공公(혹은 성명性命의 정正)에서 생겨나는 것이라면, 이들은 본래 합치될 수 있는 것으로 보는 편이 맞지 않을까. '도道는 기器가 아니면 드러나지 않고, 기器는 도道가 아니면 성립되지 못한다'고 했다. 도심이 구체적으로 세상에 모습을 드러내는 것은 인심을 통해서일 수밖에 없는 것이다.

아닌 게 아니라 인심과 도심은 본래 함께 움직이는 것으로 말해진다. 주희는 곳곳에서 이들이 두 가지의 마음이 아니라고 강조한다[39]. 인심과 도심은 예컨대, 먹고 마시는 것이 바르게 되고[40], 기뻐할 만한 것을 기뻐하며 분노할 만한 것을 분노하는 지점에서 합치되는 것이다.

> "예컨대 기뻐하고 분노하는 것은 인심이다. 하지만 이유도 없이 기뻐하거나 지나치게 기뻐해서 그만둘 수 없는 지경에 이른다든가, 이유도 없이 분노하거나 분노가 심해 억누를 수가 없는 지경에 이르는 것은 모두 인심의 부림을 받는 것이다. 반드시 그 기뻐할 만한 것을 기뻐하고, 그 분노할 만한 것을 분노해야 하니, 바로 이것이 도심이다[41]."

그렇다면 인심과 도심은 어떤 경우에 서로 어긋나게 되는가. 주희는 인심을 말할 때 흔히 '외물外物의 유혹을 받는다'라든가, '그것에 계속해서 끌려가서는 안 된다'며 경계하고 있다. 바로 '외물에 계속해서

---

39) "大抵人心·道心只是交界, 不是兩箇物."『朱子語類』(78:222)
40) "饑欲食, 渴欲飲者, 人心也. 得飲食之正者, 道心也."『朱子語類』(78:199)
41) "如喜怒, 人心也. 然無故而喜, 喜至於過而不能禁, 無故而怒, 怒至於甚而不能遏, 是皆爲人心所使也. 須是喜其所當喜, 怒其所當怒, 乃是道心."『朱子語類』(78:196)

끌려가는 것'이 불선이 발생하고, 도심이 무력해지는 지점을 가리키는 표현이 되고 있는 셈이다. 그렇다면 이 표현이 지시하는 실제 의미를 살피는 것이 인심도심설의 구도나 사私의 성격을 밝히는 관건이 됨을 짐작하기는 어렵지 않다.

딱히 '인심'이나 '사'라는 표현을 쓰지 않더라도, 주희가 '마음이 물物에 끌려간 것'과 연관 지어 불선을 설명하는 예는 곳곳에서 발견할 수 있다.

"마음의 체體는 본래 정靜하지만 또한 동動하지 않을 수 없는 것입니다. 그 작용은 본래 선한 것이 분명하지만, 불선으로 흘러들어갈 수도 있습니다. 마음이 동하여 불선으로 흐르는 것을 두고, 마음의 체가 본래 그러한 것이라고 말할 수는 없습니다. 그렇다고 마음이 아니라고 할 수도 없습니다. 다만 물物에 이끌려 그런 것입니다[42]."

"저는 최근에야 예전의 지리했던 병통을 분명히 알 수 있게 되었습니다. 그들의 문제와 같지는 않더라도, 자기를 잊고 물物을 쫓아, 바깥을 탐하여 내면을 비우고 있는 잘못은 마찬가집니다. 정자程子는 '천하의 만물로 인해 자기를 어지럽게 해서는 안 되니, 자기가 바로 선 후에는 저절로 천하 만물을 얻을 수 있다.'고 하였습니다. 지금 자기의 몸과 마음이 편안하게 할 줄도 모르면서, 왕패王覇를 논의하고 세상을 경영하는 것을 별개의 재주로 삼아 궁구하는 것은 또한 잘못이 아니겠습니

---

42) "心體固本靜, 然亦不能不動. 其用固本善, 然亦能流而入於不善. 夫其動而流於不善者, 固不可謂心體之本然. 然亦不可不謂之心也. 但其誘於物而然耳."『朱熹集』卷 45,「答游誠之」제 3서

까[43]."

바깥을 탐하여 내면을 비우고 있다는 것은, 두말할 필요도 없이 방심放心에 대한 표현과 그 의미가 겹쳐 보인다. 어떤 일을 하든 존심存心은 기본이다. 주희는 방심의 문제를 도외시한 채, 세상사의 큰 주제에 관심을 두는 것을 못마땅해 한다. 그런데 위 인용들로는 아직, '물物에 이끌려가는 것'이 의미하는 바가 무엇인지 선명하게 드러나지 않고 있다.

다음 서한 역시 주희가 방심의 의미를 어떻게 쓰고 있는지 잘 보여주는 일례이다. 그리고 이 글에 의하면, '물物에 이끌린다'는 것은 곧 집착의 의미에 다름 아니다.

"보내주신 편지에서 (건강이 상했던 것은) 마음을 지나치게 썼기 때문이라 하고, 또 여러 친구들 역시 서신으로 독서를 지나치게 해서 그런 것이라고 말하는데, 무슨 책을 읽고 있는지 모르겠습니다. 만약 성현이 남기신 말이라면 존심양성存心養性의 일이 아닌 것이 없어서 결코 병이 나게까지 하지는 않았을 것이니, 태사공太史公[司馬遷]이 빌미를 만든 것이 아닐까 생각합니다. 맹자는 '학문의 길은 단지 그 방심을 구하는 데 있다'고 말했고, 정자程子도 또한 '마음은 몸속에 있도록 해야 한다'고 말했습니다. 지금 글에 탐닉하여 이 마음이 온통 책으로 내달려 자기가 있음도 알지 못한다면, 곧 지각이 없어 통증과 가려움을 느

---

43) "熹亦近日方實見得向日支離之病. 雖與彼中證候不同, 然其忘己逐物, 貪外虛內之失, 則一而已. 程子說, '不得以天下萬物撓己, 己立後, 自能了得天下萬物.' 今自家一箇身心, 不知安頓去處, 而談王說霸, 將經世事業別作一箇伎倆商量講究, 不亦誤乎?"『朱熹集』卷 47,「答呂子約」제 27서

끼지 못하는 사람이 되고 마는 것이니, 책을 읽은들 나의 일에 무슨 도움이 되겠습니까. 하물며 그대는 평소 몸이 그다지 건강하지 않은데, 어찌 책에 탐닉하여 배고픔과 목마름 그리고 추위와 더위를 잊어 외부의 해로운 것과 병을 일으키는 요인들이 그대의 빈틈을 타게 하겠습니까. 이것이 어찌 성인이 질병에 조심하고, 효자가 몸을 지키는 뜻이겠습니까[44]."

주희는 독서에 매달리다가 건강을 잃은 여조검呂祖儉(자는 자약子約)을 책망한다. 그는 여기서 성현의 글을 존심양성存心養性[45]에 대한 것이라고 개괄하며, 이를 읽어서는 병이 나지 않았을 거라 했다. 그는 여조검의 병은 방심 탓이라고 말한다. 책이라는 외물에 이끌려 마음이 몸 밖으로 나갔으니, 몸이 필요로 하는 것들을 지각하지 못해 병이 났다는 것이다.

통증과 가려움을 느끼지 못한다든가 배고픔과 목마름 그리고 추위와 더위를 느끼지 못한다는 표현에서, 마음이 외물에 끌려간 상태가 곧 바람직한 지각 능력의 상실로 이어진다는 입장이 뚜렷하게 드러난다. 여기서 '지각이 없다'는 것은 곧 인심이 절도를 잃은 상태(또는 도심이 무력화된 상태)에 대한 지칭이라 할 수 있을 것이다. 자기 몸이 처해 있는 상황에 대한 인지가 제대로 되지 않는 상태라면, 그 움직임

---

44) "來書以爲勞耗心力所致, 而諸朋友書亦云讀書過苦使然, 不知是讀何書. 若是聖賢之遺言, 無非存心養性之事, 決不應反至生病, 恐又只是太史公作崇耳. 孟子言'學問之道, 惟在求其放心', 而程子亦言'心要在腔子裏'. 今一向耽著文字, 令此心全體都奔在冊子上, 更不知有己, 便是箇無知覺不識痛癢之人, 雖讀得書, 亦何益於吾事邪. 況以子約平日氣體不甚壯實, 豈可直以耽書之故, 遂忘飢渴寒暑, 使外邪客氣得以乘吾之隙? 是豈聖人謹疾, 孝子守身之意哉."『朱熹集』卷 47,「答呂子約」제 26서
45) '존심양성存心養性'의 의미는 제 4장 3.에서 살펴보았다.

도 때에 맞는 것이 될 수 없다. 주희가 외물에 이끌려가는 인심의 경향성을 경계하는 까닭이 바로 여기에 있었던 것이다.

　주희는 지금 감각 기관의 감수성을, 마음이 바른지 여부를 판별하는 지표로 말하고 있는 것과 같다. 이러한 연관이 오늘날의 시각으로 보기에는 상당히 낯선 것일 수도 있지만, 납득하지 못할 일은 아니다. 『대학』에서 보이는 방심 상태에 대한 묘사, '마음이 여기에 있지 않으면 보아도 보이지 않고, 들어도 들리지 않으며, 먹어도 그 맛을 모른다[46]'는 말 역시 같은 맥락에서 이해할 수 있겠다. 이것은 물론 현재 처한 상황에 대한 주의력을 잃었다 해서, 실제로 장님이나 귀머거리, 미맹이 된다는 의미는 아니다. 앞서 방심에 대해 설명할 때, 마음이 몸속에 없으면 책을 읽어도 그 의미를 알 수 없게 된다고 했던 것과 같은 뜻이다.

　이것은 일찍이 맹자의 대체소체론大體小體論에서도 찾아볼 수 있는 발상이다[47]. 맹자는 생각을 할 수 있는 마음이 바로 선 상태에서는 감

---

46) "心不在焉, 視而不見, 聽而不聞, 食而不知其味."『大學章句』傳 7章
47) 다음은 『맹자』의 해당 부분과 『집주』에 실린 주희의 주석이다. 공도자公都子가 물었다. "다 같은 사람인데 누구는 대인이 되기도 하고, 누구는 소인이 되기도 하니 무슨 까닭입니까?" 맹자가 말씀하셨다. "그 대체大體를 따르면 대인이 되고, 그 소체小體를 따르면 소인이 된다." 공도자가 말했다. "다 같은 사람인데 누구는 대체를 따르기도 하고, 누구는 소체를 따르기도 하니 어째서입니까?" 맹자가 말씀하셨다. "귀와 눈이라는 기관은 생각하지 못하여 물物에 가려지니, 물이 물과 마주하면 그것에 끌려갈 뿐이다. 마음이라는 기관은 생각할 줄 아니, 생각하면 그것을 얻고 생각하지 않으면 얻지 못한다. 이것은 하늘이 나에게 부여한 것이니, 먼저 그 큰 것을 세우면 작은 것이 빼앗을 수 없다. 이것이 대인이 되는 이유일 뿐이다."(公都子問曰. "鈞是人也, 或爲大人, 或爲小人, 何也?" 孟子曰. "從其大體爲大人, 從其小體爲小人." 曰. "鈞是人也, 或從其大體, 或從其小體, 何也?" 曰. "耳目之官不思, 而蔽於物, 物交物, 則引之而已矣. 心之官則思, 思則得之, 不思則不得也. 此天之所與我者, 先立乎其大者, 則其小者弗能奪也. 此爲大人而已矣.")『孟子』(11:15))/ "귀는 듣는 것을 맡고 눈은 보는 것을 맡으니, 각기 맡은 바가 있지만, 생각할 수는 없는 까닭에 외물外物에 가리어진다. 이미 생각할 수 없어 외물에 가리어졌다면, 또한

각 기관의 작용이 물物에 가려지지 않을 것이라고 했다. 마음을 바르게 하여 감각 기관의 욕구에 휘둘리지 않으면, 외부 상황에 대한 인지의 왜곡도 없다고 본 것이다. 주희는 자신의 인심도심설이 맹자의 대체소체론을 계승하고 있다[48]고 했다.

이 부분의 의미는 좀 더 분명히 해야 할 것 같다. 다음은 주희가 마음이 바르지 않은 상태에서의 지각 작용을 어떻게 이해하고 있는지 보여주는 예 가운데 하나다. 이는 곧 절도를 잃은 인심의 활동[私欲]을 경계하는 것과도 의미가 통할 것이다.

"기질에 가린 마음으로 사물의 끊임없는 변화를 접하면 그 눈은 외형을, 귀는 소리를, 입은 맛을, 코는 냄새를, 사지는 안일을 바라니, 그래서 그 덕德을 해침을 또 어찌 말로 다 할 수 있겠는가. 기질에 가린 마음과 사물의 끊임없는 변화, 이 두 가지가 서로 마주함이 반복되면서

하나의 물일 뿐이다. 또 외물로 이 물과 마주하게 되면 그것에 끌려가기 쉽다. 마음은 생각할 수 있고, 생각하는 것을 본분으로 한다. 사물이 올 때, 마음이 그 본분을 해낼 수 있으면, 그 리를 얻어 물이 가릴 수 없다. 그 본분을 놓치면, 그 리를 얻을 수 없으니, 물이 와서 그것을 가리게 된다. 귀, 눈, 마음 셋은 모두 하늘이 나에게 준 것인데, 마음이 가장 크다. 만약 그것을 세울 수 있다면 일에 생각하지 않음이 없어, 귀와 눈의 욕구가 그것을 빼앗지 못한다. 이것이 곧 대인이 되는 까닭이다.(耳司聽, 目司視, 各有所職而不能思, 是以蔽於外物. 旣不能思而蔽於外物, 則亦一物而已. 又以外物交於此物, 其引之而去不難矣. 心則能思, 而以思爲職. 凡事物之來, 心得其職, 則得其理, 而物不能蔽. 失其職, 則不得其理, 而物來蔽之. 此三者, 皆天之所以與我者, 而心爲大. 若能有以立之, 則事無不思, 而耳目之欲不能奪之矣, 此所以爲大人也.)"『孟子集註』

48) "人心如孟子言'耳目之官不思', 道心如言'心之官則思', 故貴'先立乎其大者'. 人心只見那邊利害情欲之私, 道心只見這邊道理之公. 有道心, 則人心爲所節制, 人心皆道心也."『朱子語類』(78:197) *인심도심설人心道心說과 대체소체론大體小體論 사이의 유사점에 주목한 연구로는 장원태(「군자와 소인, 대체와 소체, 인심과 도심」, 『철학연구』(제81집))의 것이 있다.

굳어지니 그 덕의 밝음은 날로 혼미해지고, 이 마음의 신령함으로 지각
하게 되는 것이란 정욕情欲과 이해利害의 사私에 불과할 뿐이다. 이렇게
되면 인간의 몸을 갖고 있다 할지라도 실제로는 금수와 큰 차이가 없을
것이다[49]."

주희는 기질에 가린 마음과 사물의 끊임없는 변화를 대비시켜 보이
고 있다. 사람이 끊임없이 변화하며 다가오는 사물을 맞이하고 이에
대처한다는 것은, 곧 그 자신 역시 변화하고 있음을 의미한다. 그리고
사람은 감각을 통해서만 외부 정황을 파악할 수 있다. 마음을 바르게
하는 일이 중요한 것은 이 때문이다. 기질의 장애란, 주변 상황의 변화
에도 불구하고 제한된 방면으로만 관심을 지속시킴으로써, 지각 능력
을 잃은 사태에 다름 아니다. 무엇인가에 집착하고 있을 때, 계속해서
다가오는 다른 일들에 대해서는 소홀하게 되고 변화는 멎는다.

이처럼 물物에 끌려간 인심의 활동은 현재 몸이 처한 상황 맥락에
합류하지 못하는 상태에서 전개되고 있는 욕망이고, 이는 곧 사욕私欲
이라고도 할 수 있을 것이다. 그 자체를 나쁘다고 말할 수 없다 했던
사私와 달리, 주희가 이를 부정적인 의미로 다루고 있음은 분명해 보
인다. 주희는 '도심을 한 몸의 주인으로 삼아, 매번 인심이 도심의 명
령을 듣게 하면 위태로운 것은 편안해지고 은미한 것은 드러나 동정
動靜과 언행에 과불급의 잘못이 없게 된다[50]'고 했다. 과불급이 없다

---

49) "況乎又以氣質有蔽之心, 接乎事物無窮之變, 則其目之欲色, 耳之欲聲, 口之欲味,
鼻之欲臭, 四肢之欲安佚, 所以害乎其德者, 又豈可勝言也哉. 二者相因, 反覆深固,
是以此德之明, 日益昏昧, 而此心之靈, 其所知者, 不過情欲利害之私而已. 是則, 雖
曰有人之形, 而實何以遠於禽獸."『大學或問』
50) "必使道心常爲一身之主, 而人心每聽命焉, 則危者安, 微者著, 而動靜云爲, 自無過

는 것은 마음의 활동이 때에 맞음, 곧 시중時中[이발已發의 화和]을 의미한다. 결국 그의 관심은 사사로운 주관의 개입을 버림으로써 중中을 회복하도록 하는데 집중되고 있음을 알 수 있다.

(2) 사욕私欲과 외부와의 단절

주희는 '사私'가 포함하고 있는, 물物에 연연해하는 경향성을 경계한다. 그러한 경향성이 현실화되었을 때 바람직한 지각知覺 능력을 상실하게 되고, 이는 곧 주변과의 단절이라는 문제로 이어지는 까닭이다. 이 같은 일을 두고, 주희는 '사의私意가 생겨나자마자 틈[間斷]이 생긴다[51]'고 표현하기도 한다.

다음은 주희가 59세 때, 효종孝宗에서 올린 소疏(「무신봉사戊申封事」)의 일부다. 사私가 야기하는, 외부와의 불통不通이라는 문제의식을 보여주는 일례가 될 것이다.

> "사私라 불리는 것이 무엇이겠습니까. 자신의 분分이 홀로 갖고 있는 것에 말미암아, 그 바깥과 통할 수 없게 되는 것을 칭하는 것입니다. 그러므로 필부로 말할 것 같으면 일가一家를 사로 하여 그 마을과 통할 수 없고, 마을 사람으로 말할 것 같으면 한 마을을 사로 하여 그 나라와 통할 수 없으며, 제후로 말할 것 같으면 한 나라를 사로 하여 천하에 통할 수 없습니다. 천자로 말할 것 같으면 하늘이 덮고 있는 것을 다하고 땅이 싣고 있는 것을 다하도록 모두 자신의 분이 갖는 것이니, 바깥으로

不及之差矣." 『朱熹集』 卷76, 「中庸章句序」
51) "纔有私意, 便間斷了." 『朱子語類』(26:14)

통하지 않음이 없는데 어찌 사로 하겠습니까[52]."

　사욕은 맞이하는 일에 불응하게 함으로써 부도덕성을 내포한다. 하지만 그것을 곧바로 이기심과 같은, 불선한 의도와 연결 짓는 것은 적절하지 못하다. 그 의도가 가지는 내용의 결백함은 공정함과 사사로움을 가르는 기준이 되지 못한다. 이러한 사실은 '사욕'·'사의' 등의 개념어가 주자학 문헌에서 어떻게 쓰이고 있는지, 그 용례를 뽑아보면 이내 알 수 있는 것이다.

　"'무의毋意'라고 하는 것은 자기의 뜻대로 하지 않고, 도리가 어떠한 가만 보는 것이다. 도리가 이처럼 하는 것이 합당해 보이면 곧 그것에 맞게 하여 스스로 사심이 조금도 없도록 하는 것이니, 이를 일러 '무의'라고 한다. 만약 조금이라도 대비하는 마음이 있다면 사의에 맡기는 것이다. 만약 원래 도리를 알지 못하고 자기 뜻에 맡겨 일을 해나갈 뿐이라면 사의이다. 처리한 것이 우연히 이치에 합당하다 하더라도 역시 사의일 뿐이니, 리가 있는 것에 합당하다고 말하지 않는다[53]."

　"글을 읽는데 먼저 자기 의견을 가진다면 사의가 될 뿐이다. 거칠고

52) "且私之得名何爲也哉? 据己分之所獨有, 而不得以通乎其外之稱也. 故自匹夫而言, 則以一家爲私, 而不得以通乎其鄕, 自鄕人而言, 則以一鄕爲私, 而不得以通乎其國, 自諸侯而言, 則以一國爲私, 而不得以通乎天下. 至於天子, 則際天之所覆, 極地之所載, 莫非己分之所有, 而無外之不通矣, 又何以私爲哉?"『朱熹集』卷 11,「戊申封事」

53) "所謂'毋意'者, 是不任己意, 只看道理如何. 見得道理是合當如此做, 便順理做將去, 自家更無些子私心, 所以謂之'毋意'. 若才有些安排布置底心, 便是任私意. 若元不見得道理, 只是任自家意思做將去, 便是私意. 縱使發而偶然當理, 也只是私意, 未說到當理在."『朱子語類』(36:37)

사나운 사람이 책을 본다면 필시 용감하고 굳센 것을 주로 볼 것이며, 부드럽고 선량한 사람이 책을 본다면 필시 인자하고 너그러운 것을 주로 볼 것이다. 책 속에는 뭐든 있지 않은가[54]!"

물었다. "일이 리에 맞는데 뜻을 두고 이것을 행하면 어떻습니까?"
말씀하셨다. "일이 의롭다 하더라도 마음은 사사롭다[私]. 길에 비유하면, 좋은 사람이 가더라도 길이고 도적이 가더라도 길이다. 마땅히 이처럼 해야 하는 것이 천리인데, 생각을 세워 두는 것은 옳지 않다[55]."

위의 인용들을 본다면 사의가 문제로 지목되는 것은, 그것이 단지 일에 앞서 세워두는 생각이기 때문이다. 사의나 사욕은 외부 상황의 변화와 무관하게 고정되어 지속되는, 행위자 입장에서의 심리 맥락이라고 설명할 수 있다. 주희는 일에 앞서 대비하려는 마음을 경계했을 뿐만 아니라, 부드럽고 선량한 사람이 자기 기질대로 책을 읽는 경우 역시 문제 삼으며, 글을 읽기 전에 자기 생각을 갖는 것도 사의라고 한다.

상황의 요구를 읽기보다 자신의 신념을 앞세우고, 이를 억지로 실현하려고 애쓸 때 소통은 지난한 일이 되어버린다. 미리 다짐해두었다가 하는 일이라면, 그것이 우연히 리에 합당하다 하더라도 사의일 뿐이라는 말을 눈여겨봐야 한다. 일을 맞이했을 때 마땅히 그리해야만 하는 것으로 생각되는 것이 바로 천리이다. 주희는 인간이 일을 맞이했을 때 도리대로 처리할 수 있는 능력을 자연적으로 갖고 있다고

54) "看文字先有意見, 恐只是私意. 謂如粗厲者觀書, 必以勇果强毅爲主, 柔善者觀書, 必以慈祥寬厚爲主. 書中何所不有!"『朱子語類』(11:63)
55) 問. "事有合理而有意爲之, 如何?"曰. "事雖義而心則私. 如路, 好人行之亦是路, 賊行之亦是路. 合如此者是天理, 起計較便不是."『朱子語類』(115:45)

믿었다. 다만 그 능력은 사심으로 스스로의 행보에 제한을 두지 않을 때 비로소 발휘될 수 있는 것이었다. 이러한 그의 입장은, 주자학에 정언적 명령이나 지식적으로 습득할 도덕률이 애초부터 자리할 수 없음을 보여주는 근거가 될 것이다.

　법과 규범에 의존하는 사회 통제는 주희가 뜻했던 바가 아니다. 미우라 쿠니오는 주자학 문헌에서 보이는 공과 사의 대립을 '자기 대 사회'라는 좌표축으로 치환하는 것은 적절하지 않으며, '자기 대 전체생명'으로 읽어야 한다고 설명한 바 있다[56]. 사회는 자연 안에 위치한다. 주희는 인간을, 단지 사회의 구성원으로 적응시키려는 희망을 가졌던 것이 아니다. 그의 시선은 더 큰 것을 향하고 있다. 그 기획의 방향을 놓치지 않는 것은 매우 중요한 일이다.

　　"이 도리는 내 몸도 그 안에 있고, 만물도 그 안에 있고, 자연 역시 그 안에 있는 것이다. 모두가 하나의 물사物事일 뿐이니, 가림도 막힘도 없다. 내 마음이 곧 자연의 마음이다. 성인은 냇물이 흐르는 데서 이 리가 어디에서든 극치 아님이 없음을 알았다. 천명은 지극히 바르지만 사람의 마음은 치우치며, 천명은 지극히 공정하나 사람의 마음은 사사롭고, 천명은 지극히 크지만 사람의 마음이 잘아서 자연과 같아지지 못하는 것뿐이다. 지금 학문을 할 때에는 자연과 같지 못한 곳을 없애서, 자연과 같아져야 하는 것이다[57]."

---

56) 三浦國雄(이승연 옮김),『주자와 기 그리고 몸』예문서원, 2003, 27쪽의 각주 37)
57) "這箇道理, 吾身也在裏面, 萬物亦在裏面, 天地亦在裏面. 通同只是一箇物事, 無障蔽, 無遮礙. 吾之心, 卽天地之心. 聖人卽川之流, 便見得也是此理, 無往而非極致. 但天命至正, 人心便邪, 天命至公, 人心便私, 天命至大, 人心便小, 所以與天地不相似. 而今講學, 便要去得與天地不相似處, 要與天地相似."『朱子語類』(36:129)

　　세상이 사사로이 고정된 생각 속에 온전히 담기기에는 너무 큰 것이라는 경탄敬嘆의 정서는 주희의 논의들을 꿰뚫는 주조主調 가운데 하나다. 주희는 여기서 자연과 인간의 마음을 바르고 치우침[正邪], 공정함과 사사로움[公私], 크고 협소함[大小]으로 대별해 보인다. 이는 표현상의 차이일 뿐 실은 같은 문제를 지목하고 있는 것이다. 여기서 말해지는 자연의 특성은 그 막힘없이 무궁한 변화의 성격에서 기인하는 것이고, 인간의 마음이 이에 대비되는 까닭은 그것이 하나의 생각에 구속되어 변화를 그치게 하는[停滯] 데 있다. 새로이 다가오는 일들과 소통할 수 있도록, 어떠한 예단이나 고집 없이 자신을 개방해두는 것만이 자연성을 회복하는 방도가 된다.

　　사사로운 것을 바로잡는 길은 이처럼 모든 인위적 계획을 포기하는 데 달려 있다고 할 만하다. 그런데 첨언하자면 인위는 단순히 그 결과가 자연만 못하다는 가치 평가에 따라 부적절하다고 말해지는 것이 아니었다. 그것은 애당초 무모한 시도이기에 경계된다고 하는 편이 사실에 가까울 것이다. 무언가 방비하려고 애쓰더라도, 오히려 그것이 다른 예기치 못한 문제를 만들어내는 경우까지도 있지 않은가. '갑甲을 이롭게 하려다간 필시 을乙을 그르칠 것이요, 을乙을 이롭게 하려다간 필시 병丙을 그르칠 것이다[58].'

　　주희는 사욕을 인仁이라는 거울의 빛을 가로막는 먼지에 비유하여, 거울에 먼지가 없는 상태인 공公과 대비시키기도 했다. 거울의 빛이란 마음이 본래적으로 갖고 있는 선한 경향성을 의미한다.

---

58) "若不敬, 則內面百般計較, 做出來皆是私心. 欲利甲, 必害乙, 利乙, 必害丙, 如何得安."『朱子語類』(44:121)

"생각건대 공公은 먼지가 없는 것에, 사람은 거울에, 인仁은 거울의 빛에 비유할 수 있다. 거울은 먼지가 없으면 빛이 나고, 사람이 사욕이 조금도 없으면 곧 인한 것이다. 그런데 거울의 빛은 밖에서 구하는 것이 아니다. 거울은 본래적으로 빛을 갖고 있으니, 지금의 먼지로 어둡게 할 수 없다. 사람의 인 역시 밖에서 얻어 오는 것이 아니다. 사람의 마음에 본래 인이 있으니, 지금의 사욕이 가릴 수 없는 것이다. 따라서 사람은 사욕이 없으면 마음의 본체와 작용이 크게 유행하여 인하지 않을 때가 없으니, 애愛와 서恕를 행할 수 있다[59]."

먼지 없는 거울이 다가오는 사물을 가감 없이 비춰낼 수 있다는 것은, 곧 외부에 대한 올바른 지각이 가능해지는 조건에 대한 비유이기도 하다. 주희는 다른 곳에서 인을 물에, 공은 도랑에 비유하면서, 물을 흐르게 하려면 도랑을 파야 한다고 했는데[60] 역시 같은 의미를 전달하려는 것이라 하겠다. 그는 선악을 판별하게 하는 내용적 규준을 제시하고 이를 지키라고 하는 대신, 이처럼 오직 사적 관심[私欲/私意]만을 경계한다. 그렇게 생생하게 깨어있는 의식으로 일을 맞이할 때, '공도公道가 저절로 유행하고[61]' 마음에 본래적으로 있는 인이 발휘될

---

59) "蓋公猶無塵也, 人猶鏡也, 仁則猶鏡之光明也. 鏡無纖塵則光明, 人能無一毫之私欲則仁. 然鏡之明, 非自外求也. 只是鏡元來自有這光明, 今不爲塵所昏爾. 人之仁, 亦非自外得也. 只是人心元來自有這仁, 今不爲私欲所蔽爾. 故人無私欲, 則心之體用廣大流行, 而無時不仁, 所以能愛能恕." 『朱子語類』(95:158)

60) "且仁譬之水, 公則譬之溝渠, 要流通此水, 須開浚溝渠, 然後水方流行也." 『朱子語類』(41:95) 다음 인용들의 의미 역시 같다. "公而以人體之, 只是無私心, 而此理自然流行耳. 非是公後又將此意尋討他也." 『朱熹集』 卷48, 「答呂子約」 제 35서/ "公是仁之方法, 人身是仁之材料." 『朱子語類』(6:99)/ "公卻是仁發處. 無公, 則仁行不得." 『朱子語類』(6:100)

61) "人之所以爲人, 其理則天地之理, 其氣則天地之氣. 理無跡, 不可見, 故於氣觀之. 要

것이기 때문이다.

　그가 말하는 '공정함[公]'이란 모든 일에 동일한 규칙을 적용해서 획득되는 것이 아니라, 미리 아무런 견해도 세워두지 않음으로써 가능해지는 것임을 짚고 넘어가야 한다. 그것은 다른 말로 표현하자면, 편파성을 띠지 않는 것[中]이다.

2) 상황과의 심리적 시차時差

　주자학 연구자라면 원전을 접하면서 고민하지 않을 수 없다. 주희와 그 문도들이 도덕의 문제를 말하는 것은 틀림없으되, 그것에 이르는 길이 매우 생경한 방식으로 지시되는 까닭이다.

　이를테면 주희는 한곳에서 어수선하게 이어지는 생각들을 떨치기 어렵다고 토로하는데[62], 배우는 사람이 가장 먼저 힘쓸 일은 저 분분하게 떠오르는 생각들을 잘라내는 것[63]이라고 했다. 흡사 사석에서 우연히 나온 것이 아닐까 싶은, 이런 말들의 의미는 기존의 연구서에서 잘 거론되지 않는다. 그런데 이는 무시하고 지나쳐도 되는 것이 아니다. 다음에 인용하는 글에서, 주희는 보통 사람의 마음을 온갖 잡다한

識仁之意思, 是一箇渾然溫和之氣, 其氣則天地陽春之氣, 其理則天地生物之心. 今只就人身己上看有這意思是如何. 纔有這意思, 便自恁地好, 便不恁地乾燥, 將此意看聖賢許多說仁處, 都只是這意. 告顏子以'克己復禮', 克去己私以復於禮, 自然都是這意思. 這不是待人旋安排, 自是合下都有這箇渾全流行物事. 此意思纔無私意間隔, 便自見得人與己一, 物與己一, 公道自流行." 『朱子語類』(6:78)

62) "某多被思慮紛擾, 思這一事, 又牽走那事去. 雖知得, 亦自難止. 旣知得不是, 便當絶斷了." 『朱子語類』(95:170)

63) "學者工夫, 且去翦截那浮泛底思慮." 『朱子語類』(12:62)

상념들, 잘잘못을 따지는 생각들이 서로 다투는 각축장으로 묘사하고
있다. 그리고 선한 본성을 발휘하지 못하는 것은 바로 이 때문이라고
했다.

"지금 성性이 선하다고 말한다. 하루에도 무수한 생각들이 움직이고,
끝없이 따지는 마음이 싹트는데, 어떻게 선할 수 있겠는가[64]."

"'마음은 몸속에 있어야 한다'에 대해 말씀하셨다. 마음에는 주재가
있어야 한다. 지금부터 흉중의 집착으로 인한 어지러움을 끊어버리고
경敬하여 리를 궁구해야 한다[65]."

"배우는 사람이 학문을 할 때는 진지眞知와 역행力行에 대해 묻기 전
에 우선 마음을 수습하여 안정시켜야 한다. 마음을 수렴하고 의리義
理에 두어 쓸데없고 어지러운 생각들이 분분하게 일어나지 않는 것이
오래되면, 저절로 물욕物欲[66]은 가벼워지고 의리를 중시하게 될 것이

---

64) "今說性善. 一日之間, 動多少思慮, 萌多少計較, 如何得善!"『朱子語類』(12:61)
65) "'心要在腔殼子裏.' 心要有主宰. 繼自今, 便截胸中膠擾, 敬以窮理."『朱子語類』
     (96:12)
66) '물욕物欲'을 '물질을 소유하고자 하는 욕망'으로 새기면 부족한 것이 되리라고 생
    각한다. 경우에 따라서는 그러한 내용의 것을 지칭하는 말이 될 수 있다 하더라도,
    그것을 이 단어가 갖는 근본적인 의미라고는 할 수 없는 까닭이다. 용례를 따져보
    면 '물욕物欲'은 '사욕私欲'과 지근한 거리에 있는 개념임을 알 수 있다. 예컨대 주
    희는 '마음이 외물外物에 가리어지면 하나의 물物이 될 뿐'이라고 했다.("官之爲
    言司也. 耳司聽, 目司視, 各有所職而不能思, 是以蔽於外物. 旣不能思而蔽於外物,
    則亦一物而已. 又以外物交於此物, 其引之而去不難矣. 心則能思, 而以思爲職."『孟
    子集註』(11:15)) 物은 형이하의 것이고, 물이 된 마음이란 방심하여 어떠한 감
    정이나 생각으로 한정지어진 상태를 의미한다. 그렇게 물이 되어버린 마음의 욕
    망이 물욕이 아닐까 하는 것이다. 본래 마음은 넓고 크지만 물욕에 가로막히고 얽

다[67]."

주희가 잡된 상념을 선한 본성을 가로막는 요인으로 지목하는 부분은 그 의미가 잘 와 닿지 않을 수도 있다. 하지만 그러한 상태가 이미 방심이고 사사로운 주관이 활동하고 있음을 의미하는 것임을 생각하면 주희의 저 같은 발언은 당연하다 할 것이다. 리는 구체화된 채 고정된 견해와는 아무 상관이 없으며, 오히려 이러한 것을 두지 않는 것이 선을 행할 수 있는 조건이 된다는 입장은 앞에서 살핀 바 있다. 고집되는 견해에 근거하여 머릿속으로 다툼을 이어가는 것은 궁리窮理와 전혀 관계가 없다. 주희는 마음을 수렴해서 쓸데없는 상념이 어지러이 일어나지 않게 되면 저절로 의리를 중시하게 될 것이라고 했다.

그런데 그는 마음의 활동 가운데서, 감정을 생각과 별개의 것으로 분리시켜 다루지 않는다. 그는 어떠한 심리 상태에 머물러선 안 된다는 의미에서, '마음에 하나의 물物도 두어서는 안 된다'고 말한다.

> "마음에는 하나의 물物도 두어서는 안 된다. 희로애락은 분명 일을 바르게 하는 것이지만, 지나간 후에는 반드시 진정시켜야 한다. 만약 사람이 기쁜 마음이 있어 이로써 물을 대한다면 바를 수가 없다[68]."

매인 것일 뿐이라는 설명("蓋此心本自如此廣大, 但爲物欲隔塞, 故其廣大有虧, 本自高明, 但爲物欲係累, 故於高明有蔽. 若能常自省察警覺, 則高明廣大者常自若, 非有所增損之也."『朱子語類』(12:33))도 있다.

67) "學者爲學, 未問眞知與力行, 且要收拾此心, 令有箇頓放處. 若收斂都在義理上安頓, 無許多胡思亂想, 則久久自於物欲上輕, 於義理上重."『朱子語類』(12:29)

68) "心不可有一物. 喜怒哀樂固欲得其正, 然過後須平了. 且如人有喜心, 若以此應物, 便是不得其正."『朱子語類』(16:141)

　주희는 현 상황이 자연스럽게 불러일으킨 감정과 생각이라면, 그것이 일처리를 바르게 하는 역할 역시 한다고 본다. 공감의 능력을 함께 생각해 보면 좋을 것 같다. 우리는 대개 남의 행운 앞에서 같이 기뻐하며 축하해주고, 남의 불행 앞에서 같이 슬퍼하고 예민해진 그를 배려하여 언행을 조심한다. 이렇게 맞이하는 일에 따라 저절로 일어나는 마음의 활동은, 우리를 인위적 안배 없이도 주변과 어우러질 수 있게 한다.

　하지만 주희는 일이 지나간 후에까지 그런 감정을 남겨두어서는 안 된다고 말한다. '물物'이란 구체화되어 지목될 수 있는 것을 뜻하고, 마음에 물을 둔다는 것은 현재의 상황 맥락에서 이탈된 심리 상태에 머물러 있다는 뜻이므로 곧 방심을 의미한다. 주희는 곳곳에서 지난 일을 마음속에 남겨두지 말아야 한다[69]는 경계를 자주 하지만, 그렇다고 그가 지난 일에 연연하는 것만을 문제 삼는 것은 아니다. 그는 한 곳에서 마음에 물物을 두게 되는 경우를 세 가지로 세분화해서 정리한다.

　　"마음에는 하나의 물物도 두어서는 안 된다. 바깥에서 다가오는 만 가지 변화에 응대하는 것은 모두 마땅히 해야 하는 것에 따라 응하는 것이지, 자기가 마음속으로 바라는 것과는 무관하다. 물에 얽매임이 있게 되면, 마음은 바로 동요하게 된다. 물에 얽매이는 경우로는 세 가지가 있다. 일이 생기기도 전에 기대하는 마음을 갖기도 하고, 일에 이미 응해 놓고도 가슴 속에 오래도록 남겨 잊지 못하기도 하며, 일에 응하는 때에 뜻이 편중되어 자기가 중요하다고 생각되는 것만 보기도 하니, 이들은 모두 물에 얽매이는 것이다. 이미 물에 얽매이게 된 상태에서는

---

69) "事如何不思? 但事過則不留於心可也."『朱子語類』(96:11)

마음에 그 물사物事가 있는 것이니, 이러한 상태에서 다른 일이 닥치면
잘못 응하게 된다. 어떻게 바로 할 수가 있겠는가[70]."

미래의 일을 기대하고, 과거의 일을 잊지 못하며, 현재 일을 맞이함
에 있어 편협한 의도를 갖는 것 등 내용은 제각각이지만, 모두 사사로
운 주관에 매몰되어 있음에 대한 표현이라는 점에서는 마찬가지다.
주희는 이러한 상태에서는 다가오는 일에 바르게 응할 수 없게 된다
고 했다.

그는 자기가 사사로이 바라는 것이 아닌 자신이 처한 곳에서 마땅
한 것에 따라야 한다고 하는데, 이를 위해서는 마음을 선점하고 있는
물에 대한 얽매임부터 제거해야 한다. 처해 있는 상황과 무관하게 마
음에 담아두는 생각이나 감정의 지속이 각자를 소통 불능[不能通]의
상태로 이끌기 때문이다. 이것은 곧 변화가 멎는 것을 의미한다. 이들
내용은 앞서 형이하자 개념을 설명하면서 살폈던 표현들과 그대로 겹
치고 있다[71].

때문에 주희는 곳곳에서 허심虛心 상태를 유지하는 것에 대한 중요
성을 강조하면서, 이를 물건이 담기지 않은 저울이나 영상이 담기지

---

70) "心不可有一物. 外面酬酢萬變, 都只是隨其分限應去, 都不關自家心事. 才係於物,
心便爲其所動. 其所以係於物者有三. 或是事未來, 而自家先有這箇期待底心, 或事
已應去了, 又卻長留在胸中不能忘, 或正應事之時, 意有偏重, 便只見那邊重, 這都是
爲物所係縛. 既爲物所係縛, 便是有這箇物事, 到別事來到面前, 應之便差了. 這如何
會得其正!"『朱子語類』(16:155)
71) "有形, 則滯於一偏."『性理大全』卷 2,『通書』「動靜」의 朱子註/ "'動而無靜, 靜而無
動者, 物也.' 此言形而下之器也. 形而下者, 則不能通, 故方其動時, 則無了那靜, 方
其靜時, 則無了那動."『朱子語類』(94:181)

않은 거울에 비유하곤 했다[72].

　　"이 마음이 바른 것은 저울과 같다. 물건이 담기지 않으면 저울은 평형 상태에 있지만, 물건이 조금이라도 놓이면 이내 평형을 잃는다. 이는 거울에 먼저 한 사람의 모습이 담기면, 다른 것이 오더라도 비출 수 없는 것과 같다. 마음에 아직 일이 없을 때인데도, '나는 어떻게 일을 처리하겠다'고 내세우는 바를 두고, 이로써 맞이하는 일에 대처한다면 바르지 않게 된다. 예를 들어 요즘 사람들이 '내가 벼슬을 하면, 강한 자를 억누르고 약한 자를 돕겠다'고 말하고 (아랫사람이) 마땅히 강하게 해야 할 일을 만났을 경우에도 그 사람을 억누른다면 이것은 바르지 못하다[73]."

　　"사람의 마음이란 거울과 같아, 영상이 미리부터 담겨 있는 게 아니다. 사물이 다가오면 비로소 그 아름답거나 추한 모습이 비춰지는 것이다. 미리부터 영상이 담겨 있다면, 어떻게 비출 수 있겠는가. 사람의 마음은 본래 맑고 깨끗하며 텅 비고 밝은 것이어서 사물이 오면 감응한다. 자연스럽게 높고 낮은 것·가볍고 무거운 것을 알게 되는 것이다. 일이 지나가면 이전처럼 비워져야 한다. 일이 다가오기 전부터 성내거나 좋아하고, 두려워하거나 근심하는 마음으로 여기 있다가 성내거나 좋아하고, 두려워하거나 근심할 일이 다가와 이전의 마음과 합쳐진다

72) 『장자』에도 마음을 거울에 비유하는 유사한 예가 있다. "至人之用心若鏡. 不將不迎, 應而不藏, 故能勝物而不傷."『莊子』「應帝王」
73) "這心之正, 卻如稱一般. 未有物時, 稱無不平, 才把一物在上面, 便不平了. 如鏡中先有一人在裏面了, 別一箇來, 便照不得. 這心未有物之時, 先有箇主張說道, '我要如何處事.' 才遇著事, 便以是心處之, 便是不正. 且如今人說, '我做官, 要抑强扶弱,' 及遇著當强底事, 也去抑他, 這便也是不正."『朱子語類』(16:148)

면, 바름을 잃게 될 것이다. 일이 끝나고도 여기에 그 감정을 남겨두는
데, 어떻게 바를 수 있겠는가[74]."

저울에 미리 물체가 담긴 상태에서는 다음 물체의 무게를 잴 수 없
고, 거울에 어떤 영상이 이미 담긴 상태에서는 다음에 오는 것이 비춰
지지 않는다. 이러한 비유들은 마음에 미리 다짐해두는 일이 있거나,
지난 일로 남은 감정이나 집착하는 일이 있을 때라면 다가오는 일들
에 적절히 응하기 어렵게 된다는 것을 가리키고 있다. 옳다고 믿는 것
을 고집하고, 이로써 미래에 대비하는 태도 역시 주희는 경계한다. 허
심은 곧 사심을 경계하는 다른 표현이기도 했던 것이다.

방심이나 사욕의 내용을 살피면서 봤듯이, 주희는 마음에 담아두는
생각의 내용을 다잡는 데는 주의를 기울이지 않았다. 다음의 문답은
이러한 생각을 더욱 확고히 할 수 있는 일례가 된다. 사람들이 흔히 도
덕적 정감으로 기대하는, 후회나 죄책 등도 마음에 담아두어서는 안
되는 것이다.

말씀하셨다. "후회하는 것에 대해서는 말하기가 어렵다. 항상 마음
속에 후회하는 생각을 갖고 있어도 안 될 일이지만, 후회하지 않아서도
안 된다. 만약 후회하지 않는다고만 말한다면, 이번에 잘못하고도 그만
이고, 다음에 잘못하고도 또 그만이니, 이것은 말이 안 된다."

---

74) "人心如一箇鏡, 先未有一箇影象. 有事物來, 方始照見妍醜. 若先有一箇影象在裏,
如何照得! 人心本是湛然虛明, 事物之來, 隨感而應. 自然見得高下輕重. 事過便當依
前恁地虛, 方得. 若事未來, 先有一箇忿懥·好樂·恐懼·憂患之心在這裏, 及忿懥
·好樂·恐懼·憂患之事到來, 又以這心相與滾合, 便失其正. 事了, 又只若留在這
裏, 如何得正?"『朱子語類』(16:147)

물었다. "어떻게 하는 것이 도리에 맞습니까?"

말씀하셨다 "후회하지 않을 수는 없다. 하지만 거기에 머물러서도 안
된다. 전에 이 일을 잘못했는데 나중에 다시 그러한 일이나 그와 비슷한
일이 생기면, 반드시 조심해야지 다시 잘못을 저질러서는 안 된다[75]."

주희는 후회라는 감정에조차 '머물러서는 안 된다[不可留滯]'고 잘
라 말한다. 물론 잘못했을 때, 그것을 알고 반복하지 않도록 스스로를
경계하는 과정은 거쳐야 하지만, 그 감정에 빠져 있어서는 안 된다는
것이다. 마음을 저울이나 거울처럼 비워두어야 한다면서, 지난 일에
대한 뉘우침인 후회를 완전히 부정하지 않는 것이 혹 철저하지 못해
보일 수도 있다. 하지만 이들이 추구하는 바가 이론을 위한 이론이 아
닌, 보통 사람들의 수양을 위한 학문이라면 후회 역시 때맞춰 일어나
는 자연스런 정감이라는 것을 누가 부정할 수 있을 것인가.

'머무른다'는 것은 무엇인가에 집착하고 있음을 의미한다. 때문에
주희는 '머무름이 없으면 마음이 빈다[76]'고도 했다. 허심은 무엇인가
를 배우거나 자신의 생각과 다른 의견을 이해할 수 있는 조건으로서
도 중시되었다. 이를 주희는 남의 이야기를 들을 때, 상대방의 말을 자
르고 끼어들어서는 그 시비를 가릴 수 없게 되니 끝까지 말할 수 있도
록 해야 하는 것에 비유[77]했다. 그는 독서할 때 책보다 앞서 자신의 생

---

75) 曰. "'悔'字難說. 旣不可常存在胸中以爲悔, 又不可不悔. 若只說不悔, 則今番做錯且
休, 明番做錯又休, 不成說話." 問. "如何是著中底道理?" 曰. "不得不悔, 但不可留滯.
旣做錯此事, 他時更遇此事, 或與此事相類, 便須懲戒, 不可再做錯了." 『朱子語類』
(13:136)

76) "無留滯, 則此心便虛." 『朱子語類』(16:131)

77) "大凡人讀書, 且當虛心一意, 將正文熟讀, 不可便立見解. 看正文了, 卻著深思熟讀,
便如己說, 如此方是. 今來學者一般是專要作文字用, 一般是要說得新奇, 人說得不

각을 세워서는 안 된다고, 그래야 도리가 분명해진다[78]고 반복해서 말
하는가 하면, 자신과 논쟁을 벌이거나, 고전 해석에 의문을 표시하는
이들에게 먼저 마음을 비워 선입견 없이 문제를 살피라고 자주 충고
한다. 그렇게 하지 않으면, 새로 접하는 것들을 공정하게 대할 수 없는
까닭이다.

예컨대 다음은 주희가 자신의 외가 쪽 친척, 정순程洵에게 보낸 서
한의 일부다.

> "이 두 가지 뜻은 마음을 비우고 오래 음미하면 자연히 알게 될 것입
> 니다. 먼저 자리 잡은 생각에만 사로잡혀 있으면, 따지는 생각이 어지
> 럽게 일어나 통할 수 있는 때가 없을 것입니다[79]."

논쟁의 과정에서 흔히 나올 법한, 별 의미 없는 말이라 할 수도 있을
것이다. 종종 주희의 이러한 충고는 논쟁 중인 주제와는 무관하게 상
대방의 수양 정도를 흠잡는 것으로 폄하되기도 한다[80]. 위의 표현만을

如我說得較好, 此學者之大病. 譬如聽人說話一般, 且從他說盡, 不可勒斷他說, 便
以己意見抄說. 若如此, 全不見得他說是非, 只說得自家底, 終不濟事."『朱子語類』
(11:105)
78) 看文字須是虛心. 莫先立己意, 少刻多錯了. 又曰. "虛心切己. 虛心則見道理明, 切
己, 自然體認得出."『朱子語類』(11:23)
79) "此二義但虛心味之, 久當自見. 若以先入爲主, 則辯說紛拏, 無時可通矣."『朱熹集』
卷 41「答程允夫」제 11서
80) 예컨대 주희는 육씨 형제에게도 비슷한 말을 여러 차례 했는데, 육구연은 다음과
같이 응했다. "예전에 남강南康에서 고자告子의 '말에서 얻지 못하거든 마음에서
구하지 말라'는 구절에 대한 설명하신 것이 그릇되었다 논쟁을 때, 저에게 마음을
가라앉혀 공정하게[平心] 살피라고 하셨습니다. 저는 이처럼 말씀드린 적이 있지
요. '갑과 을이 논쟁을 하는데, 서로 자기 말이 옳다고 하는 중이라 칩시다. 갑은 을
이 마음을 가라앉혀 공정해지기를 바란다고 하고, 을 역시 갑이 마음을 가라앉혀

두고 보면, 사실 부정하기 어렵다. 주희에게도 자신의 말을 적용하지
못할 이유가 없기 때문이다.

　하지만 그가 내놓는 문맥 사이에서, 이러한 환기는 주요한 위치를
차지한다. 어떤 주제든 논쟁의 도마에 오르는 것은 일시적이다. 하지
만 이 충고는 그 모든 일시적인 문제를 해결하게 하는 배후가 된다는
의미에서, 모든 논쟁에서 핵심적인 위치를 점하고 있다고 할 만한 것

공정해지기를 바란다고 합니다. 마음을 가라앉혀 공정하게 한다는 것은 알기 어
려운 것 같으니, 일에 근거해 리를 논하는 것만 못합니다.(向在南康, 論兄所解告
子'不得於言, 勿求於心'一章非是, 兄令某平心觀之. 某嘗答曰, 甲與乙辨, 方是是其
說. 甲則曰願某乙平心也, 乙亦曰願某甲平心也. 平心之說, 恐難明白, 不若據事論理
可也.)"『象山集』卷12,「與朱元晦」제 1서. 노사광勞思光은 이를 두고 다음과 같
이 정리하고 있다. "육상산은 또 주희는 남에게 '평온한 마음[平心]'으로 이치를
보라고 요구길 좋아한다고 하였다. 사실 변론 중 쌍방이 모두 이와 같이 말할 수
도 있었으나, 문제의 해결에 무익하다. 이것은 거의 주희가 먼저 다른 사람의 이의
異議가 모두 다른 사람의 함양涵養 또는 학문연구 태도의 잘못에서 나온 것이라
고 가정하기를 좋아하여 객관적 이론 문제를 보지 못하였다고 풍자한 것이다. 그
가(육상산이) 이와 같이 말하는 이유는 주희가 언제나 이러한 말투로써 육씨 형제
와의 문제를 이야기하였기 때문이다."『中國哲學史』(宋明篇), 鄭仁在 譯, 探求堂,
1991, 432쪽. 참고로 육구연의 말에 주희는 다음과 같이 답했다. "이 말은 정말 좋
습니다. 하지만 제가 마음을 가라앉혀 공정하게 해야 한다고 했던 일은 단지 갑이
을의 견해를 따르고 을이 갑의 견해를 따르도록 하는 것이 아닙니다. 또한 일의 시
비를 가리지 않는다는 것도 아닙니다. 다만 양쪽 모두 잠시 자신을 옳고 상대는 그
르다는 생각을 접어둔 후에야 일에 따라 리를 논할 수 있으며, 시비를 가릴 수 있
게 된다는 것입니다. 범죄 사건을 맡았을 때 마땅히 마음을 공공하게 해야 하는 것
이 예가 될 수 있겠지요. 그른 것을 옳은 것이라고 고치거나 옳은 것을 그른 것이
라 고쳐도 된다는 것이 아닙니다. 옳고 그름을 모두 따지지 않는다는 것도 아니지
요. 다만 먼저 자기 의향대로 해서는 안 된다는 것이니, 그렇게 한 후에 쌍방의 말
을 자세히 듣고 뒤섞여 있는 증거를 널리 구하면 결국에는 옳고 그름의 마땅함을
얻을 것입니다.(此言美矣. 然熹所謂平心者, 非直使甲操乙之見, 乙守甲之說也. 亦
非謂都不論事之是非也. 但欲兩家姑暫置其是己非彼之意, 然後可以據事論理, 而終
得其是非之實. 如謂治疑獄者當公其心, 非謂便可改曲者爲直, 改直者爲曲也. 亦非
謂都不問其曲直也. 但不可先以己意之向背爲主, 然後可以審聽兩造之辭, 旁求參伍
之驗, 而終得其曲直之當耳.)"『朱熹集』卷36,「答陸子靜」제 6서

이기 때문이다. 하나의 신념을 고수하고 있다면, 새롭게 접하는 일은 기존에 갖고 있던 입장에 의거해 시비가 갈리고 말 것이다.

그런데 이처럼 허심을 강조했다 하더라도, 주희가 생각 자체를 없애야 한다 말했던 것은 아니었다. 이 점은 분명히 밝혀두어야 한다. 군자는 생각을 통해 선을 행하고, 소인은 그것으로 악을 행한다고 했다[81]. 거울에서 먼지를 제거하고 저울을 비워둔 것은, 그것이 사물을 잘 비추고 무게를 잘 잴 수 있도록 한 것이었다. 그런데 만약 전혀 생각 없이 행동한다면, 이는 그야말로 남이 이끄는 대로 움직이는 것이 될 터이다. 생각은 '일이 생기면 일에 응하고, 일이 끝나면 다시 고요해지도록 해야 하는[82]' 방식으로 다루어야 할 도구다.

『통서通書』「사思」에 대한 다음 문답은 바로 이러한 경계를 담고 있다. 반시거潘時擧는 성인에게도 생각이 있는지를 진지하게 묻는다.

물었다. "'생각이 없는 것이 본本이고, 생각하여 통하는 것이 용用이다. 생각하지 않아도 두루 통하는 것이 성인'이라고 했습니다. 성인은 생각이 있는 것입니까, 아니면 없는 것입니까"

대답하셨다. "생각하지 않아도 두루 통하는 사람을 성인이라 하고, 반드시 생각한 후에 두루 통하는 것을 '슬기롭다[睿]'고 한다."

시거가 물었다. "성인이 고요하여 동動하지 않는다는 것[寂然不動]은 생각하지 않는 것이고, 감感하자마자 통通하는 것은 그것에 응應하는 것일 뿐입니까?"

---

81) "思, 是發用之機, 君子爲善, 小人爲惡."『朱熹集』卷 42,「答石子重」제 9서
82) "及其有事, 則隨事而應, 事已, 則復湛然矣. 不要因一事而惹出三件兩件. 如此, 則雜然無頭項, 何以得他專一!"『朱子語類』(12:141)

말씀하셨다. "성인은 장자莊子가 '밀치면 가고 끌면 멈춘다'고 말하는 것처럼, 흙덩이마냥 남이 떠밀어서 움직이는 것은 아니다. 생각하자마 자 바로 통하고 큰일을 대비하며 사색하는 것이 아닌 것뿐이다."

시거가 이어서 말했다. "그렇다면 일이 없을 때는 전혀 생각하지 않 다가, 일이 닥치면 생각하여 바로 통한다는 것이로군요[83]."

『통서通書』에서, 주돈이는 마음의 본本은 생각이 없는 것이고, 성인 은 생각하지 않아도 두루 통한다고 했다. 이 말은 마치 성인에게는 생 각이 없다고 하는 것처럼 보인다. 그런데 주희는 그렇게 읽지 않는다. 그는 성인이 남이 이끄는 대로 움직이는 흙덩이 같은 존재가 아니라 고 한다. 성인은 일이 닥치면 생각하여 응할 뿐[思通-用], 미리 대비 하거나 하지 않는다는 것[無思-本]이다. 그는 다만 외부적 상황에 대 한 인지와 이에 대한 즉각적 판단의 움직임, 지知와 행行의 동시성으 로 인해, 생각을 하기는 하되 마치 하지 않는 듯한 모습을 보이고 있을 뿐이다. 지금 맞이하고 있는 일 외적인 생각의 개입 없이, 외부의 자극 [感]에 곧바로 적절한 반응으로 연속[通]되기에 그 이행의 몸짓은 상 황과 자연스럽게 어우러진다. 이는 다음 절에서 살필 중화설中和說에 서, 미발未發의 중中[體]이 이발已發의 화和[用]의 조건으로 말해지는 것과 같은 이야기이기도 하다. 그렇다면 마음의 이상적 능력 발휘는 생각이 일어나는 시간적 기점起點이라는 측면에서 살필 수도 있는 것

---

83) 問. "無思, 本也, 思通, 用也, 無思而無不通爲聖人.' 不知聖人是有思耶? 無思耶?" 曰. "無思而無不通是聖人, 必思而後無不通是睿." 時擧云. "聖人寂然不動, 是無思, 才感便通, 特應之耳." 曰. "聖人也不是塊然由人撥後方動, 如莊子云'推而行, 曳而 止'之類. 只是才思便通, 不待大故地思索耳." 時擧因云. "如此, 則是無事時都無所 思, 事至時才思而便通耳." 『朱子語類』(94:171)

이다.

일이 끝났는데도 미련을 둔다든가 혹은 미래에 대한 대비가 분분할 때, 본디 무궁하게 변화하는 외부 일을 대하면서도 자신의 변함없는 신념을 고집할 때, 생각과 몸이 처한 상황 사이에는 시차時差가 발생한다. 그렇다면 '존심存心(구방심求放心)'이라는 공부가, 현재라는 시간과 어긋나 있는 사람들을 자신이 처해 있는 상황 안으로 복귀시키는 것을 주된 내용으로 하게 됨은 너무도 당연하다 하겠다.

"마음을 바르게 한다는 것은 이 마음을 다른 마음으로 바로잡는다는 것이 아니다. 다만 이 마음을 지금 여기에 보존할 수 있으면, 분노와 두려움, 기쁨과 근심이 저절로 오지 못한다[84]."

구체화된 것이란, 그 시공간적 제약으로 인해 동시에 다른 것이 될 수 없는 것이었다. 만약 마음이 현재에 집중하고 있는 상태라면, 그래서 때에 맞는 심리 활동을 일으키고 있다면, 다른 감정들은 여기에 끼어들 수 없다.

---

84) "正心, 卻不是將此心去正那心. 但存得此心在這裏, 所謂忿懥·恐懼 · 好樂 · 憂患自來不得." 『朱子語類』(16:136)

3
방심放心에 대한 경계로서의 중화신설中和新說

(一)

주희의 마음관을 이해하기 위해서는 먼저, 그가 마음의 본래 영역을 몸으로 보고 있다는 점을 놓쳐서는 안 된다. 또한 모두는 다른 것과의 관계를 통해 유동적으로 존재하는 것이니, 몸은 그것이 처한 상황과 분리시켜 볼 수 없는 것임을 분명히 해야 한다. 리는 서로 다른 것들의 상호작용을 관통하는 것이고, 본래적으로 선한 성性은 마음의 리理[85]다. 사람이 다가오는 일에 사적 관심의 장애 없이 대응하고 있을 때, 리는 별 특별한 일도 아닌 듯 저절로 들어선다.

주희가 마음의 문제적 상황으로 지목하는 '방심'은, 사사로운 관심으로 인해 생겨난, 현재 몸이 놓여있는 상황맥락으로부터의 단절을 의미했다. 그는 이를 가리켜 '틈[間斷/間隔]'이 생겼다고 표현한다. 그러한 상태에서 사람은 감수성이 저해되어, '마땅히 보아야 할 것을 보지 못하고, 마땅히 들어야 할 것을 듣지 못한다.' 때문에 그의 행동은 굴절되고, 이를 지켜보는 다른 사람들은 그가 마치 '이유도 없이 기뻐

---

85) "性是心之理."『朱子語類』(5:89)

하거나 분노하고, 그러한 감정이 심해 다스릴 수도 없는 지경[86]'에 있다고 판단할 수밖에 없게 된다. 자신이 처한 상황의 맥락에 합류하지 못하고 있는 사람은 곧 미친 사람과도 같다.

두유杜斿가 물었다. "염계濂溪[周敦頤] 선생은 도가 지극히 귀한 것이라고 여러 차례 말씀하셨습니다."
말씀하셨다. "주 선생은 세상의 어리석은 무리들이 외물外物로 인해 동요하는 것이 마치 불구덩이에 떨어지는 것과 같은 걸 보고, 차마 그 모습을 두고 볼 수가 없었기에 이처럼 여러 차례 말씀하신 것이다. 세상 사람들은 마음을 몸속에 보존하지 못하여서 미친 것 같은 상태인데도 이를 스스로 깨닫지 못한다[87]."

어린아이가 우물에 뛰어드는 다급한 상황을 목도하면서도 측은해하는 마음이 생기지 않는 악[88]은 바로 이 지점에서 발생한다. 악의 기원을 이처럼 설명하는 이상, 당연히 도덕적 지식을 갖추고 의식적으로 이를 실천하려 하는 것이 이들의 관심사가 될 수는 없다. 이는 후에 격물치지格物致知에 대한 설명에서 분명해질 것이다.
각자의 처지에서 '방심'이라 지칭되는 내용이 아무리 다양하다 하더라도, 그것이 현재 처한 상황에 대한 주의력의 부재를 통칭하는 것인

---

86) 각주 41), 『朱子語類』(78:196)
87) 杜斿問. "濂溪言道至貴者, 不一而足." 曰. "周先生是見世間愚輩爲外物所搖動, 如墮在火坑中, 不忍見他, 故如是說不一. 世人心不在殼子裏, 如發狂相似, 只是自不覺."『朱子語類』(94:205)
88) "心是動底物事, 自然有善惡. 且如惻隱是善也, 見孺子入井而無惻隱之心, 便是惡矣. 離著善, 便是惡."『朱子語類』(5:34)

이상, 문제를 바로잡는 길은 당연히 '지금 여기'로 관심을 집중시키는 데 있다. 이는 곧 사적 관심을 접고 상황과의 관계성을 회복하는 길이 된다. 다음은 존심存心 공부에 대한 주희의 직접적 설명들이다.

누군가 '존심存心'에 대해 물었다.

대답하셨다. "'존심'이란 단지 내 몸이 있다는 것을 아는 것이다. 예 컨대 손님을 맞이할 때로 말하자면, 다만 내 몸이 지금 여기서 손님을 대하고 있음을 아는 것이다[89]."

"'존심'은 처음에만 하는 공부가 아닌데, 처음에도 물론 붙잡아 지금 여기에 있게 해야 하며, 익숙하게 보존할 수 있게 된 다음에도 계속 그 렇게 해야 한다. '존심'이란 (마음이) 언제나 지금 여기에 있도록 하는 것일 뿐이다[90]."

'존심'에 대해 다시 물었다.

대답하셨다. "달리 어떤 것을 가지고 존심하는 것이 아니다. 〈임사林 賜는 "하나의 사물을 붙잡아 보존하듯 하는 것이 아니"라고 기록했다.〉 공자는 "일상에서는 공恭하고, 일을 처리할 때는 경敬하며, 사람을 대할 때는 충忠하라"고 했는데, 이것이 바로 존심하는 방법이다. 예컨대 옳 지 않다는 생각이 드는 말은 하지 않고, 옳지 않다고 생각되는 일은 하 지 않는 것도 존심의 방법이다[91]."

---

89) 或問存心. 曰. "存心只是知有此身. 謂如對客, 但知道我此身在此對客."『朱子語類』 (12:40)
90) "存(心), 也非獨是初工夫, 初間固是操守存在這裏, 到存得熟後, 也只是存. 這'存'字 無終始, 只在這裏."『朱子語類』(60:34)
91) 再問存心. 曰. "非是別將事物存心.〈賜錄云. "非是活捉一物來存著."〉孔子曰. '居處

그는 존심과 관련해 1)'지금 여기에[在此/在這裏]'라는 표현을 자주
쓴다. '마음을 지금 여기에 있도록 하는 것'이 바로 '존심' 공부의 중심
축에 해당된다. 2)옳지 않다고 생각되는 일은 하지 말라는 것 역시, 현
재 처한 곳에서 시기적절한 행위를 하고 있는지 스스로를 점검하라는
의미가 된다. 결국 존심이란 현재 처한 상황에 집중하여, 자신에게 주
어지는 역할을 바르게 인지하고 행하라는 의미인 것이다.

주희는 마음을 외부 조건과의 상호 작용 안에 있는 몸을 주재하는 것
으로 이해했다. 때문에 마음만을 대상화해서 인식하려거나 직접 제어
하려고 하는 태도를 경계했고, 그의 존심 공부에는 그러한 생각이 잘
발휘되어 있다. 마음이 어떤 감정이나 생각으로 고정되어 주변과 틈이
벌어진 상태가 아니라면, 즉 현재 마주 대하는 일에 집중해서 그것이
일으키는 자연스런 정감에 따를 수 있다면, 그 행위는 저절로 절도에
맞을 것이었다. 그는 존심하면 사물事物에 맥락이 관통하는 곳을 알게
된다고[92]했다. 존심하면 자연스럽게 리가 그 가운데 있는 것[93]이다.

(二)

그런데 그가 처음부터 이러한 입장을 보였던 건 아니다. 그것은 이
른바 주희 철학이 성숙해지는 전환점으로 평가되는 기축지오己丑之

恭, 執事敬, 與人忠.' 便是存心之法. 如說話覺得不是, 便莫說, 做事覺得不是, 便莫
做, 亦是."『朱子語類』(12:37)

92) "大學'在明明德'一句, 當常常提撕. 能如此, 便有進步處. 蓋其原自此發見. 人只一心
爲本. 存得此心, 於事物方知有脈絡貫通處."『朱子語類』(11:19)

93) "心 · 性 · 理, 拈著一箇, 則都貫穿, 惟觀其所指處輕重如何. 如"養心莫善於寡欲, 雖
有不存焉者寡矣". "存"雖指理言, 然心自在其中. "操則存", 此"存"雖指心言, 然理自
在其中."『朱子語類』(5:53)

悟[94]의 각성을 필요로 했다. 주희는 스승 이통李侗을 통해 도남학道南學을 먼저 접했다. 하지만 그 학문의 요체를 파악하기도 전에 이통이 죽고, 장식張栻과의 친분으로 호상학湖湘學을 접하게 된다. 기축지오를 계기로 수립한 새로운 학설, 중화신설中和新說은 호상학의 이론에 경도되어 있던 주희가 이를 극복하는 과정에서 제기한 것이다. 그는 호상학에서 어떤 문제를 봤던 것일까.

다음은 호상학파 호굉胡宏이 생각하는 '존심'이 어떤 것이었는지를 살필 수 있는 일단이다.

> 물었다. "사람이 인仁하지 못한 까닭은 그 양심良心을 잃어버리기 때문입니다. 방심한 상태에서 마음을 구하는 게 가능합니까?"
>
> (호굉이) 대답했다. "제선왕은 소를 보고 차마 죽이지 못하였으니, 이 양심의 싹이 이욕의 틈에서 나타나기 때문이다. 일단 나타나면 붙잡아 보존하고, 보존해 기르며, 길러서 확충하여 크게 되고, 크게 되어 그치지 않으니 자연과 같다. 이 마음은 사람에게 그 발현의 단서가 같지 아니하므로, 요지는 그것을 아는 데 있다[95]."

---

94) 이로 인한 새로운 학설은 주로 '중화신설中和新說'로 칭해진다. 당시 주희 나이는 40세(1169년)였다. 이전의 견해(즉 중화구설中和舊說)는 주로 호상학의 것과 비슷하다는 것이 정설로 통한다. 구설은 그가 장식張栻(자는 흠부欽夫 혹은 경부敬夫)에게 보낸 다음 서한에 잘 나타나 있다. 「與張欽夫」제 3서(『朱熹集』권 30), 「與張欽夫」제 4서(『朱熹集』권 30), 「答張敬夫」제 34서(『朱熹集』권 32), 「答張敬夫」제 35서(『朱熹集』권 32) 주희가 중화신설에 이르는 과정을 추적하거나 이와 관련해서 '미발未發'의 의미를 탐구하는 연구는 이미 많다. 여기서는 미발함양未發涵養이 가지고 있는 핵심적인 내용이 무엇인지, 이를 존심存心의 의미와 관련지어 이해해 보려고 한다.

95) 問曰. "人之所以不仁者, 以放其良心也. 以放心求心, 可乎?" 曰. "齊宣王見牛而不忍殺, 此良心之苗裔, 因利欲之間而見者也. 一有見焉, 操而存之, 存而養之, 養而充之, 以至于大, 大而不已, 與天同矣. 此心在人, 其發見之端不同, 要在識之而已." 『知言』

호굉은 존심을 마음의 활동 가운데서 드러나는 본성의 실마리[端倪], 양심의 싹을 인식하고 이를 확충하는 공부로 설명한다. 이른바 '선찰식先察識, 후함양後涵養(찰식단예察識端倪, 또는 이발찰식已發察識이라고도 한다)'의 입장이다. 똑같이 자연과 같아질 것을 말하더라도, 앞서 살핀 주희의 마음이론과는 확연히 다름을 알 수 있다. 주희는 이러한 입장에서 어떠한 문제를 보았던 것일까. 그는 구설舊說을 따랐던 데서 비롯된 어려움을 다음과 같이 술회한다.

"예전의 강론과 사색은 마음을 이발已發로만 여기고, 일상에서의 공부도 찰식단예를 먼저 힘쓸 곳으로 여겼습니다. 때문에 오히려 평일에 함양하는 일단의 공부를 결여하게 되었습니다. 그리하여 마음속은 분요하여 깊이 순일한 맛이 없게 되었으며, 그 언어나 일로 드러난 것도 항상 급박하고 들떠서 온화하고 심후한 풍모가 다시는 없게 되었습니다. 본 것이 어긋나서 그 해로움이 이렇게나 크니, 살피지 않을 수 없습니다[96]."

예전에는 마음을 이발의 것으로만 여긴 탓에, 평소에 함양하는 공부를 결여하게 되었고, 때문에 심신이 불안정하게 되었다는 것이다. 마음속은 분요하고, 언행도 경박해졌다고 했다. 찰식단예를 우선할 공부로 알고 힘을 기울이는 것이 어떻게 이러한 결과를 초래한다는 것

卷 4

[96] "向來講論思索, 直以心爲已發, 而日用工夫, 亦止以察識端倪, 爲最初下手處. 以故闕却平日涵養一段工夫. 使人胸中擾擾無深潛純一之味, 而其發之言語事爲之間, 亦常急迫浮露, 無復雍容深厚之風. 蓋所見一差, 其害乃至於此, 不可以不審也." 『朱熹集』卷 64, 「與湖南諸公論中和第一書」

인가. 이 물음에 답하는 것이 주회와 호상학과의 절연을 이해할 수 있
는 관건이 될 것이다. 이제 주회가 마음의 미발과 이발 상태에 부여하
는 의미와 찰식단예를 문제 삼는 까닭을 함께 살펴야 한다.

> 『문집文集』과 『유서遺書』의 설명에 따르면, 모두 사념이 싹트지 않고
> 일을 맞이하지 않았을 때를 희로애락의 미발未發이라고 하는 것 같습니
> 다. 바로 이러한 때가 마음의 적연부동寂然不動한 체體이니 천명지성天
> 命之性이 갖추어져 있는 것입니다. 과불급이 없고 치우치지 않은[不偏不
> 倚] 까닭에 중中이라고 합니다[97]. 그것이 천하의 일에 감이수통感而遂通
> 하게 되면 희노애락의 성性이 발하여 마음의 용用을 볼 수 있게 되는데,
> 절도에 맞지 않음이 없고 어그러진 바가 없기에 화和라고 합니다[98]."

잘 알려진 것처럼, '희로애락의 미발'이란 표현은 『중용』을 출전으
로 한다. '희로애락이 발하기 전을 중中이라 하고, 그것이 발하여 절도
에 맞는 것을 일러 화和라 한다(喜怒哀樂之未發, 謂之中. 發而皆中節, 謂
之和.)'고 했다.

주회는 정씨程氏 형제의 글에 근거해서, 미발을 일을 맞이하지 않은
때이고 희노애락의 감정이나 사념이 싹트지 않은 상태로 규정한다.

---

97) 다른 곳에서 주회는 '치우치지 않는다[不偏不倚]'와 '과불급이 없다[無過不及]'을
각각 미발의 중과 이발의 중에 해당하는 것으로 설명하기도 했다. "蓋不偏不倚, 猶
立而不近四旁, 心之體, 地之中也. 無過不及, 猶行而不先不後, 理之當, 事之中也. 故
於未發之大本, 則取不偏不倚之名. 於已發而時中, 則取無過不及之義, 語固各有當
也."『中庸或問』
98) "按文集遺書諸說, 似皆以思慮未萌, 事物未至之時, 爲喜怒哀樂之未發. 當此之時,
卽是此心寂然不動之體, 而天命之性, 當體具焉. 以其無過不及, 不偏不倚, 故謂之
中. 及其感而遂通天下之故, 則喜怒哀樂之性發焉, 而心之用可見, 以其無不中節, 無
所乖戾, 故謂之和."『朱熹集』卷64,「與湖南諸公論中和第一書」

일 없을 때 감정도 생각도 발하지 않은 것이라면 곧 사사로운 주관의 활동이 개시되지 않은 상태라는 점⁹⁹⁾에서 그 의의를 찾아도 될 것이다. 그리고 그는 이러한 미발의 때에 천명지성天命之性이 갖추어져 있다고 했다¹⁰⁰⁾. 요순과 같은 성인이나 우매한 보통 사람들이나 미발의

---

99) 이승환은 다음 글을 인용하며 '이렇게 해야지(要恁地)'라는 자기 중심적 계기가 활동을 시작하는 순간, 의식은 곧바로 이발에 속하게 된다고 말한다.(「朱子 수양론에서 未發의 의미: 심리철학적 과정과 도덕심리학적 의미」『退溪學報』(제 119집), 20쪽) 問. "中庸或問說, 未發時耳目當亦精明而不可亂. 如平常著衣喫飯, 是已發, 是未發?" 曰. "只心有所主著, 便是發. 如著衣喫飯, 亦有些事了. 只有所思量, 要恁地, 便是已發."『朱子語類』(62:141)

100) 주희는 미발 시의 마음이라 하더라도, 이미 유행하는 가운데 있으므로, 곧바로 성이라고 할 수는 없다고 말한다.("當此(未發)之時, 卽是心體流行, 寂然不動之處, 而天命之性體段具焉. 以其無過不及, 不偏不倚, 故謂之中. 然已是就心體流行處見, 故直謂之性則不可."『朱熹集』卷 67,「已發未發說」) 미발의 마음조차 성이라고 할 수 없다는 것은, 일견 주희가 마음을 기로 보고 있다는 입장을 지지해주는 것 같기도 하다. 주희의 심이 형이상자인지 형이하자인지에 대해서는 학자들 사이에 이론이 분분하다. 진래陳來는 본래적으로 허령虛靈한 것이고 '붙들거나 놓치고 보존하거나 잃어버리는 신명불측神明不測한' 마음을 형이하의 기로 볼 수 없다고 한다. 陳來,『朱子哲學硏究』北京: 三聯書店, 2010, 256. 또 몽배원蒙培元은 주희가 '심心'이라고 말하는 것은 최소한 두 가지 층차의 의미를 지닌다고 했다. 하나는 지각 운동 또는 영명한 심을 가리키는 것으로, 형이하학적인 인식심이며, 또 다른 하나는 신묘함과 밝음을 헤아릴 수 없고, 잡으면 보존되고 놓으면 잃어버리는 심을 가리키는 것으로, 도덕관념과 도덕의식을 가리킨다고 했다. 그는 이 두 번째 심이 형이상자로, '본심本心' 또는 '의리지심義理之心'으로 불린다고 했다. 때문에 그는 주희가 마음을 형이상자나 형이하자로 말했다기보다는 그 사이의 것으로 봤으며 이것이 주희의 심이 오묘하게 되는 이유라고 했다. 蒙培元(홍원식 외 역)『성리학의 개념들』예문서원, 2008, 411~413쪽. 하지만 앞서 살핀 것에 따르면, 방심은 마음이 현 상황과 무관한 생각이나 감정에 머물러 성(리)의 발휘가 가로막힌 상태를 의미한다. 때문에 잡으면 보존되고 놓으면 잃어버리는 마음은 도덕관념과 도덕의식이라 할 수도, 형이상자라 할 수도 없는 것이었다. 논자는 이 문제가 크게 중요하다고 생각하지 않지만 굳이 다루어야 한다면, 심통성정론心統性情論이나 "마음은 성에 비하면 조금 자취가 있고, 기에 비하면 물론 조금 더 신령하다(心比性, 則微有跡, 比氣, 則自然又靈)."『朱子語類』(5:41)는 표현 등에 의거, 마음을 형이상의 것이라 할 수는 없고, 다만 주체의 능

마음은 모두 같다[101]고 했던 것은 이 때문이다.

　미발의 중에 천명지성이 갖추어져 있는 것이 누구에게나 마찬가지라면, 이때 스스로의 마음을 들여다보면 그것이 무엇인지 알 수 있을 것 같다. 그런데 주희는 미발의 중을 인식의 대상으로는 설명하지 않는다. 이미 마음에 사념이 싹튼 이상, 그것은 미발 상태라 말할 수 없지 않은가. 그리고 태극 논의에서 보았듯이, 중은 어떠한 구체화된 관념으로 포착할 수 있는 것이 아니었다. 만약 하나의 관념으로 중을 설명하려는 시도를 한다면, 이는 곧 그 밖의 것을 배척하는 것이 될 것이기에 어느 한쪽 편을 드는 것과 다를 바 없고, 이는 곧 부중不中이다. 그런데 그는 미발의 기상을 항시 보존하여 잃어버리지 않도록 해야 한다고 했다. 이것이 어떻게 가능한가. 다음 인용을 보자.

　　"'중中'과 '화和', 두 글자는 모두 도道의 체體와 용用이고, 사람으로 말하자면 미발未發과 이발已發을 말합니다. 신독愼獨을 하지 못한다면, 사물이 다가오기 전부터 이미 어수선하여 혼란스러우니, 미발의 때를 회복할 수 없어 '중'에 이를 수 없으며, 발發해서는 반드시 어그러져서 '화'에 이를 수도 없게 됩니다. 계신공구戒愼恐懼해서 잠시라도 떠나지 않아야 중화에 이를 수 있고, 대본大本과 달도達道도 내게 있게 될 것입니다[102]."

력에 따라 성과 정을 일치 정도를 높여 그 고정성을 줄여나갈 수 있으리라는 정도의 정리에 그칠 수 있으리라 생각한다.
101) "未發之時, 自堯舜至於塗人, 一也."『朱子語類』(26:16)
102) "蓋中和二字, 皆道之體用, 以人言之, 則未發已發之謂. 但不能愼獨, 則雖事物未至, 固已紛綸膠擾, 無復未發之時, 旣無以致夫所謂中, 而其發必乖, 又無以致夫所謂和, 惟其戒謹恐懼, 不敢須臾離, 然後中和可致, 而大本達道乃在我矣."『朱熹集』卷43,「答林擇之」제 20서

주희는 미발未發의 중中을 체體, 이발已發의 중中(또는 시중時中의 중中)을 용用이라고 설명한다[103]. 미발과 이발은 단절되어 있지 않은 것이다. 미발의 중이라고 하는 상태는 일을 맞이했을 때 감정과 생각이 일어나는, 치우침 없는 출발점과 같다. 만약 그 출발점이 한 편으로 치우친 지점[偏倚]에 있다면, 맞이하는 일이 불러일으키는 만큼의 반응에 그치지[止] 못하게 될[過不及] 것을 충분히 예상할 수 있다. 마음에 분노가 차 있던 상태에서 애먼 사람한테 화풀이 하는 장면이나 하나의 신념을 고집하다가 때에 맞지 않는 행동을 하는 경우를 생각해 보면 된다. 이것이 마음이 안정되지 않은 상태에서라면 미발의 때를 회복할 수 없어 사물이 다가왔을 때 화和를 이루지 못하게 된다는 것의 실제 의미이다[104].

"미발未發의 중中은 본체가 스스로 그러하므로 궁구해서는 안 된다. 다만 이때 경敬으로 유지하여, 이 기상이 항시 보존되어 잃어버리지 않도록 한다면, 이로부터 발한 것은 반드시 중절中節할 것이다. 이것이 일상에서의 근본이 되는 공부이다[105]."

주희는 마음의 미발 상태에서 치우침이 없도록 하는 것이 일을 맞이한 이발의 때에 적합한 행위를 보증한다고 설명한다. 그는 저 『중

103) "未發之中是體, '時中'之'中'是用, '中'字兼中和言之."『朱子語類』(62:9)
104) 따라서 진래陳來가 중화신설中和新說을 이성주의로의 전환으로 읽은 것은 주희의 문제의식을 살리지 못한 접근이었다고 생각한다. 陳來,『朱子哲學硏究』北京: 三聯書店, 2010, 205.
105) "未發之中, 本體自然, 不須窮索. 但當此之時, 敬以持之, 使此氣象常存而不失, 則自此而發者其必中節矣. 此日用之際本領工夫."『朱熹集』권 67,「已發未發說」

용』의 구절에, 미발시未發時 치우침 없이 '중中'의 상태에 머무는 것이 이발시已發時 '화和'를 가능하게 하는 조건이 된다는 의미를 입혔다고 할 수 있다[106]. 마음은 선을 향하는 자발적 능력을 본래 갖고 있고, 그 자발성에 길을 열어주는 길은 일을 맞이함에 있어 어떠한 감정이나 생각의 선입先入이 없도록 하는 것, 즉 미발의 중을 회복하는 데 있다. 이는 곧 이어질 마음의 행보에 어떠한 제한도 두지 않고, 스스로가 취할 수 있는 모든 가능성을 살려두는 것이라고 말할 수 있을 것이다. 그는 이렇게 할 경우, 저절로 의리를 편안하게 느끼게 된다고 했다.

> "붙들어 보존하면 이것이 바로 본체일 뿐이니, 달리 구할 필요가 없습니다. 붙들기를 오래하여 익숙해지도록 하면, 저절로 의리를 편안히 느끼게 되어 경솔하게 행동하지 않게 될 것이니, 이에 적연寂然한 것은 찰식察識할 필요도 없이 자연히 드러날 것입니다[107]."

그런데 미발의 중이 이발의 화를 이루는 조건이 된다는 설명은, 존심하면 자기의 본성이 선함을 알 수 있다고 했던 것이나 희로애락이 절도 있게 될 것이라 했던 것[108]과 다르지 않아 보인다. 주희는 미발의 중으로 표현되는 마음의 체를 비어있는 거울, 물체를 올리지 않은 저

---

106) 다음 인용에서도 같은 내용을 확인할 수 있다. "然方其未發, 雖未有無過不及之可名, 而所以爲無過不及之本體, 實在於是. 及其發而得中也, 雖其所主, 不能不偏於一事. 然其所以無過不及者, 是乃無偏倚者之所爲, 而於一事之中, 亦未嘗有所偏倚也."『中庸或問』

107) "蓋操之而存, 則只此便是本體, 不待別求. 惟其操之久而且熟, 自然安於義理而不妄動, 則所謂寂然者, 當不待察識而自呈露矣."『朱熹集』卷 47「答呂子約」제 3서

108) "但操存得在時, 少間他喜怒哀樂, 自有一箇則在."『朱子語類』(12:42)

울에 자주 비유[109]하는데, 이러한 비유 역시 앞 절에서 살핀 인용들을
통해 이미 익숙하지 않은가. 미발함양은 곧 존심을 의미했던 것이다.
그의 다음 말들이 이들의 연관을 뒷받침한다.

"내가 보기에 적연부동寂然不動의 마음은 모두가 갖고 있는 것이지
만, 감이수통感而遂通은 오직 성인만이 그렇게 할 수 있다. 사람들은 이
마음을 갖고 있더라도, 미발未發의 때부터 벌써 상념이 어지러이 뒤섞
여 꿈자리에서조차 어수선하니, 일찍이 조존지도操存之道가 있던 적이
없다. 이런 상황에서 마음이 감발할 때, 어떻게 성인처럼 중절中節할 수
있겠는가[110]."

"지금 일상에서 한가로울 때 이 마음을 여기에 분명하게 모을 수 있으
면, 이것이 바로 희로애락 미발의 중이며, 바로 혼연한 천리이다. 사물이
다가오면 그 옳고 그름을 따르니, 옳은 것이 천리이고 그른 것은 천리를
어기는 것임을 저절로 분명하게 알 수 있을 것이다. 항상 이렇게 이 마음
을 수습할 수 있으면, 곧 저울을 쥐고 사물을 재는 것과 같다[111]."

결국 주희의 미발함양은 일을 맞이했을 때 그것에 적절하게 응할

---

109) "人之一心, 湛然虛明, 如鑑之空 如衡之平, 以爲一身之主者, 固其眞體之本然." 『大
學或問』 "但平日莊敬涵養之功至, 而無人欲之私以亂之, 則其未發也, 明鏡止水,
而其發也, 無不中節矣." 『朱熹集』 卷 64, 「與湖南諸公論中和第一書」

110) "某看來, 寂然不動, 衆人皆有是心, 至感而遂通, 惟聖人能之, 衆人卻不然. 蓋衆人
雖具此心, 未發時已自汩亂了, 思慮紛擾, 夢寐顚倒, 曾無操存之道, 至感發處, 如何
得會如聖人中節?" 『朱子語類』(95:2)

111) "今於日用空閑時, 收得此心在這裏截然, 這便是喜怒哀樂未發之中, 便是渾然天
理. 事物之來, 隨其是非, 便自見得分曉, 是底, 便是天理, 非底, 便是逆天理. 常常恁
地收拾得這心在, 便如執權衡以度物." 『朱子語類』(12:30)

수 있도록, 방심의 상태가 되는 것을 경계하는 의미가 담겨 있는 것이라고 할 수 있다. 일을 맞이하기 전에 어떠한 생각이나 감정으로 인해 균형을 잃지 않도록 한다는 것은 곧 사심을 경계한다는 의미이기 때문이다. 마음이 갖가지 상념들로 어수선하거나 혹은 특정 감정에 사로잡혀 균형을 잃고 치우쳐 있을 때, 일을 맞이하면 혼선을 빚게 되고 응할 수 없게 된다. 하지만 미발의 중을 보존하여 일을 맞이하여, 이로부터 정감이 발하도록 하면 상황에 적합한 행위로 주변과 조화를 이룰 수 있다. 마음은 이러한 방식으로 성과 정을 통어[心統性情]하는 것이다.

주희는 늘 함양하고 성찰하면 그만이지, 이발인지 미발인지에 너무 얽매일 필요도 없다고 말한다[112]. 그는 이들이 뒤섞여 있으니 어느 때가 미발이고 이발인지를 구분하여 생각하려는 것은 무용하다고 했다. 예컨대 미발을 회복할 것을 목적으로 시간을 두어 정靜 공부를 한다면 이는 잘못인 것이다[113]. 미발과 이발을 관통하는 경敬 공부를 통해 방심하지 않으면 곧 치우침이 없는 상태[114]가 된다. 존심할 때 발휘되는 정감은 저절로 상황과 조화를 이루게 되니, 이것이 '시중時中'이다. 주희에게 미발을 함양한다는 것, 혹은 존심한다는 것은 일회적으로 끝날 일도 아니지만 특별히 무슨 때를 기다려야 할 수 있는 것도 아니었다. 곳곳에서 그는 이러한 공부에 지속적으로 힘써 익숙해지도록 해야 한다고 강조한다.

112) "已發未發, 不必大泥. 只是旣涵養, 又省察, 無時不涵養省察." 『朱子語類』(62:136)
113) "謂如此事未萌於思慮要做時, 須便是中是體, 及發於思了, 如此做而得其當時, 便是和是用, 只管夾雜相滾. 若以爲截然有一時是未發時, 一時是已發時, 亦不成道理. 今學者或謂每日將半日來靜做工夫, 卽是有此病也." 『朱子語類』(62:118)
114) "敬不可謂之中, 但敬而無失便是中." 『朱子語類』(6:103)

구설舊說의 공부론에서는 본성을 마음과 서로 다른 영역의 것[성체
심용性體心用/'未發은 性이고 已發은 心']으로 두고, 스스로의 마음에
서 그 본성의 흔적을 찾아보느라 분주했다. 하지만 이발시已發時 흔적
으로 남는 것은 정情일 뿐이니, 내면을 지켜보고 그 흔적에 따라 시비
를 가리기에 바쁘면 결과적으로 마음과 자신을 둘러싸고 있는 상황과
의 분리를 초래하게 된다. 주회가 이러한 분리 상태를 야기하는 학설
이라면 모두 형이상과 형이하를 구분하지 못하는 이단의 것과 같다고
비판했던 점을 짚어두어야 한다.

이들 학문의 목표는 인간의 자연화에 있고, 천리는 존재자가 다른
것과 상호 관계를 통해 현재적으로 변화에 참여하고 있는 한에서만
존재한다. 그것은 결정된 대상이 아니기에, 이를 이미 구체화된 현상
[形而下著] 가운데서 찾으려는 모든 시도는 실패할 수밖에 없다. 주회
의 이러한 자각은 결국 그를 호상학과 갈라서게 했다. 그렇게 해서 주
회는 자신의 학문과 호상학을 '우리는 정靜으로 동動에 응應하는데, 호
남湖南 사람들은 동動으로 동動에 응한다[115]'라는 표현으로 대별하게

---

115) 因看'心, 生道也', 云. "不可以湖南之偏而廢此意. 但當於安靜深固中涵養出來. 此
以靜應動, 湖南以動應動."『朱子語類』(12:154) *주회는 성性을 자주 정靜이라 지
칭한다.(예컨대 "一心之中自有動靜, 靜者性也, 動者情也."『朱子語類』(98:41))
그런데 이때의 정靜을 움직임에 대비되는, 고요하다는 사태를 형용하는 것이라
고 보는 것은 무리라는 생각이 든다. 다음의 인용을 보자. "성性은 비록 정靜에
분속되지만, 그것은 동정動靜을 포괄하여 갖추었기에 치우치지 않는다. 때문에
「악기樂記」에서 정靜을 성性이라 말한 것은 옳다. 광중廣仲의 경우는 결국 '정
靜'이라는 글자로 천성天性의 오묘함을 형용했으니 옳지 않은 것이다.(性之分雖
屬乎靜, 而其蘊則該動靜而不偏. 故樂記以靜言性則可. 如廣仲遂以靜字形容天性
之妙則不可.)"『朱熹集』卷75,「記論性答稿後」정靜으로서의 성性은 앞서 살핀
유有나 무無라는 범주에 갇히지 않는 무형의 태극과 매우 닮았다. 대대관계에서
의 동정과 체용관계에서의 동정이 다른 의미를 갖고 있다는 지적은 정연수의 논
문(「動靜 問題에 관한 朱子의 思想的 特性」,『東洋哲學硏究』(제 55집))에서도 읽

된다. 이후 평생 그의 본체론과 공부론의 틀에는 큰 변화가 없었다. 다음 글을 보자.

"마음에 조금이라도 진실되지 못한 측면이 있다는 것은, 일이 다가오기도 전부터 기쁨 · 노여움 · 근심 · 두려움의 사私가 이미 내면의 주인으로 자리 잡은 것이지요. 이런 상황에서 새로운 일이 닥치면, 기쁨 · 노여움 · 근심 · 두려움이 움직이며 항상 그 절도를 잃게 됩니다. 심하면 기氣를 손상시켜 마음을 동요시키기까지 하니, 이것이 반복 순환되어 그 바름을 놓치고 몸을 주재하지 못하는 까닭이 됩니다. 주인이 없는 몸으로 끊임없이 다가오는 일들을 맞이하게 되면, '탐욕스럽게 새를 올려보다가, 뒤돌아 사람에게 잘못 응하는' 우를 범하기 쉽습니다[116]."

인용한 글은 주희가 중화신설을 수립하고 약 20 년 후인, 62 세 때 황순黃龤(자는 자경子耕)에게 보낸 서한의 일부다. 시간이 많이 흘렀어도, 그가 마음의 문제를 다루는 방식은 동일하게 유지되고 있음을 알 수 있다. 앞서 살폈던, 사욕을 제거하면 곧 자연이라거나 마음에 하나의 물物이라도 두어서는 안 된다는 내용의 인용들 역시 표현만 다를뿐이지, 실은 이들과 같은 의미의 것임을 부정할 수 없을 것이다.

주희는 '학문이란 항상 존심存心하는 것일 뿐[117]'이라 했다. 존심은

을 수 있다.
116) "苟其胸中一有不誠, 則物之未感, 而四者之私, 已主於內. 事之已至, 而四者之動, 常失其節. 甚則暴於其氣而反動其心, 此所以反覆循環, 常失其正而無以主於身也. 以無主之身, 應無窮之物, 其不爲'仰面貪看鳥, 回頭錯應人'者幾希."『朱熹集』卷 51,「答黃子耕」제 7서
117) "學問只是要此心'常存."『朱子語類』(117:45)

그의 학문 전체가 관통되는 축이다. 이것이 논의되는 주변을 살피면 주희가 마음의 어떠한 상태를 문제로 주목하고 있는지, 또 그 극복의 길은 어떻게 보고 있는지에 대한 윤곽을 잡을 수 있다. 때문에 주자학을 이해하기 위해서는, 반드시 존심 공부가 의미하는 바가 무엇인지 이를 그 요구된 맥락과 함께 분명하게 짚고 넘어가야만 한다고 생각한다.

지금까지 살핀 것처럼 방심과 존심에 대한 주희의 설명은 그것을 읽는 사람이 상상력을 보탤 필요도 없이 정합적으로 이어지고 있다. 존심은 단지 수양을 지시하는 무의미한 언사가 아니다. 주희가 이를 현 상황적 관계와의 단절을 경계하면서, 항상적 자기 변화를 꾀하려는 실질적 내용을 담고 있는 지침으로 쓰고 있음은 분명해 보인다.

주희는 기본적으로 주석가이고, 때문에 그의 언어는 선학들의 다양한 표현을 계승하고 있다. 하지만 그는 고전을 자신의 일관된 체계로 해석해냈던 사람이기도 하다. 그는 마음의 문제를 여러 가지 다른 표현을 통해 설명했으나, 그 실제 내용은 같은 것이었다.

제5장

●

공부는 머무르지 않기 위해 하는 것
―구방심求放心의 길

앞 장에서 살펴본 것에 따르면, 주자학의 수양론이 목적으로 하는 바는 이제 분명하다. 무엇보다도 구방심求放心하여 선善을 향하는 자발성을 회복하는 일이 중심이 될 것이다.

주자학에서의 마음공부는 두 가지로 요약할 수 있다. 거경함양居敬涵養과 격물궁리格物窮理가 그것이다. 주희는 곳곳에서 경과 격물 공부가 서로를 촉발시키는 것이지 별개의 것이 아니라고 강조한다. '궁리窮理할 수 있으면 경敬을 지키는 공부는 날로 나아지고, 경을 지킬 수 있으면 궁리는 날로 치밀해진다[1]'는 것이다. 그는 수레의 두 바퀴, 새의 양 날개의 비유로 이들 상호간의 불가분리성을 설명하기도 했다[2]. 수레바퀴나 새의 날개는 양쪽이 서로 의존하며 같은 목적지를 향해 동행한다. 주희는 경과 격물을 구방심의 기치 아래, 동시에 실천해야 할 공부로서 한데 묶고 있는 것이다.

한 편지에서 주희는, '경이란 공부의 처음부터 끝까지 관철되는 뜻

---

1) "學者工夫, 唯在居敬‧窮理二事. 此二事互相發. 能窮理, 則居敬工夫日益進, 能居敬, 則窮理工夫日益密." 『朱子語類』(9:18) *주희에게 보이는 거경居敬과 궁리窮理의 상호 연관을 강조하는 경향은 정이程頤와는 구분되는 것이라는 지적이 있다. 이광호, 『李退溪 學問論의 體用的 構造에 대한 研究』 서울대학교 대학원 박사학위논문, 1993, 131~132쪽.
2) "涵養‧窮索, 二者不可廢一, 如車兩輪, 如鳥兩翼." 『朱子語類』(9:16)

이고, 격물치지는 그 사이에서 점차로 진보해나가는 것일 뿐[3]'이라고 요약한다. 또 '방심放心을 되찾으려는 의지를 갖고 경을 유지하여 그 체體를 보존하고, 궁리하여 그 용用에 이르면 날마다 진보하여 그만두려 해도 그만둘 수 없을 것[4]'이라 말하기도 했다. 경과 격물이 사실상 이처럼 얽혀 있기 때문에, 주희와 그 문도들은 경이나 격물 가운데 어느 한 가지도 놓쳐서는 안 된다고 하면서도, 때로는 이들 중 하나로 학문의 길을 지칭하기도 한다.

　　물었다. "사람이 변화하지 못하는 이유는 두 가지가 있습니다. 하나는 알지 못해 행하지 못하는 것이고, 다른 하나는 사욕의 부림을 당해 행하지 못하는 것입니다. 사람은 모름지기 궁리하여 리를 조금이라도 밝히지 않음이 없도록 해야 하고, 극기克己하여 사사로움이 조금이라도 일어나지 않도록 해야 합니다. 이 두 가지 공부는 모두 경敬으로 귀착됩니다. 그리하여 명도明道[程顥] 선생은 '요점은 신독愼獨에 있을 뿐'이라 하신 것입니다."
　　말씀하셨다. "정말 그렇다. 신독을 하지 않으면, 은미한 데서 변화에 끊어짐[間斷]이 생긴다. 신독할 수 있으면 끊어짐이 없다. 하다 그치다 한다면 어떻게 자연과 같아질 수 있겠는가[5]."

---

3) "疑古人直自小學中涵養成就. 所以大學之道只從格物做起. 今人從前無此工夫, 但見大學以格物爲先, 便欲只以思慮知識求之, 更不於操存處用力, 縱使窺測得十分, 亦無實地可據. 大抵敬字, 是徹上徹下之意, 格物致知乃其間節次進步處耳."『朱熹集』卷 43, 「答林擇之」제 19서

4) "然苟知其放而欲求之, 則卽此知求之處, 一念悚然, 是亦不待別求入處, 而此心體用之全已在是矣. 由是而持敬以存其體, 窮理以致其用, 則其日增月益, 自將有欲罷而不能者."『朱熹集』卷 59, 「答吳斗南」

5) 問. "人之不能不息者有二. 一是不知後行不得, 二是役於欲後行不得. 人須是下窮理工夫, 使無一理之不明, 下克己工夫, 使無一私之或作. 然此兩段工夫皆歸在敬上. 故

"격물格物은 도道로 나아가는 시작이니 격물을 하려고 생각한다면,
진실로 이미 도에 가까워진 것이다. 어째서인가. 그 마음을 수렴하여
놓아버리지 않았기 때문이다[6]."

주희가 마음의 어떤 상태를 문제로 지목했는지를 생각해 보면, 그
것을 회복하는 길이 어떻게 말해질 것인지에 대해서도 어느 정도 윤
곽이 잡힌다. 하지만 경과 격물의 공부를 사사로운 주관을 무력화하
겠다는 목표와 결부시켜 이해하자면 해결해야 할 문제가 있다. 격물
을 도덕적 지식을 확충하는 작업으로 해석하는 연구가 주류를 이루는
상황에서, 그것이 사욕의 제거와 무슨 상관이 있냐는 이의 제기가 가
능하기 때문이다. 아울러 곳곳에서 보이는 주희의 발언을 통해, 방심
을 되찾는 것과 직결되는 공부로는 경만을 지목하기 쉬운 것도 사실
이다[7].

이러한 문제는 본 장章에서 해결해야 할 과제다. 다만 다음의 일만
먼저 언급해 둔다. 주희는 '학문의 방법은 방심을 되찾는 것일 뿐'이라
고 했던 맹자의 말을 두고, 이는 학문에 방심을 구하는 한 가지 일만
있다는 뜻이 아니며 모든 공부의 목표가 방심을 되찾는 데 있음을 의
미하는 것이라고 설명했다[8].

明道云. '其要只在愼獨.'" 曰. "固是. 若不愼獨, 便去隱微處間斷了. 能愼獨, 然後無間
斷. 若或作或輟, 如何得與天地相似!"『朱子語類』(36:112)

6) "格物者, 適道之始, 思欲格物, 則固已近道矣. 是何也? 以收其心而不放也."『大學或
問』

7) "'敬'字, 前輩都輕說過了, 唯程子看得重. 人只是要求放心. 何者爲心? 只是箇敬."『朱
子語類』(12:80)

8) "'學問之道無他, 求其放心而已.' 不是學問之道只有求放心一事, 乃是學問之道皆所
以求放心."『朱子語類』(59:146)

본고에서는 경과 격물이 구방심이라는 같은 목표를 향하고 있음을 분명히 한다. 논자가 지금 주자학의 수양론을 살펴보는 장의 초입에서 이처럼 강조해 두는 까닭은, 첫째로 그렇게 하지 않으면 학문의 방법과 관련한 명칭의 다양함 때문에 그 실제 내용에 소홀하게 될 수도 있겠다는 우려 때문이며, 둘째로 이전 장의 내용과 연관 관계를 분명히 해두려는 의도 때문이다.

주희는 공부에 대한 여러 표현들이 실은 '같은 집에 들어가는 여러 개의 문'과 같다 비유하며, 한 가지에 힘쓰면 다른 것이 모두 그것에 포섭될 것[9]이라고 말하기도 했다. 앞서 방심의 실제 의미를 짚었던 기초 위에서, 이제 방심을 되찾는 구체적인 방법을 살펴볼 차례다.

---

9) "성현의 언어는 다른 것 같더라도 일관되지 않음이 없다. 공자가 '예가 아니면 보지도 듣지도 말하지도 움직이지도 말라'고 하고, '문 밖에 나가면 큰 손님을 대하듯이 하고, 백성을 부릴 때는 큰 제사를 받드는 것처럼 하라', '말은 진실하고 믿음직하게 하고, 행동은 독실하고 경건하게 하라'고 했는데, 이것은 모두 같은 말이다. 맹자에 이르면 또한 '구방심 하라', '존심양성存心養性 하라'고 했다. 『대학』에서는 또한 격물格物, 치지致知, 정심正心, 성의誠意라는 말이 있다. 정정程선생에 이르면 또 오로지 '경敬' 한 글자만을 밝혔다. 이렇게만 보면 다른 말들이 뒤섞여 있는 것 같지만, 사실은 같은 이치일 뿐이다." 도부道夫가 말했다. "글자로 대충 보고는 다르다고만 생각했습니다. 실제로 노력해 보니 이들을 관통하는 이치가 비로소 보입니다." 대답하셨다. "그렇다. 한 가지에 힘쓰기만 하면, 나머지는 모두 그 안에 다 포섭될 것이다. 성현의 도리는 하나의 집과 같아서, 문이 다르다 하더라도 어디서나 들어갈 수 있다. 힘쓰지 않는 것만이 걱정스러울 뿐이다."(聖賢言語, 大約似乎不同, 然未始不貫. 只如夫子言'非禮勿視聽言動', '出門如見大賓, 使民如承大祭', '言忠信, 行篤敬', 這是一副當說話. 到孟子又卻說'求放心', '存心養性'. 大學則又有所謂格物, 致知, 正心, 誠意. 至程先生又專一發明一箇'敬'字. 若只恁看, 似乎參錯不齊, 千頭萬緒, 其實只一理." 道夫曰. "泛泛於文字間, 祇覺得異. 實下工, 則貫通之理始見." 曰. "然. 只是就一處下工夫, 則餘者皆兼攝在裏. 聖賢之道, 如一室然, 雖門戶不同, 自一處行來便入得, 但恐不下工夫爾.)『朱子語類』(12:72)

1
'지금 여기'에 대한 집중

(一)

주희는 22세 되던 해(소흥紹興 21년, 1153년)에 전시殿試에 합격하고, 종9품인 좌적공랑左迪功郎을 제수받아 천주泉州 동안현同安縣 주부主簿에 임명된다. 실제로 부임한 것은 24세 때였는데, 그의 첫 관직 생활이었다. 동안同安 시절은 그가 스승 이통李侗을 만나 선학禪學에 대한 관심을 접고 북송北宋의 도학을 전수받게 된, 학문적으로 의미 있는 시기이기도 했다. 또한 다음 글을 보면, 아직 원숙해진 형태를 갖추었던 것은 아니었다 하더라도, 이후 지속적으로 관심을 기울인 학문이 그 방향을 잡기 시작한 시기로 회고되고 있음을 알 수 있다.

> "오늘날 공부하는 사람에게 진전이 없는 것은 단지 '마음이 여기에 있지 않기' 때문이다. 예전 젊은 시절 동안에 머물던 때의 기억인데, 밤에 종 치는 소리를 들었다. 종소리가 아직 끊어지지도 않았는데, 이 마음은 벌써 어딘가로 떠나버렸다. 이때의 경계로 인해 학문이란 마음을 오직 한 가지 일에 기울여서 뜻을 다해야 하는 것임을 알게 되었다[10]."

---

10) "今日學者不長進, 只是'心不在焉'. 嘗記少年時在同安, 夜聞鍾鼓聲, 聽其一聲未絶, 而此心已自走作. 因此警懼, 乃知爲學須是專心致志."『朱子語類』(104:33)

　　위의 인용은 이 동안 시절 주희의 경험담을 제자 요덕명廖德明이 기록해 둔 것이다. 젊은 주희는 종소리가 울리는 잠시 동안에도 마음이 사사로운 관심에 따라, 신출귀몰 빠르게 움직이고 있는 것을 문득 깨닫고, 이를 문제적 상황으로 지목하게 된다[11]. 이것은 그가 책에서만 읽던 '방심'의 의미를 자신의 문제로 각성하게 된 순간이었을지도 모른다[12].

　　주희는 세상에서 서로 다른 것들 간의 상호 작용에 의한 변화가 그치지 않음에 주목하고, 이를 자연이 갖는 가장 의미 있는 특성으로 지목했다. 서로 다른 것끼리 영향을 주고받으며 변화의 과정에 합류하고 있는 이상 모든 것은 자연이다. 주자학에서 공부의 목적은 인간의 자연화에 있다. 사사로운 관심의 지속 때문에, 맞이하는 일에 보조를 맞춰 제 역할을 해내지 못하는 것이 자연과 둘이 되는[天人分二] 사태로 지목되었던 것이다.

　　이러한 문제의식에서 주희가 제시하는 수양법은 현재 처해 있는 상황 안으로 마음을 수렴하도록 하는 것이 중심이 된다. 이는 곧 사사로움에 머무르지 않으려 하는 노력을 의미하는 것이다. 변화하는 주변 상황에 끊임없이 응할 때, 그 자신 역시 쉼 없이 변화하게 된다. 주희

11) "當時所說聞鐘聲者, 本意不謂如此, 但言人心出入無時, 鐘之一聲未息, 而吾之心已屢變矣."『朱熹集』卷 58,「答張敬之」
12) 미우라 쿠니오 역시 주희의 동안同安 시절 종소리와 관련된 경험담을 요덕명廖德明의 기록과 주희가 장현보張顯父(자는 경지敬之)에게 보낸 편지를 통해 다루고 있다. 그는 주희가 장현보에게 보낸 서한에 의거, '어마어마한 사상적 각성'을 담고 있는 것 같은 요덕명의 기록은 수정할 필요가 있다고 했다. 하지만 논자의 생각으로는, 요덕명의 기록을 봐도 주희가 그 경험에 그렇게까지 대단한 의미를 부여하고 있는 것 같지는 않다. 三浦國雄(김영식·이승연 역)『인간 주자』창작과비평사, 1996, 75~76쪽

가 '마음이 떠나서 여기에 있지 않으면 잃어버린 것이다. 종일 이렇게 지내는 사람들이 많다[13]'고 말하고, '마음을 여기에 두는 것'이 학문의 진전에 결정적 조건이 된다고 할 때는 이와 같은 의미 맥락을 함께 읽어야만 한다.

"먼저 몸과 마음을 지금 여기로 거두어들일 수 있다면 벌써 8, 9할은 된 거라고 생각한다. 도리를 살피다가 해결하기 어려운 일이 생기면, 여기에서 처치를 강구해나갈 일이다. 학문을 한다면 무엇보다도 집중해야 한다. 하나를 대할 때는, 다만 그 하나만 상대하라. 걸어갈 때는 오직 걸어가는 데 마음을 두며, 앉을 때는 오직 앉는 데 마음을 둔다[14]."

걸을 때는 오직 걷는 데 마음을 두고, 앉을 때는 오직 앉는 데 마음을 두는 것처럼, 마음을 몸이 움직이는 '지금 여기'로 불러들여야 한다. 이는 곧 방심을 구하는 것이 되는데, 주희는 이렇게만 하면 벌써 할 일의 8, 9할은 된 거라고도 했다. 그가 중화신설 이후 정식화한 경敬은 이러한 내용의 공부에 대한 총칭이 된다[15].

"경으로 자신을 닦으면, 사의私意가 싹트지 않고, 서恕로써 자신을 미루어 나가면 사의가 베풀어지지 않는다. 그렇게 되면, 천리가 유행하고

---

13) "心走作不在此, 便是放. 夫人終日之間, 如是者多矣."『朱子語類』(12:105)
14) "大抵是且收斂得身心在這裏, 便已有八九分了. 卻看道理有窒礙處, 卻於這處理會. 爲學且要專一. 理會這一件, 便只且理會這一件. 若行時, 心便只在行上, 坐時, 心便只在坐上."『朱子語類』(12:27)
15) 주희는 경敬을 학문의 본령本領으로 설명하기도 했다. "人之爲學, 千頭萬緒, 豈可無本領! 此程先生所以有'持敬'之語. 只是提撕此心, 教他光明, 則於事無不見, 久之自然剛健有力."『朱子語類』(12:81)

안팎이 일치하니 인仁이 나에게 있게 된다[16]."

"평상시 경을 지키는 공부에 충실하여 방심을 구한 후에야 자신의 본성이 원래 선한지 그렇지 않은지를, 자신과 요순이 원래 동류인지 그렇지 않은지를 알 수 있습니다[17]."

주희는 경으로 방심을 구한 후에야 자신의 본성이 본래 선한 것을 알 수 있게 된다고 했다. 경하는 순간, 마음은 몸으로 돌아온다[18]. 때문에 그것을 행하는 한, 자연히 사의도 생겨나지 않는다. 경하면 도리가 유행하고, 경하지 않으면 유행이 끊어진다[間斷][19]. 이 같은 설명들은 주희가 이 공부를 통해 얻으려고 하는 것이 무엇인지 분명하게 보여주고 있다. 경이 이처럼 존심(또는 구방심)을 목표로 하는 것인 만큼, 그것이 곳곳에서 지금 행하고 있는 한 가지 일에만 집중[20]하는 공부로 설명되는 것은 너무도 당연하다[21].

---

16) "修己以敬, 則私意無所萌矣. 推己以恕, 則私意無所施矣. 如是則天理流行, 內外一致, 而仁在我矣."『論語或問』

17) "却且就日用間, 實下持敬工夫, 求取放心, 然後却看自家本性元是善與不善, 自家與堯舜元是同與不同."『朱熹集』卷 50,「答周舜弼」제 4서

18) "人纔敬時, 這心便在身上了."『朱子語類』(12:80)

19) "敬則這道理流行, 不敬便間斷了."『朱子語類』(96:17)

20) "敬, 莫把做一件事看, 只是收拾自家精神, 專一在此."『朱子語類』(12:129) 子升問. "主一工夫兼動靜否?" 曰. "若動時收斂心神在一事上, 不胡亂思想, 東去西去, 便是主一."『朱子語類』(120:20)

21) 모종삼은 주희의 공부론에서 경敬의 역할을 다음과 같이 정리한다. "이천伊川[程頤]과 주자가 말한 심心이란 실제적인 심기의 신령함[心氣之靈]의 심으로, 그 자신은 항상 수렴[凝聚]되어 밝지[淸明] 못하고 오히려 항상 안정을 찾지 못해 어지러이 산란한 가운데 있다. 때문에 반드시 경으로 함양하여 이를 항상 수렴시키고 밝혀야 한다. 그렇게 한 후에야 비로소 그 리를 밝히는 작용을 할 수 있다." 牟宗三,『心體與性體』臺北: 正中書局, 1968. 104. 진래 역시 경을 '주일主一'의 의미

"마음을 하나로 집중[主一]하지 못하면, 이 일을 응대하려 하면서 마음이 저기에 머물러 있는 것이니, 이것은 한 편[一隅]에 정체[停滯]된 것이다[22]."

"일 없을 때 이 마음은 하나에만 집중[主一]하고 있을 뿐이고, 일이 닥쳤을 때에도 그럴 뿐이다. 예컨대 이 일을 처리해야 하는데 하지 않는 것처럼, 해야 할 일을 하지 않고 있다면 하나에 집중하고 있지 못한 것이다. 하나에 집중하고 있을 때라면, 앉아 있을 때 마음도 앉고, 움직일 때 마음도 움직일 것이니, 몸이 여기에 있으면 마음 역시 여기에 있다[23]."

"지금 책을 읽지 않을 때에도 몸과 마음을 여기에 있도록 해야 하니, 이것이 정程 선생이 말한 경이다. '정제엄숙整齊嚴肅'이란 이런 것일 뿐이니, 힘쓰면 알게 될 것이다[24]."

에 초점을 맞춰, 사물의 리를 얻기 위해 마음을 안정시키고 집중하는 수양의 공부로 이해한다. 陳來, 『朱子哲學硏究』北京: 三聯書店, 2010, 377~383 논자는 경이 존심의 방법이라면, 먼저 주희가 마음의 어떠한 문제적 상황을 방심이라 칭하고 있는지를 짚어 주어 그것이 요구되는 맥락을 보여줄 수 있어야 한다고 생각한다. 요컨대 주희가 인간에게 변화가 본래적이라 생각했기 때문에, 사적 관심에 머물지 않고 상황적 역할에 집중할 것을 권하고 있다는 식으로, 진단과 해결책의 틀을 보여 주어야, 경의 의미가 선명해질 수 있는 것이다. 기존의 논의에서는 이 부분에 대한 관심이 미흡했다고 생각한다. 위에서 모종삼이 마음에 대해 쓰는 표현은 그 의미가 조금 모호해 보이기도 한다.

22) "不主一, 則方理會此事, 而心留於彼, 這卻是滯於一隅." 『朱子語類』(96:39)
23) "於無事之時這心卻只是主一, 到遇事之時也是如此. 且如這事當治不治, 當爲不爲, 便不是主一了. 若主一時, 坐則心坐, 行則心行, 身在這裏, 心亦在這裏." 『朱子語類』(119:23)
24) "而今不讀書時, 也須收斂身心敎在這裏, 乃程夫子所謂敬也. '整齊嚴肅', 雖只是恁地, 須是下工夫, 方見得." 『朱子語類』(17:39)

주희가 '집중[主一]'이라 할 때는 단순히 생각을 전일하게 한다는 의미가 아니라, 개별자적 심리에 머물지 않도록 상황 내에서 자신이 하는 행위에 주의를 쏟는 것을 의미한다. 이를 두고 그는 '몸이 여기에 있으면 마음 역시 여기에 있어야 한다'고 표현했다. 예컨대 책을 읽을 때 내용을 파악하기 위해서는 글에 집중해야지, 지난 일을 고민하고 있으면 안 되는 것이다. 주희는 제자 진공석陳孔碩(자는 부중膚仲)에게 보낸 한 편지에서, 독서할 때처럼 항시 방심하지 않고, 사물에 응접應接하여 각각의 경우에 그 리를 얻도록 하는 것이 함양涵養 공부[25]라고 했다.

(二)

주희는 선배 학자들을 따라 경 공부를 구성하는 다양한 조목들을 열거한다. 정이程頤의 '주일무적主一無適 : 하나에 집중할 뿐 정신을 흩뜨리지 말라', 윤순尹焞의 '마음을 하나로 수렴하여 다른 일은 신경 쓰지 마라[其心收斂不容一物]', 사량좌謝良佐의 '상성성常惺惺 : 항상 깨어있으라', 정이程頤의 '정제엄숙整齊嚴肅 : 자세를 가다듬고 엄숙한 태도를 가져라' 등이 그것이다. 주희는 이들 조목들이 서로 무관해 보임에도 불구하고, 실은 같은 것을 의미한다고 말한 바 있다[26]. 앞의 두 조목

---

25) "夫讀書固收心之一助, 然今只讀書時收其心, 而不讀書時便爲事所奪, 則是心之存也常少, 而其放也常多矣. 且胡爲而不移此讀書工夫向不讀書處用力, 使動靜兩得, 而此心無時不存乎? 然所謂涵養功夫, 亦非是閉眉合眼, 如土偶人, 然後謂之涵養也. 只要應事接物, 處之不失此心, 各得其理而已."『朱熹集』卷 49,「答陳膚仲」제 2서

26) 問. "或問學伊川及謝氏尹氏之說, 只是一意說敬." 曰. '主一無適', 又說箇'整齊嚴肅', '整齊嚴肅', 亦只是'主一無適'意. 且自看整齊嚴肅時如何這裏便敬. 常惺惺也便是敬. 收斂此心, 不容一物, 也便是敬."『朱子語類』(17:10)/"而今只是理會箇敬, 一日則有一日之效, 一月則有一月之效." 因問或問中程子謝尹所說敬處. 曰. "譬如此屋,

은 4장에서 살핀 것과의 연관 하에 이미 분명해 보인다. 그런데 뒤의
두 조목이 지시하는 의미는 아직 불분명하고, 때문에 이들의 실제 내
용에 대해서는 조금 보충하고 넘어갈 필요가 있다.

주희는 선배 학자들의 경 공부법을 소개하면서도 혹 공부하는 데
있어 길을 잘못 드는 일은 없을까 세심하게 염려하는 모습을 보인다.
이는 주로 사량좌가 제시한 '상성성常惺惺'과 관련된 문답에서 드러나
는데, 그것이 불교의 것과 혼동될 수도 있기 때문이었다. 주희는 '상성
성'이 불교의 말과 같지 않느냐는 질문 앞에서 이를 변호[27]하기도 하
고, '마음이 항상 깨어 있으면 저절로 객쩍은 생각이 사라진다[28]'는 식
으로 그 효과를 인정하는 입장을 보이면서도, '정제엄숙整齊嚴肅'을 이
보다 우위에 둔다는 발언을 하기도 한다. 정제엄숙하면 상성성은 이
미 거기에 있다는 것이다[29].

다음 문답은 주희가 생각하는 상성성이 불교의 것과 어떻게 다른지
선명하게 보여주는 대목이다. 그런데 이것은 그가, 외부와의 간단없는
관계성을 인간에게 본래적인 것으로 보고 있음이 잘 드러나는 부분이
기도 하다.

물었다. "옛날 어떤 선승은 늘 스스로를 부르며 '주인장은 정신 똑바

四方皆入得. 若從一方入到這裏, 則那三方入處都在這裏了."『朱子語類』(12:82)

27) 或問. "謝氏常惺惺之說, 佛氏亦有此語." 曰. "其喚醒此心則同, 而其爲道則異. 吾儒
喚醒此心, 欲他照管許多道理, 佛氏則空喚醒在此, 無所作爲, 其異處在此."『朱子語
類』(17:16)

28) "心常惺惺, 自無客慮."『朱子語類』(12:14)

29) 問. "上蔡說. '敬者, 常惺惺法也.' 此說極精切." 曰. "不如程子整齊嚴肅之說爲好.
蓋人能如此, 其心卽在此, 便惺惺. 未有外面整齊嚴肅, 而內不惺惺者."『朱子語類』
(17:13)

로 차리라(主人翁惺惺著)'고 했다 합니다. 『대학혹문大學或問』에서도 사씨謝氏의 '항상 깨어있는 법[常惺惺法]'을 다루고 있는데, 이들이 같은 것인지 다른 것인지 모르겠습니다."

말씀하셨다. "사씨의 말이 가리키는 영역은 좀 더 넓은 것이어서, 몸과 마음 사물 상에 모두 힘을 쓰는 것이 있다. 선禪의 관점에 따른다면, 단지 주인장만 볼 뿐이어서 그의 행위가 리에 맞지 않더라도 전혀 상관하지 않는다. 예컨대 부자지간은 천성이라, 아버지가 남에게 무례한 일을 당하면 아들이 마땅히 가서 구해야 하는 것인데 그들은 그렇게 하지 않는다. 아들에게 아버지를 구하려는 마음이 생긴다면, 애착에 마음이 이끌린 것이니 주인장이 혼미해졌다는 것이다. 이렇게 깨어 있어서야 무슨 도리를 이루겠는가. 예전에 『사가록四家錄』을 본 적이 있는데, 어떤 말들은 극도로 가소로운 데다가 두렵기까지 하더라. 부모가 살해되더라도 마음이 조금도 동요되지 않아야, 초발심보살初發心菩薩이라 할 수 있다는 것이다. 그들이 '주인장은 정신 똑바로 차리라'고 소리치는 것이 바로 이처럼 되려는 것이다. '정신 똑바로 차리라[惺惺]'고 하는 글자는 같아도 힘쓰는 바는 다르니, 어찌 함께 말할 수 있겠는가[30]."

'깨어있으라'고 하는, 각성을 촉구하는 언명은 직접적으로 각자의 마음을 향한 것이라 받아들여지기 쉽다. 주희에게 상성성에 대해 의

---

30) 問. "昔有一禪僧, 每自喚曰. '主人翁惺惺著.' 『大學或問』亦取謝氏 '常惺惺法' 之語, 不知是同是異." 曰. "謝氏之說地步闊, 於身心事物上皆有工夫. 若如禪者所見, 只看得箇主人翁便了, 其動而不中理者, 都不管矣. 且如父子天性也, 父被他人無禮, 子須當去救, 他卻不然. 子若有救之之心, 便是被愛牽動了心, 便是昏了主人翁處. 若如此惺惺, 成甚道理? 向曾覽四家錄, 有些說話極好笑, 亦可駭? 說若父母爲人所殺, 無一擧心動念, 方始名爲 '初發心菩薩'. 他所以叫 '主人翁惺惺著', 正要如此. '惺惺' 字則同, 所作工夫則異, 豈可同日而語?" 『朱子語類』(126:49)

문을 표시하던 이들 역시 이해가 거기에 머물렀다. 하지만 앞서 살폈던 것처럼, 주희는 마음의 본래 자리를 일을 맞이하여 응대하는 자신의 몸으로 보았고 마음 공부를 상황에 적합한 행위에 대한 관심과 연결지었다. 위 인용에서도 주희는 불교적 '깨어있음'이 외부와의 철저한 단절을 위한 훈련인 데 비해, 사량좌의 상성성은 몸과 마음, 다가오는 일 모두를 그 영역으로 하고 있다는 점에서 구분된다고 했다.

상성성이 지시하는 것이 무엇인지 알기 위해서는, 주희가 방심을 어떻게 정의하고 있는가에 대한 이해가 선결되어야 했다. 그가 불교의 상성성을 평가하는 장면은, 앞서 공자는 실제 일을 잘 처리할 것을 말했기에 저절로 문제될 것이 없었는데 반해, 맹자 이후 사람들은 구방심에 대한 관심으로 오히려 병통을 갖게 되었다고 탄식하던 일[31]을 연상하게 한다. 요컨대 주희는 선불교와 유학의 상성성을, 자신의 내면에만 집중하고 이를 제어하려는 것을 의미하는 것인가 아니면 상황내에서 주어진 역할에 충실하려는 의지를 포함한 것인가 하는 입장차로 정리하고 있음을 알 수 있다.

유학에서 각자는 항상적으로 갱신되는 상황에 처해 있는 존재로 이해된다. 게다가 그 상황 내의 인간은 아버지가 남에게 무례한 일을 당할 때, 울컥하고 달려가는 감성적 동력을 선천적으로 갖고 있다. 그런데 만약 거기에 부모가 살해되어도 동요해서는 안 된다는 등의 사견私見이 끼어든다면, 그 사람은 주변의 일에 무감해지고 곧 자연과 멀어진다. 주희는 여기서 상성성의 내용 비교를 통해, 불교가 갖는 상황과의 단절[不通]이라는 지점을 문제로 제기하면서 자신이 생각하는 경

---

31) 제 4장 1.에서 인용한 『朱子語類』(121:67)의 글을 가리킨다.

의 의미를 부각시키고 있는 것이다.

주희가 그 자체는 경이 아니지만 경을 실천하는 방법이 된다[32]고 했던 정제엄숙[33] 역시, 존재자들 간 상호 연속의 회복에 관심을 두고 있는 것은 마찬가지다. 논자는 정제엄숙을 예禮와 관련지어 이해한다. 주희는 극기복례克己復禮[34]에서의 극기와 경을, 각각 집 대문을 지키는 것과 도적을 막는 것에 비유했다[35]. 이들은 구분되기는 하지만, 실질적으로 상당 부분 겹치는 공부인 것이다. 때문에 주희는 경 공부를 행한다면, 따로 극기할 필요가 없다[36]고까지 말하곤 했다. 정제엄숙은 스스로의 외면을 상황에 맞게 다스림으로써 마음을 바르게 할 것을 꾀한다는 점에서 예와 근거리에 있다.

> 말씀하셨다. "불교도들은 눈을 뜨면 여전히 잘못할 것이니, 억지로
> 지키고 있을 뿐이다. 우리 유가에서 예가 아니면 보지 않고 듣지 않고

---

32) "整齊嚴肅雖非敬, 然所以爲敬也."『朱子語類』(17:12) 구스모토 마사쓰구의『송명유학사상사』(楠本正繼, 김병화 이혜경 옮김, 예문서원, 2009) 294쪽에서 재인용. 저자는 정제엄숙整齊嚴肅을 외부적 완성을 통해 내적인 완성을 꾀하는 중국사상적 특성과 연결 지으면서 이것이 예禮의 정신과 일치한다고 설명한다.

33) 問敬. 日. "不用解說, 只整齊嚴肅便是."『朱子語類』(12:105)

34) 顏淵問仁. 子曰. "克己復禮爲仁. 一日克己復禮, 天下歸仁焉. 爲仁由己, 而由人乎哉?" 顏淵曰. "請問其目." 子曰. "非禮勿視, 非禮勿聽, 非禮勿言, 非禮勿動." 顏淵曰. "回雖不敏, 請事斯語矣."『論語』(12:1)

35) "致知 · 敬 · 克己, 此三事, 以一家譬之: 敬是守門戶之人, 克己則是拒盜, 致知卻是去推察自家與外來底事. 伊川言. '涵養須用敬, 進學則在致知.' 不言克己. 蓋敬勝百邪, 便自有克, 如誠則便不消言閑邪之意. 猶守門戶, 則與拒盜便是一等事, 不消更言別有拒盜底."『朱子語類』(9:26)

36) "能純於敬, 則自無邪僻, 何用克己. 若有邪僻, 只是敬心不純, 只可責敬. 故敬則無己可克, 乃敬之效."『朱子語類』(9:26)/ "'敬則無己可克'者, 是無所不敬, 故不用克己."『朱子語類』(42:18)

말하지 않으며 행동하지 않는 것, 보지 않고 듣지 않을 때에 계신공구
戒愼恐懼 하는 것, '경敬으로 안을 바르게 하고 의義로 밖을 단정히 하는
것'만 못하니, 일체의 바깥으로 향하는 것을 차단해버리는 것이다."
　　말했다. "불교에서는 '보지 말고 듣지 말라'는 것만 있을 뿐, 그 '예가
아닌 것'에 대한 공부가 없습니다."
　　말씀하셨다. "그렇다[37]."

　　먼저 상성성을 설명하던 때처럼, 주희는 불교에서의 수행이 '보지
말고 듣지 말 것'처럼 외부와의 관계성을 차단하는 것임을 지적하고
있다. 그리고 그는 '예가 아니면 보지도 듣지도 말하지도 행동하지도
말라'는 유가적 가르침을 이에 대별시킨다. 이는 안자가 공자에게 인
仁을 행할 수 있도록 하는 지침으로 들은 답변인데[38], 주희는 한 곳에
서 공자의 저 답변이 경을 의미하는 것이냐는 질문에 긍정으로 답하
기도 한다[39].
　　주희는 사람이 방심을 하지 않은 상태에서는, 일이 대체로 경우에
맞게 된다고 생각한다. 하지만 사람들은 방심하기 쉽고 리를 실현하

---

37) 曰. "他開眼便依舊失了, 只是硬把捉. 不如吾儒非禮勿視聽言動, 戒愼恐懼乎不睹不
　　聞, '敬以直內, 義以方外', 都一切就外面攔截." 曰. "釋氏只是'勿視·勿聽', 無那'非
　　禮'工夫." 曰. "然."『朱子語類』(126:48)
38) 각주 34)와 같음
39) 問. "二程專教人持敬, 持敬在主一. 浩熟思之, 若能每事加敬, 則起居語默在規矩之
　　內, 久久精熟, 有'從心所欲, 不踰矩'之理. 顏子請事四者, 亦只是持敬否?" 曰. "學莫
　　要於持敬, 故伊川謂, '敬則無己可克, 省多少事.' 然此事甚大, 亦甚難. 須是造次顚沛
　　必於是, 不可須臾間斷, 如此方有功, 所謂'敏則有功'. 若還今日作, 明日輟, 放下了又
　　拾起, 幾時得見效! 修身, 齊家, 治國, 平天下, 都少箇敬不得. 如湯之'聖敬日躋', 文
　　王'小心翼翼'之類, 皆是. 只是他便與敬爲一. 自家須用著著, 稍緩則忘了, 所以常要
　　惺惺地. 久之成熟, 可知道'從心所欲, 不踰矩'. 顏子止是持敬."『朱子語類』(12:74)

는 길을 가리키는 이정표는 분명하지 않기 때문에 예를 쓰는 것이라
했다.

　"사람의 마음이 항상 여기서 밝게 빛나면, 몸을 구속하지 않아도 저
절로 법도에 맞게 된다. 다만 사람의 마음이란 것이 흐트러지고 느슨해
질 때가 있기에, 수많은 법도를 세워 그것을 지키는 것이다. 항상 일깨
우고 몸을 법도에 맞춘다면, 이 마음은 달아나지 않고 분명하게 있을
것이다. 마음이 항상 깨어있는 상태에서, 또다시 그것을 법도로 단속하
니, 이것이 마음을 안팎으로 서로 길러 주는 방법이다[40]."

　"예를 '천리의 절문節文[41]'이라 한 까닭은 세상의 모든 것에는 마땅히
그러해야 하는 리가 있기 때문이다. 지금 복례復禮하면 곧 천리이다. 다
만 리는 형상도 그림자도 없는 까닭에, 예문禮文을 지어 하나의 천리를
그려 사람들에게 보여주었으니, 의지할 수 있는 법도가 있음을 가르치
는 것이었기에 이를 '천리의 절문'이라 한 것이다. 임금과 신하가 있으
면 임금을 섬기는 절문이 있고, 아버지와 아들이 있으면 아버지를 모시
는 절문이 있다. 부부 사이, 어른과 아이 사이, 친구지간에도 그렇지 않
음이 없다. 그러한 사실이 모두 천리이다[42]."

---

40) "人心常炯炯在此, 則四體不待羈束, 而自入規矩. 只爲人心有散緩時, 故立許多規矩
來維持之. 但常常提警, 敎身入規矩內, 則此心不放逸, 而炯然在矣. 心旣常惺惺, 又
以規矩繩檢之, 此內外交相養之道也."『朱子語類』(12:13)
41) 주희는 '禮者, 天理之節文'에서 '節'은 '등급의 차이'를, '文'은 '꾸밈'을 의미한다고
풀이했다. "'禮者, 天理之節文.' 節謂等差, 文謂文采."『朱子語類』(36:71)
42) "所以禮謂之'天理之節文'者, 蓋天下皆有當然之理. 今復禮, 便是天理. 但此理無形
無影, 故作此禮文, 畫出一箇天理與人看, 敎有規矩可以憑據, 故謂之'天理之節文'.
有君臣, 便有事君底節文, 有父子, 便有事父底節文. 夫婦長幼朋友, 莫不皆然, 其實
皆天理也."『朱子語類』(42:30)

주희가 예를 강조했던 것은 일을 맞이하는 현장에 마음을 붙잡아 두도록 하는 수단으로서의 성격이 짙다고 해야 할 것이다. 예는 군신·부자·부부·장유·붕우의 관계를 전제로 하고 있는 법도이기에, 몸을 이에 맞춘다면 마음이 달아나지 않을 것이라고 한다. 사람은 예를 지키려고 애쓰는 한, 타인을 의식할 수밖에 없다. 혹 사심을 일으키고 있었다 하더라도, 이를 잠재우고 자신을 관계 안에 밀어 넣게 되는 것이다. 천리가 서로 다른 것들 사이의 관계를 꿰뚫는 맥락이었다는 점을 생각한다면, 제 관계에 충실하게끔 인도하는 예가 달리 보인다. '복례하면 곧 천리'인 것이다.

만약 이와 같은 문제의식에 대한 고려 없이, 사회적 강제로서 예를 대한다면 이 역시 주희가 경계했던 사사로운 견해私見과 무엇이 다르냐는 의혹을 피할 수 없을 것이다. 하지만 주희는 예 역시 자연의 것으로 봤고, 예적인 표현에 거짓된 꾸밈이 들어가서는 안 된다고 강조했다. 심지어 예는 인정人情이 바라는 바라고 말하기까지 한다[43]. 그가 사회적 규범에 대해 보였던 태도는 자신이 살던 시대 안에서 상식적인 정도에 머문다는 지적[44]도 참고할 만하다. 즉, 사회적으로 통용되

---

43) "'禮之用, 和爲貴.'見君父自然用嚴敬, 皆是人情願, 非由抑勒矯拂, 是人心固有之同然者, 不待安排, 便是和. 才出勉强, 便不是和."『朱子語類』(22:44)

44) "주자의 리를 그 내용에 나아가 살펴서 그가 무엇을 천리로 삼았고 무엇을 인욕으로 삼았는가 본다면, 그가 특별히 고루하다는 사례를 찾아보기는 어렵다. 일상의 생활 윤리나 사회 규범에 대해 주자는 대체로 당시의 사회 통념의 범위 안에서 사고하고 있었다. 이러한 통념들은 명청 시대까지 대부분 계승되고 있다." 미조구찌 유조 외 지음,『중국의 예치 시스템』청계, 2001, 82쪽. *내용적으로 옳은 것이 무엇인지를 내세운다면 그것은 편견偏見이기에 경계할 일이 된다. 하지만 상황 내 주체에게 '마땅한 것[當然之則]'으로 여겨지는 일은 결과적으로 사회적 통념(또는 상식)에 따르는 것이 될 가능성이 높다.

고 인정이 바라는 정도의 예가, 개인을 개별성에 매몰되지 않도록 돕는 것이다.

그 실제 의미를 따져봤을 때, 경에 대한 다양한 표현들은 몸이 일을 맞이하고 있는 현 상황에 집중할 수 있도록, 그것에 실천적으로 임하는 입장에서 좀 더 풍요하고 입체적인 지침으로 기능하고 있음을 알 수 있다.

(三)

끝으로 짚고 넘어갈 것은, 주희가 경을 지속적으로 행해야만 한다고 했던 일이다. 관건은 경을 놓쳐버렸을 때 이를 빨리 자각하는 데 있다. 앞 장에서 주희가 '방심의 자각이 곧 존심'이라 했음을 살폈다. 마음은 둘이 아니니 방심을 자각하고 자세를 고치는 순간, 마음은 여기에 돌아와 있다는 것이다. 이에 상응되게 주희는 경할 것을 권고하는 곳곳에서 그것이 끊어지기는 쉬운 것도 사실이지만, 이를 알아채는 순간 자연히 이어지게 된다고 말한다.

누군가 물었다. "경을 유지하는 것은 끊어지기 쉬운데, 어떻게 해야 합니까?"

대답하셨다. "항상 스스로 살필 수 있어야 한다. 살필 수 있으면 바로 여기에 있다."

어떤 사람이 이를 매우 어렵게 생각했다.

말씀하셨다. "살피지 않는 것을 근심할 뿐이다. 끊어졌다는 것을 알면 이미 이어져 있는데, 어려워할 것이 무엇이겠는가[45]."

---

45) 或問. "持敬易間斷, 如何?" 曰. "常要自省得. 才省得, 便在此." 或以爲此事最難. 曰.

"본원을 함양하는 일은 분명 끊어지기 쉬운 것입니다. 그러나 끊어진
것을 깨달으면 바로 이어지는 것이니, 스스로 분발하여 조금씩 쌓아나가
기를 오래한다면, 자연히 이어져서 타성일편打成一片이 될 것입니다[46]."

주희는 경과 관련해서 '불러 일깨우는 것[喚醒]', '분발하는 것[提撕/
提撮]' 등으로 자주 설명하는데, 이것은 어렵지 않은 일이며 곧 효과를
볼 수 있다고도 말한다[47]. 지금까지 살펴본 바를 생각하면, 이 말도 쉽
게 납득할 수 있을 것이다. 하던 일을 두고 잠시 다른 생각에 잠겨 있
다가, 이를 알아차리고 자세를 고치는 것은 그다지 어려울 것도 없다.
다만 이를 계속할 수 있느냐 하는 것이 문제가 될 뿐이다. 방심은 조금
만 긴장을 늦춰도 일어난다. 때문에 주희는 일단 성학聖學에 뜻을 정
했다면 평생 전전긍긍, 살얼음 위를 걷는 듯 정신을 바짝 차려야 한다
[48]고 말한다.

경이 각자를 둘러싸고 변화하는 상황과 항상적 조화를 가능하게 하
는 토대가 되는 만큼, 이를 놓치지 않도록 애써야 하는 것은 당연한 일
이다. 먼 옛날 탕湯 임금은 '어느 날 새롭게 하였다면, 나날이 새롭게
하고, 또 날로 새롭게 하라[49]'는 명문을 욕조에 새기고, 목욕을 이욕의
때를 경계하며 늘 새로운 시작을 다짐하는 의식으로 삼았다. 이는 곧
매순간 한 편[一偏]에 대한 생각에 머무름 없이 중을 회복하려는 노력

　"患不省察爾. 覺得間斷, 便已接續, 何難之有!"『朱子語類』(12:127)
46) "所喻涵養本原之功, 誠易間斷. 然纔覺得間斷. 便是相續處, 只要常自提撕, 分寸積
　　累將去, 久之自然接續, 打成一片耳."『朱熹集』卷 56,「答方賓王」제 15서
47) "但此事甚易, 只如此提醒, 莫令昏昧, 一二日便可見效, 且易而省力. 只在念不念之
　　間耳, 何難而不爲!"『朱子語類』(12:79)
48) "曾子曰 '戰戰兢兢, 如臨深淵, 如履薄冰.' 此乃敬之法."『朱子語類』(35:22)
49) "湯之盤銘曰. '苟日新, 日日新, 又日新.'"『大學章句』傳 二章

으로 이해할 수 있을 것이다. 주희는 이러한 공부가 경에 속하는 것[50]이라 설명했다.

주희는 경을 '성인되는 학문의 시작이며 끝[51]'이자 '모든 선의 근본이며 함양성찰涵養省察과 격물치지格物致知의 여러 공부가 모두 근거하는 것[52]'이라 수식하며, 자신의 수양법 가운데서 으뜸가는 지위를 부여했다. 그는 이 바탕 위에서야 비로소 하나의 감정, 하나의 주의 주장에 갇히지 않을 수 있을 것이라고 믿었다. 자기 몸이 처해 있는 현장에서 주의력을 잃지 않고 깨어있는 이는 자연성을 회복하여 자신과 외부 사이에 더 이상 틈을 내지 않게 된다.

---

50) "成湯工夫全是在'敬'字上."『朱子語類』(17:55)

51) "'敬'字工夫之妙, 聖學之所以成始成終者."『朱子語類』(12:73)

52) "敬之一字, 萬善根本, 涵養省察, 格物致知, 種種工夫, 皆從此出, 方有據依. 平時講學, 非不知此, 今乃覺得愈見親切端的耳."『朱熹集』卷 50,「答潘恭叔」제 8서

2
마음의 역량을 다하기 위한 노력

1) 상황과의 결속

(一)

주희는 경敬과 격물格物(혹은 치지致知) 간의 상호 연관성을 곳곳에서 강조한다. 이들은 동시에 힘써야 하는 것이지만, 주희는 그런 가운데도 격물은 경을 바탕으로 하는 것[53]이라고 한다. 온갖 리[萬理]를 갖춘 마음을 보존한 후에야 궁리할 수 있으니[54], 함양하지 않는 상태에서라면 치지 공부도 쓸데없는 사색이 되어버린다[55]는 것이다.

물었다. "이천伊川[程頤]은 '치지하면서 경하지 않는 경우는 없다'고 했는데 어째서입니까?"

대답하셨다. "그것은 대강을 말한 것이다. 궁리窮理를 하려면 반드시 주의를 기울여야 한다. 그렇게 하지 않는다면 어떻게 분명히 이해할 수 있겠는가[56]"

53) "持敬致知, 實交相發, 而敬常爲主."『朱熹集』卷 63,「答孫敬甫」제 4서
54) "一心具萬理. 能存心, 而後可以窮理."『朱子語類』(9:44)
55) "若不涵養而專於致知, 則是徒然思索."『朱子語類』(115:11)
56) 問. "伊川言, '未有致知而不在敬.' 如何?" 曰. "此是大綱說. 要窮理, 須是著意. 不著

"사람이 옛 습관을 완전하게 깨끗이 씻어 버린 다음에 이 도리를 이
해하려고 한다면, 이러한 리는 없다. 다만 방심을 수습해 여기에 붙잡
아 지키면 반드시 진심眞心이 발현될 것이니, 여기서부터 궁리해 나간
다[57]."

경과 동시에 행해지는 공부라는 사실에 대한 환기만으로도, 격물의
성격이 조금은 선명해지는 면이 있다. 그것은 최소한, 목전의 일을 접
어두고 막연한 일들에 대해 고민하는 것과는 거리가 멀다.

주희는 격물格物의 '格'이란 '이르는 것[至]'을 의미하고, '物'은 '일
[事]'과 비슷한 것이라고 했다[58]. 정이의 격물설에 근거해서 지었다는
『대학大學』「격물보망장格物補傳章」에서 그는 "치지가 격물에 있다'는
것은, 나의 앎[知]을 지극히 하고자 한다면 물物에 나아가 그 리를 궁
구해야 함을 말하는 것[59]'이라고 한 바 있다. 그는 이처럼 곳곳에서 격
물이란, 물에 직접 나아가[卽物] 리를 궁구하기를[窮理] 지극하게 하는
[至極] 공부라고 강조[60]한다.

"물物에 직접 나아가 리를 궁구해야 하니[格物], 궁리를 말하지 않고
오히려 격물을 말했다. 리를 말하면 헤아릴 수 있는 것이 없어 때로는

意, 如何會理會得分曉."『朱子語類』(9:29)

57) "人若要洗刷舊習都淨了, 卻去理會此道理者, 無是理. 只是收放心, 把持在這裏, 便
　　須有箇眞心發見, 從此便去窮理."『朱子語類』(12:31)

58) "格, 至也. 物, 猶事也. 窮至事物之理, 欲其極處無不到也."『大學章句』經文의 朱子
　　註

59) "所謂致知在格物者, 言欲致吾之知, 在卽物而窮其理也."『大學章句』傳 5章

60) 陳來,『朱子哲學硏究』三聯書店, 2010, 330./ 陳來(안재호 역),『송명 성리학』예문
　　서원, 2000, 262~263쪽.

구체적인 물物에서 벗어나게 된다. 물을 말하면, 리가 자연히 있게 되어 저절로 벗어나지 않는다. 부처는 견성見性을 말할 뿐이니 결국 공허하고 터무니없는 성性을 찾게 되지만, 그 설명을 따라서는 실제 일에서 움직일 수 없다[61]."

"『대학』에서 격물을 말하면서 궁리는 말하지 않은 것은, 대개 궁리라 하면 마치 공중에 뜬 것 같아 구체적인 착수처가 없는 까닭이다. 그러나 격물을 말하면 형이하의 기로 나아가 형이상의 도를 찾아 이들이 본래 서로 떨어지지 않는다는 것을 알게 되니, 그래서 다만 '격물'이라 한 것이다[62]."

주희가 격물의 의의를, 구체적인 착수처에 두고 있음은 주의해서 봐야 할 것이다. 그것은 리와 기가 분리될 수 없다는 생각에 기초하며, 실제 일을 처리하기 위한 것이다.

자신이 처한 상황에 집중하는 경의 바탕 위에서 행하는, 격물의 '물'이란 무슨 특별한 것을 찾아 구해진 대상이 아니라, 맞이하는 모든 일을 가리킨다. 그것은 스스로의 의지로 선별되는 대상이 아닌 만큼, 배척 역시 인정되지 않는다. 주희는 일이 많아서 공부에 방해가 된다고 생각하는 건 잘못이라 지적하며, 자신이 처한 곳에서 힘쓰는 것이 공

---

61) "格物, 不說窮理, 卻言格物. 蓋言理, 則無可捉摸, 物有時而離. 言物, 則理自在, 自是離不得. 釋氏只說見性, 下梢尋得一箇空洞無稽底性, 亦由他說, 於事上更動不得." 『朱子語類』(15:34)
62) "大學所以說格物, 卻不說窮理, 蓋說窮理, 則似懸空無捉摸處. 只說格物, 則只就那形而下之器上, 便尋那形而上之道, 便見得這箇元不相離, 所以只說'格物'." 『朱子語類』(62:72)

부의 내용이라고 말하기도 했다[63]. 부귀를 만나면 부귀한 상황에 나아가 힘쓰고, 빈천을 만나면 빈천한 상황에 나아가 힘써야 한다[64]. 그는 곳곳에서 격물 공부의 실제 내용은 책을 읽거나 매사를 대하는 것에 불과하다고 강조한다.

"보내주신 가르침에서 정자程子의 격물 이론은 진실로 쉽게 힘을 쏟을 수 없는 면이 있는 것 같습니다. 정자가 '천지의 높고 두터운 까닭과 하나의 물物이 그러한 까닭'이라 했던 것은 그 크고 작은 것을 모두 말하여 리는 어디에나 있으므로, 학문을 할 때는 하나의 물도 빠뜨림이 있어서는 안 된다는 것을 밝히려 하신 것 같습니다. (격물을 위해) 힘을 쓸 부분이란 예전에 말했던 것처럼, 책을 읽거나 사물에 응하는 것에 지나지 않습니다. 어찌 막연히 그 마음을 허황되고 어수선하여 알 수 없는 영역으로 놓아버리는 것이겠습니까[65]."

"궁리 역시 다른 방법이 없습니다. 다만 일상에서 독서하고 일에 응하는 데서 매사를 이해하는 것이 바로 그것으로, 크게 나아지는 것이 없더라도 축적하기를 오래 하다 보면 저도 모르게 두루 관통하게 될 것

---

63) "承以家務叢委, 妨於學問爲憂. 此固無可奈何者. 然亦只此便是用功實地. 但每事看得道理, 不令容易放過, 更於其間見得平日病痛, 痛加剪除, 則爲學之道, 何以加此? 若起一脫去之心, 生一排遣之念, 則理事却成兩截, 讀書亦無用處矣." 『朱熹集』卷 49, 「答陳膚仲」 제 6서

64) "人多言爲事所奪, 有妨講學, 此爲'不能使船嫌溪曲'者也. 遇富貴, 就富貴上做工夫, 遇貧賤, 就貧賤上做工夫." 『朱子語類』(8:59)

65) "示喩程子格物之說, 誠若有未易致力者. 然其曰'天地之所以高厚, 一物之所以然', 蓋極其大小而言之, 以明是理之無不在, 而學問之功不可一物而有遺爾. 若其所以用力之地, 則亦不過讀書史, 應事物, 如前之云爾. 豈茫然放其心於汗漫紛綸不可知之域哉?" 『朱熹集』卷 52, 「答吳伯豐」 제 1서

이니, 급하게 하려고 해서 될 일이 아닙니다[66]."

단지 제 위치에서 할 일을 하는 것이 격물이라면, 그 실제 내용은 곧 현재 처한 상황에서 자신이 어떻게 행동하면 좋은가 하는 문제에 대한 탐구로, 실천을 예비하고 있다고 생각할 수도 있을 것이다. 주희는 궁리를, 일에 응應하기 위해 반드시 먼저 해야 하는 것[67]이라 하기도 했는데, 이는 곧 같은 의미가 될 것이다.

"'격물'이라는 두 글자는 가장 중요한 말이다. 물物은 사물事物을 말한다. 사물의 리를 극처까지 궁구해야 하는데, 그렇게 하면 옳고 그른 것이 있으니, 옳은 것은 행하고 그른 것은 행하지 않는다[68]."

"대개 사사물물은 각각 하나의 도리를 갖고 있다. 도리를 궁구할 수 있다면 일을 행함에 각각 마땅하게 되지 않음이 없을 것이다. '임금이 되어서는 인仁에 머물 것이며, 신하가 되어서는 경敬에 머문다'는 것처럼, 각각의 일마다 하나의 지극한 도리가 있다[69]."

도리를 궁구하여 옳고 그름을 분별하는 것은, 매사에서 자신의 역

---

66) "窮理亦無它法. 只日間讀書應事處, 每事理會便是, 雖若無大頭段增益, 然亦只是積累久後, 不覺自浹洽貫通, 正欲速不得也."『朱熹集』卷 61,「答林德久」제 3서
67) "蓋欲應事, 先須窮理, 而欲窮理, 又須養得心地本原, 虛靜明澈, 方能察見幾微, 剖析煩亂, 而無所差錯."『朱熹別集』卷 3,「彭子壽」
68) "'格物'二字最好. 物, 謂事物也. 須窮極事物之理到盡處, 便有一箇是, 一箇非, 是底便行, 非底便不行."『朱子語類』(15:14)
69) "凡事事物物, 各有一箇道理. 若能窮得道理, 則施之事物, 莫不各當其位. 如'人君止於仁, 人臣止於敬'之類, 各有一至極道理."『朱子語類』(119:35)

할을 자각하기 위한 노력이라 할 수 있다. 임금이 되어서는 인에, 신하가 되어서는 경에 머물러야 한다. 사사물물은 제각각 다른 도리를 갖고 있는 것이니, 구체적 상황을 도외시하고는 이를 구할 수 없다.

(二)

주희는 천하의 일 모두를 물物이라 하고, 물이 있는 곳에는 모두 리가 있다고 했다[70]. 사람의 마음은 본디 외부적 상황과 연동하는 것이다. 지금 몸을 갖고 이곳에 자리한 사람도 하나의 물[形而下者]이고, 맞이하는 일 역시 하나의 물이다. 사람은 리라는 맥락을 통해 자신에게 다가오는 물과 결속되며 스스로를 변모시켜 나간다. 이때 사람과 물 사이에는 같은 리가 관통하고 있다고 말해진다[71]. 성性이란 맞이하는 일마다 하나씩 갖고 있는 리와 관통될, 수많은 도리의 집합체에 다름 아니다. 주희가 구체적인 물을 중시했던 데에는, 사람을 음양이 교대하며 변화하는 자연의 참여자로 보는 시각이 반영되어 있다.

"성性이 있는 곳이 바로 도道가 있는 곳이다. 도는 물物에 있는 리理이며, 성은 나에게 있는 리이다. 그런데 물物의 리는 모두 나의 리 가운데 있으니, 도의 골자는 바로 성이다[72]."

"독서하여 도의道義를 밝힐 때 리는 책에 있다. 고금의 인물을 논하

---

70) "蓋天下之事, 皆謂之物, 而物之所在, 莫不有理."『朱子語類』(15:66)

71) "... 是皆必有當然之則, 而自不容已, 所謂理也. 外而至於人, 則人之理不異於己也. 遠而至於物, 則物之理不異於人也."『大學或問』

72) "性之所在, 則道之所在也. 道是在物之理, 性是在己之理. 然物之理, 都在我此理之中, 道之骨子便是性."『朱子語類』(100:36)

면서 그 옳고 그름을 따질 때 리는 고금의 인물에 있다. 사물을 접하여 그것들이 마땅한가 여부를 판별할 때 리는 접하는 사물에 있다[73]."

누군가 물었다. "물物과 자신을 살핀다는 것은 물을 살핀 것에 의거해서 자신을 돌이켜보는 것입니까?"

말씀하셨다. "반드시 그런 것은 아니다. 물과 나는 하나의 리이니, 저것이 분명하면 이것도 환해진다. 이것이 안팎의 도가 만난 것이다. 그 큰 것으로는 하늘이 높고 땅이 두터운 까닭을 말하고, 그 작은 것으로는 하나의 물物이 그러한 까닭을 말하니, 배우는 사람이라면 모두 마땅히 생각할 바이다[74]."

기가 이루는 구체적 상황들, 그 분절과 구획의 단면에서 리는 각각 다른 내용으로 확인된다. 일마다 저마다의 리를 갖고 있다는 것은 그 자체가 격물이 중요한 이유[75]로 말해지기도 한다. 상황의 끊임없는 변화만큼, 그 도리 역시 무궁하다. 리일理一의 리理는 바로 이러한 분수分殊의 리理의 존재를 가능하게 하는 두뇌처頭腦處로서 의미를 갖는 것이었다. 그것은 끊임없는 기의 활동과 함께 세상에 늘 신선한 모습을 내보이는 무한無限이다.

리일분수理一分殊의 짜임이 이러하다면, 각자가 실제로 맞이하는 일들에서의 마땅함에 대한 탐구는 소홀히 할 수 없다. 주희는 스스로 응

---

73) "如讀書以講明道義, 則是理存於書. 如論古今人物以別其是非邪正, 則是理存於古今人物. 如應接事物而審處其當否, 則是理存於應接事物."『朱子語類』(18:7)

74) 或問. "觀物察己者, 豈因見物而反求諸己乎?" 曰. "不必然也. 物我一理, 纔明彼, 即曉此. 此合內外之道也. 語其大, 天地之所以高厚, 語其小, 至一物之所以然, 皆學者所宜致思也."『大學或問』

75) "所以貴乎格物者, 是物物上皆有此理."『朱子語類』(40:36)

접해야 하는, 구체적 사사물물 가운데 있는 리에 관심을 두도록 한다.

> 누군가 '리일분수'에 대해 물었다.
> 말씀하셨다. "성인께서는 리일을 말씀하신 적이 없다[76]. 분수를 말씀
> 하셨을 뿐이다. 분수 가운데 사사물물 하나하나에서 그 마땅함을 이해
> 하게 된 다음에야 리가 본래 하나로 관통하는 것임을 알게 된다. 만 가
> 지 다른 것[萬殊]마다 각기 하나의 리가 있음을 알지 못한 채, 리일만을
> 논한다면 리일이 어디에 있는지 알지 못할 것이다[77]."

> "치지致知의 요체는 지선至善의 소재를 아는 데 있다. 예컨대 부모로
> 서 자애에, 자식으로서 효도에 그치는 것과 같다. 만약 이런 것에 힘쓰
> 지 않고 쓸데없이 널리 만물의 리를 살핀다면 유격하는 대군처럼 멀리
> 나가 돌아오지 못할까 염려된다[78]."

구체적인 일을 통해 궁리해야 한다는, 격물의 요구는 주희 이단 비
판의 주요한 부분을 차지하는 것이기도 하다. 물론 그 비판의 바탕에

---

76) 여기서 성인은 공자를 가리킨다. 『朱子語類』(9:53)에서, 주희는 도리를 볼 때 그
    두뇌처頭腦處를 분명히 해야 한다고, 세세한 절목은 모두 그것이 흩어져 다양한
    모습으로 나타나게 된 것[萬殊]이라 강조한다. 주희는 공자가 구체적인 일에서의
    도리를 말했을 뿐 도리가 모이는 두뇌처에 대해서는 밝힌 적이 없지만, 공자가 일
    마다 말했던 도리를 모으면 그것을 자연히 알 수 있게 될 것이라고 했다. 그는 주
    돈이 태극설의 의의는 바로 도리의 두뇌처를 분명하게 드러낸 데에 있다고 설명
    하기도 한다.
77) 或問"理一分殊". 曰. "聖人未嘗言理一, 多只言分殊. 蓋能於分殊中事事物物, 頭頭
    項項, 理會得其當然, 然後方知理本一貫. 不知萬殊各有一理, 而徒言理一, 不知理一
    在何處."『朱子語類』(27:41)
78) "致知之要, 當知至善之所在. 如父止於慈, 子止於孝之類. 若不務此, 而徒欲汎然以
    觀萬物之理, 則吾恐其如大軍之游騎出太遠而無所歸也."『大學或問』

는 형이상자에 대한 이해가 개입되어 있다. 그가 보기에 당시 논적들의 문제는 자신이 처한 상황에 대한 의식 없이, 홀로 내면에 집중한 채 길을 구했던 데 있다. 이는 천변만화 다른 대처를 요구하며 다가오는 일을 소홀히 하는 결과를 낳고, 때문에 이들의 행위는 상황의 요구가 아닌 자신의 사사로운 의지를 따르는 것이 된다. 이는 달리 말해, 마음의 활동인 형이하의 것을 형이상의 것으로 착각하는 것이기도 하다. 불교도[79]나 육구연[80]들이 그러했다.

"유학자들은 도를 보니 때에 따라 대응하는 것이 아주 분명하다. 불교에서도 천기天機를 보기는 했으나 구체적인 일[物]을 소홀히 하니 무심하게 지나칠 뿐이다[81]."

누군가 물었다. "저들은(불자佛者들은) 또한 지각운동知覺運動을 형이하자로 삼고, 공적空寂을 형이상자로 삼는데 어떻습니까?"
말씀하셨다. "형이하자일 뿐이다. 저들은 지각운동을 갖고 현묘한 교설을 만든다[82]."

---

79) "若便謂食飮作息者是道, 則不可. 與龐居士'神通妙用, 運水搬柴'之頌一般, 亦是此病. 如'徐行後長'與'疾行先長', 都一般是行. 只是徐行後長方是道, 若疾行先長便不是道, 豈可說只認行底便是道! '神通妙用, 運水搬柴', 須是運得水, 搬得柴是, 方是神通妙用. 若運得不是, 搬得不是, 如何是神通妙用! 佛家所謂'作用是性', 便是如此. 他都不理會是和非, 只認得那衣食作息, 視聽擧履, 便是道. 說我這箇會說話底, 會作用底, 叫著便應底, 便是神通妙用, 更不問道理如何. 儒家則須是就這上尋討箇道理方是道."『朱子語類』(62:72)
80) 김우형은 육구연과 주희의 차이가 주희는 리가 내부에도 있지만 외부에 있다는 사실도 부정하지 않는 데 있다고 했다.『주희철학의 인식론』심산, 2005, 201쪽.
81) "儒者見道, 品節燦然. 佛氏亦見天機, 有不器於物者, 然只是綽過去."『朱子語類』(126:36)
82) 或曰. "彼亦以知覺運動爲形而下者, 以空寂爲形而上者, 如何?"曰. "便只是形而下

물었다. "육 선생[陸九淵]은 이천伊川[程頤]의 격물설을 취하지 않았습니다. 일마다 탐구하면 정신이 쉬 피로하니, 마음에서 구하는 편이 낫다, 마음이 밝으면 비추지 못함이 없다고 했습니다. 그의 이론대로 하면 힘이 덜 들 것 같습니다."

말씀하셨다. "일마다 탐구하지 않고서 그의 말을 들으면, 입에서 나오는 대로 말하며 발길 가는 대로 걸어 무지몽매한데도 이를 문제 삼지 않을 것이다[83]."

리는 상황과 이에 응하는 각자의 행위를 통해 구체화되는 현상들을 관통한다. 주희가 배우는 사람에게 도와 하나 될 것을 요구하는 예는 곳곳에서 보인다[84]. 천리와 하나로 사는 인간이 바로 성인이다. 유학자들의 모든 공부가 결국은 성인 되기를 목표로 하고 있음은 췌언을 요하지 않는다. 그런데 성인이란 어떤 존재인가. 막상 그에 대한 묘사를 주의해서 살펴보면, 이들의 시선이 매우 평범한 것을 향하고 있음을 인정할 수밖에 없다.

성인의 길은 이를테면 인류에 대한 구원이나 남들이 따를 수 없는 고통스러운 자기희생이라는 영웅적 행보와 거리가 멀다. 그는 오히려 너무도 평범해서 주변과 불협화를 이루지 않고, 때문에 별 이야깃거리가 되지도 않을 사람으로 묘사된다. '공자는 상을 당한 사람 곁에서

者. 他只是將知覺運動做玄妙說."『朱子語類』(126:114)

83) 問. "陸先生不取伊川格物之說. 若以爲隨事討論, 則精神易弊, 不若但求之心, 心明則無所不照. 其說亦似省力." 曰. "不去隨事討論後, 聽他胡做, 話便信口說, 脚便信步行, 冥冥地去, 都不管他."『朱子語類』(18:14)

84) "善在那裏, 自家卻去行他. 行之久, 則與自家爲一, 爲一, 則得之在我. 未能行, 善自善, 我自我."『朱子語類』(13:2) 비슷한 예는 제 7장. 2에서 찾아볼 수 있다.

배불리 먹지 않았고, 조문하여 곡을 한 날 노래를 부르지 않았다(『논어』「술이述而」)'했으니, 이것이 성인의 천리[85]라는 식이다.

　천리의 유행에 대한 다음 글 역시, 존재자 간의 본래적 상호 연관에 대해 두드러지게 표현하고 있을 뿐이다.

　　"노인을 편안하게 해드리고 어린 사람을 품어주며 친구를 믿어주는 일이 저절로 천리가 유행하는 것이다. 천리가 유행하면 어느 곳이든 모두 그렇다. 더위가 가면 추위가 오고, 냇물이 흐르는가 하면 산이 우뚝하고, '아버지와 아들은 서로 친하고 임금과 신하 사이에는 의로움이 있는' 모든 일에 저 리 아님이 없다. '배우고 때때로 익히는' 것 역시 이 리를 궁구하는 것이며, '효도와 공경은 인의 근본'이라 하는 것 역시 이 리를 실현하는 것이다[86]."

　주희는 요 임금과 순 임금, 공자는 용庸을 행했을 뿐이고, '庸'이란 본분을 따를 뿐 괴이한 일을 하지 않는 것[87]이라고 말한 바 있다. 또 '용'은 평상 가운데 있는 정해진 리[定理][88]라고 말하기도 했다. 그는 스스로를 억지로 돋보이게 하려는 행동들에 대해 경계를 늦추지 않았

85) "'子食於有喪者之側未嘗飽', '子於是日哭則不歌', 此是聖人天理." 『朱子語類』(34:75)
86) "安老·懷少·信朋友, 自是天理流行. 天理流行, 觸處皆是. 暑往寒來, 川流山峙, '父子有親, 君臣有義'之類, 無非這理. 如'學而時習之', 亦是窮此理, '孝弟仁之本', 亦是實此理." 『朱子語類』(40:36)
87) "'中庸之爲德', 此處無過·不及之意多. 庸是依本分, 不爲怪異之事. 堯舜孔子只是庸. 夷齊所爲, 都不是庸了." 『朱子語類』(33:49)
88) "惟其平常, 故不可易, 如飮食之有五穀, 衣服之有布帛. 若是奇羞異味, 錦綺組繡, 不久便須厭了. 庸固是定理, 若直解爲定理, 卻不見得平常意思. 今以平常言, 然定理自在其中矣." 『朱子語類』(62:15)

다[89]. 도리란 알게 되면, 의자 다리를 네 개로 만들고 소의 코청을 꿰어 코뚜레를 끼우는 것처럼 마땅히 그렇게 해야 하는 것[90]이라 했다. 물론 특이할 것이 없다고 해서, 그 길이 쉬운 것은 결코 아니다.

격물은 흔히 도덕적 지식을 축적하는 공부로 설명된다. 하지만 우리는 이 평범함을 통해, 주희가 옳은 행위를 무슨 거창한 지식을 갖추었는가와 연관 짓고 있지 않음을 다시 한 번 확인할 수 있다. 마음의 문제적 상황은 사사로운 관심으로 인해 주변과 연동하지 못하는 것일 뿐이었다. 머물러 고집하는 견해나 감정이 사욕이고 치우친 것이라면, 남다른 정의감이나 지식 배양에 대한 요구로 이를 해결하려 한다는 것은 아귀가 맞지 않는다[91]. 전후 맥락을 따져볼 때, 주희의 공부론은 오히려 자신의 견해를 지속적으로 무화시킴으로써 스스로가 갖고 있

---

89) 예컨대 주희는 공부를 좋은 일로 여겨, 남과 달라지려고 하는 이들이 많은데 이는 여전히 리利을 위한 것일 뿐("今人日中所爲, 皆苟而已. 其實只將講學做一件好事, 求異於人. 然其設心, 依舊只是爲利, 其視不講者, 又何以大相遠!"『朱子語類』(13:33))이라고 한탄하고, 병든 부모에게 넓적다리 살을 베어 약으로 쓰는 풍습인 할고割股는 옳지 않다고 하면서, 남이 알아주기를 바라는 마음에서 이런 일이 행해지는 세태를 못마땅해 했다.(問. "割股一事如何?" 曰. "割股固自不是. 若是誠心爲之, 不求人知, 亦庶幾. 今有以此要譽者."『朱子語類』(17:48)) 이것은 명성 등을 얻기 위해, 스스로를 차별화하려는 행위를 문제로 지적하는 것이라고도 할 수 있겠다.

90) "這道理, 若見得到, 只是合當如此. 如竹椅相似, 須著有四隻脚, 平平正正, 方可坐. 若少一隻脚, 決定是坐不得. 若不識得時, 只約摸恁地說, 兩隻脚也得, 三隻脚也得, 到坐時, 只是坐不得. 如穿牛鼻, 絡馬首, 這也是天理合當如此. 若絡牛首, 穿馬鼻, 定是不得."『朱子語類』(9:55)

91) '사심 없음(dés-inter-essement)'의 주체를 말하며, 윤리의 의미를 고민했던 엠마누엘 레비나스의 지식론을 참고할 수도 있겠다. 그는 지식을, 자신의 생각과 대상을 일치시키는 동화작용으로 설명한다. 때문에 이를 통해서는 타자와의 소통을 기대할 수도, 자신을 벗어날 수도 없다고 했다. Emmanuel Levinas(양명수 번역 해설), 『윤리와 무한-필립 네모와의 대화』다산 글방, 2000. 74~78쪽. 이러한 설명은 지식에 의존해서는 사사로운 주관을 벗어날 수 없다고 말하는 것처럼 보인다.

는 자연스런 정감을 확장, 상황과의 결속을 공고히 하려는 것을 목적
으로 한다고 보는 편이 그럴듯하다.

'치지致知'의 '知'가 의미하는 것이 무엇인지 밝혀보는 것이 이러한
의문을 해결하는 관건이 될 것이다.

2) 관견簹見에 대한 경계

(一)

주희는 『대학』의 팔조목 가운데서 수양의 출발점에 해당되는 격물
格物과 치지致知에 각별한 의미를 부여하고 이를 적극적으로 해석해
냈다. 그는 격물과 치지를 동일한 일의 두 표현처럼 설명한다. 이들은
같은 일을, 리와 마음이라는 서로 다른 측면에서 보고 명명한 것에 불
과하다[92]는 것이다. 격물은 물物마다 그 지극한 리를 궁구하는 것이고,
치지는 자신의 마음이 알지 못함이 없음을 의미하는 것[93]이라고 했다.
그는 '물物의 리를 궁구하는 것은 나의 지知를 지극하게 하는 것[94]'이
라 표현하기도 한다.

그런데 앞서 살핀 격물의 내용을 떠올려 봐도, '치지致知'의 의미는

---

92) 郭叔雲問. "爲學之初, 在乎格物. 物物有理, 第恐氣稟昏愚, 不能格至其理." 曰. "人
     箇箇有知, 不成都無知, 但不能推而致之耳. 格物理至徹底處." 又云. "致知·格物,
     只是一事, 非是今日格物, 明日又致知. 格物, 以理言也, 致知, 以心言也." 『朱子語
     類』(15:49)
93) "格物, 是物物上窮其至理, 致知, 是吾心無所不知. 格物, 是零細說, 致知, 是全體說."
     『朱子語類』(15:44)
94) "格物之理, 所以致我之知." 『朱子語類』(18:33)

석연치가 않다. 무엇보다도 '지知'의 의미가 불분명하기 때문이다. 주희는 '지'는 '식識'과 같다[95]고 했는데, 이렇게 봐도 그 의미가 선명해지지 않기는 마찬가지다. 격물치지가 맞이하는 사태에 대한 탐구를 통해 지식을 축적하는 공부라는 설명[96]은 가장 접하기 쉽다. 예컨대 진래陳來는 '지'에 주체의 인식 능력과 인식 능력의 결과인 지식의 의미가 모두 담겨 있다고 봤다. 그는 또한 정이와 주희가 격물궁리를 도덕적 경지를 실현하는 수양 방법으로 채택하였지만 그것이 실제로는 주로 지식을 구하는 수단이 되었다고 설명했다[97]. 하지만 면밀하게 살펴보면 그렇게 단언하기도 어렵다는 생각이 든다. 예컨대 다음 인용들을 보자.

  "치지는 본심의 앎[知]이다. 마치 거울과 같이 본래 전체가 매우 밝은데 어둠에 가려졌을 뿐이니, 지금 점차적으로 닦아나가 사방으로 모두 비추게 하여 어디에나 그 밝음이 이르도록 하는 것이다[98]."

  "요지는 치지에 있고, 치지는 궁리窮理에 달렸으니, 궁리하면 저절로 앎[知]이 지극해진다. 학문이 효과를 보기 위해서는, 알게 된 것이 지극

---

95) "知, 猶識也."『大學章句』經文의 朱子註
96) '지知'의 의미는 주자학을 연구하는 학자들에게 까다로운 문제로 여러 가지 해석이 있다. 각각의 주장들은 학자 자신이 주희 본체론과 공부론 전반을 어떻게 이해하는가와 밀접한 관련을 갖는 까닭에, 여기서 그 개념 풀이만을 나열하는 것은 별 의미가 없어 보인다. 중국 학자들의 주요 입장들은 전병욱의 학위 논문(『朱子 仁論 체계와 工夫論의 전개』 고려대학교 대학원 박사학위논문, 2007, 152~153쪽)에 잘 정리되어 있다.
97) 陳來,『朱子哲學硏究』北京: 三聯書店, 2010, 378. 332.
98) "致知乃本心之知. 如一面鏡子, 本全體通明, 只被昏翳了, 而今逐旋磨去, 使四邊皆照見, 其明無所不到."『朱子語類』(15:4)

한가 여부만을 보면 되지, 하나하나 다 알고 넘어가야 한다는 것이 아니다. 매사에서 각각의 리理 연마하기를 오래 하면 자연히 밝아질 것이다. 하나의 거울을 오늘 조금 닦고 내일 조금 닦으면 모르는 사이 저절로 밝아지는 것과 같다. 만약 조금 밝아졌다고 공부를 쉬면, 예전처럼 먼지가 낀 거울이 되어 이미 밝아진 곳은 어두워질 것이고, 아직 밝히지 못한 곳도 다시는 밝아지지 않을 것이다[99]."

여기서도 마음은 거울에 비유되고 있다. 거울은 본래 전체가 밝아서 다가오는 사물을 환히 비출 수 있는 능력을 가진다. 그런데 대개는 먼지가 껴서 세상을 선명하게 비추지 못하는, 안타까운 상태에 있다. 궁리는 거울의 먼지를 떨어내어 그것이 가진 본래의 능력을 되찾게 해주는 작업이다. 주희는 리를 궁구하면 자연히 앎이 지극해진다고 했고, 치지를 본심의 지라고 했다. 그렇다면 치지는 마음이 본디부터 갖고 있던 능력의 회복을 통해 가능해지는 것이지, 특정 내용의 지식을 양적으로 축적·확충하는 것과는 상관이 없다고 해야 한다. 그것은 먼지가 제거된 거울처럼, 마음 상태가 바르게 되었을 때 뒤따르는 결과로서의 의미가 강한 것이다.

만약 이것이 평소 갖고 있는 '앎'이라는 관념에 대한 기대와 어긋난다면, 다음의 내용을 생각해 볼 수 있다. '무엇인가를 안다'고 했을 때 그 '안다'는 말이 뜻하는 것은 크게 두 가지 경우를 생각할 수 있다. 그것은 이를테면 어떠한 사태를 장악·해석하기 좋도록 하는 특정한 내

---

99) "大要在致知, 致知在窮理, 理窮自然知至. 要驗學問工夫, 只看所知至與不至, 不是要逐件知過. 因一事研磨一理, 久久自然光明. 如一鏡然, 今日磨些, 明日磨些, 不覺自光. 若一些子光, 工夫又歇, 仍舊一塵鏡, 已光處會昏, 未光處不復光矣."『朱子語類』(5:68)

용의 견해를 갖고 있다는 의미일 수도, 어떠한 정황을 인지하고 그로
인한 자신의 심리 상태를 깨닫거나 느낀다는 의미일 수도 있는 것이
다. 이 가운데 후자는 일상적인 것이기에 학문의 언어에서 소외되곤
하는 부분이다. 이 경우 주체는 그 앎의 대상과 어떻게든 관계를 형성
하고 있고, 그것을 통해 자신의 현재 역할을 결정하게 된다. 그 앎은
경우에 따른 한시적 사건으로서의 성격을 지니는데, 이를 저해하는
것은 주체 자신의 경험적 미숙함이나 심리적인 요인인 경우가 많다.
이러한 앎에는 지식이 그 자체 목적이 되지는 않지만, 부가적으로 따
를 수 있다. 그런데 치지가 회복형의 공부라면, 최소한 전자는 '知'와
별 관련이 없어 보인다. 그렇다면 '치지'의 '지'가 의미하는 것은 후자
일까. 논자는 그 편에 가깝다고 본다.

　도날드 먼로는 주희에게 감정과 독립적으로 기능하는 인식 능력이
란 개념 자체가 없었으며, 육신과 분리된 정신을 연상시키는 순수한
인식이란 서구적 사고방식임을 지적한 바 있다[100]. 격물이 일을 맞이
하여 처리하는 것을 의미할 뿐이고, 형이하의 기를 통해 형이상의 도
를 구하는 것을 뜻한다면[101], 이때의 앎이란 감각 기관의 감수성을 통
한 직접적인 경험과 분리될 수 없을 것이다.

　　"오직 리를 알지[知] 못하기 때문에 자기가 치우치게 잘 하는 것에 따
　라 일을 해나간다. 신중한 사람은 자그마한 일에도 소심하고, 방종한

100) Donald Munro, Images of Human Nature: A Sung Portrait, Princeton: Princeton University Press, 1988. p. 30.
101) "大學所以說格物, 卻不說窮理, 蓋說窮理, 則似懸空無捉摸處. 只說格物, 則只就那形而下之器上, 便尋那形而上之道."『朱子語類』(62:72)

이는 분방하여 거리낌이 없다. 그래서 『중용』에서는 '도가 밝혀지기 어렵다'고 했고, '사람은 누구나 음식을 먹지만 그 맛을 아는[知] 이는 드물다'고도 했으니, 다만 알지[知] 못하기 때문이다[102]."

(二)

이제 잠시 우회로를 내어보기로 한다. 주희는 자신의 치우친 기질대로 일을 처리하는 것은 스스로 각각의 일에서 리를 알지 못하기[不知] 때문이라고 하며 공부를 촉구하곤 했다. 그렇다면 물리物理를 아는 것은 그 자체가 자신의 치우친 기질을 교정하는 것과 무관하지 않다[103]. 공부의 목적이 기질변화를 위한 것이라면, 주희가 기질의 문제를 다룰 때 '知'라는 글자를 어떻게 쓰고 있는지 그 용례를 살펴보는 것도 '치지'의 의미를 탐구하는 한 방법이 될 수 있을 것이다.

논자는 먼저 동물과 사람의 '知'가 어떻게 대비되고 있는지에 주목

---

102) "只是不知理, 隨他偏長處做將去. 謹愿者則小廉曲謹, 放縱者則跌蕩不羈. 所以中庸說'道之難明', 又說'人莫不飲食, 鮮能知味', 只爲是不知." 『朱子語類』(33:50)

103) 앞서 주희가 격물을 소홀히 한다는 이유로 육구연을 비판했던 것은 살핀 바 있다. 주희는 육구연이 품부 받은 기질의 문제를 간과하고 있다고 지적하기도 하는데, 이 역시 별개의 문제가 아님을 짚어둘 필요가 있다. "육자정陸子靜[陸九淵]의 학문에서 천 가지 만 가지 병폐를 보면, 다만 품부 받은 기질의 잡됨을 알지 못하고 허다한 거친 기를 모두 마음의 묘리妙理로 간주하여 마땅히 그와 같이 자연스럽게 해나가야 한다고 한 것에 있을 뿐이다. ... 지금 임의대로 좋지 않은 수많은 일들을 행하면서도 또한 모두 좋은 일일 뿐이라고 생각한다. 그것이 흉중에서 흘러나온 저절로 그러한 천리라고 말할 뿐, 기에는 나쁜 것이 뒤섞여 있음을 알지 못한 것이다.(陸子靜之學, 看他千般萬般病, 只在不知有氣稟之雜, 把許多粗惡底氣都做心之妙理, 合當恁地自然做將去. ... 今才任意發出, 許多不好底, 也只都做好商量了. 只道這是胸中流出, 自然天理, 不知氣有不好底夾雜在裏.)" 『朱子語類』(124:38) 이는 달리 말해 사욕마저 천리로 그대로 인정하는 것에 대한 경계이다. 주희가 인간이 갖고 있는 선에 대한 자발성을 믿으면서도, 심즉리心卽理를 말하지 않았던 것은 바로 사욕의 존재 때문이었다.

했다.

    "사람만이 바른 것을 얻었기 때문에 리가 통하여 막힌 곳이 없다. 사물[物]은 치우친 것을 얻었기 때문에 리가 막혀 아는[知하는] 바가 없는 것이다. ... 사물 가운데서도 아는 것[知者]이 있지만, 이들은 하나의 맥락으로만 통하는 것에 불과하니, 예컨대 까마귀는 효를 알고[知하고], 수달은 제사를 알고[知하고], 개는 단지 집을 지킬 수 있고, 소는 밭 갈기만 할 수 있을 뿐이다. 사람은 알지[知하지] 못하는 것도 없고 하지 못하는 것도 없다. 사람과 사물이 다른 것은 이것뿐이다[104]."

    경지敬之가 '사람은 금수와 다른 것이 많지 않다'는 것에 대해 물었다.
    말씀하셨다. "사람과 만물 모두가 같은 것은 리고, 다른 것은 마음이다. 사람의 마음은 허령하니 허다한 도리를 포괄할 수 있어 통하지 않음이 없다. 간혹 품부 받은 기질의 혼미함이 있더라도 극복하고 밝힐 수 있다. 만물의 마음은 허다한 도리를 포괄하지 못하니 그 사이 품부 받은 기질에 바른 것이 조금 있더라도 한 두 맥락의 밝음에 멈출 것이다. 예컨대 금수 가운데 부자간에 서로 사랑하고 자웅의 구별이 있는 부류는 단지 한 두 맥락에만 밝음이 있는 것이고, 다른 도리는 모두 통하지 않아 넓혀나가지 못하는 것이다[105]."

---

104) "惟人得其正, 故是理通而無所塞. 物得其偏, 故是理塞而無所知. ... 物之間有知者, 不過只通得一路, 如烏之知孝, 獺之知祭, 犬但能守禦, 牛但能耕而已. 人則無不知, 無不能. 人所以與物異者, 所爭者此耳."『朱子語類』(4:41)

105) 敬之問'人之所以異於禽獸者幾希'. 曰. "人與萬物都一般者, 理也, 所以不同者, 心也. 人心虛靈, 包得許多道理過, 無有不通. 雖間有氣稟昏底, 亦可克治使之明. 萬物之心, 便包許多道理不過, 雖其間有稟得氣稍正者, 亦止有一兩路明. 如禽獸中有父

'사람은 금수와 다른 것이 많지 않다'는 것은 『맹자』「이루 하」의 말이다. 원문에서 뒤에 이어지는 말은 이렇다. '보통 사람들은 그 다른 것을 내버리고 군자는 이를 보존한다.[106]' 주희는 사람과 짐승의 차이는 그 마음이 수많은 도리를 포괄하고 있는지 여부에 달려 있다고 본다. 사람의 본성[性]이란 온갖 리[萬理]를 갖추고[107] 있다. 반면 짐승은 본디 여럿인 도리가 가로막혔기에 한두 가지 관계만을 알고 지낼 뿐이다.

주희는 사람들 간에 앎의 능력에 차이가 생기는 원인 역시 같은 방식으로 설명한다. 본시 허다한 도리를 담고 있는 성이 특정 맥락으로만 통하게 되는 경우가 있음을 문제로 지목하는 것이다. 대개의 사람들은 자신에게 요구되는 역할이 여럿임에도 불구하고 그 기질에 따라 편중된 처세를 하고 있다. 주희는 곳곳에서 각자의 개성적 장단長短이나 대인 관계의 능력을, 품부 받은 기질과 관련지어 설명한다.

"품부 받은 기에 구속되어, 하나의 맥락으로만 통하게 되는 경우도 매우 다양한 양상을 띱니다. 어떤 이는 이것에는 두터우나 저것에는 엷으며, 어떤 이는 저것에는 통하지만 이것에는 막혀 있습니다. 어떤 사람은 천하의 이해利害에 다 통할 수 있으면서 의리는 알지 못하고, 어떤 사람은 온갖 기예에는 능숙하면서 읽은 책에 대해서는 이해하지 못합니다. 예컨대 호랑이와 표범의 경우는 부자 관계만 알고[知하고], 개미

子相愛, 雌雄有別之類, 只有一兩路明, 其他道理便都不通, 便推不去."『朱子語類』(57:32)

106) 孟子曰. "人之所以異於禽於獸者幾希, 庶民去之, 君子存之."『孟子』(8:19)

107) "性只是理, 萬理之總名. 此理亦只是天地間公共之理, 稟得來便爲我所有."『朱子語類』(117:29)

는 군신 관계만 압니다[知합니다]. 사람 또한 그러하니 어떤 사람은 어버이에게 효도하는 것은 알면서도[知하면서도] 다른 사람에게는 박하게 굽니다. … 그의 성性 가운데서 하나의 맥락만 통한 까닭에 다른 곳은 모두 막힌 것이니, 품부 받은 기 때문이기도 하고 이해에 어두워졌기 때문이기도 합니다[108]."

"글을 읽는데 먼저 자기 의견을 가진다면 사의가 될 뿐이다. 거칠고 사나운 사람이 책을 본다면 필시 용감하고 굳센 것을 주로 볼 것이며, 부드럽고 선량한 사람이 책을 본다면 필시 인자하고 너그러운 것을 주로 볼 것이다. 책 속에는 뭐든 있지 않은가[109]!"

부자 관계만 아는 짐승이 있고 군신 관계만 아는 짐승이 있는 것처럼, 사람 역시 특정한 관계나 일에 더 집중하는 경향을 보인다[110]. 흥미

---

108) "氣稟所拘, 只通得一路, 極多樣. 或厚於此而薄於彼, 或通於彼而塞於此. 有人能盡通天下利害而不識義理, 或工於百工技藝而不解讀書. 如虎豹只知父子, 蜂蟻只知君臣. 惟人亦然, 或知孝於親而薄於他人. … 是他性中只通得一路, 故於他處皆礙, 也是氣稟, 也是利害昏了."『朱子語類』(4:76) 이는 주희 앞에서 제자 심한沈僩이 자신이 이해한 바를 정리해서 말한 것이므로, 주희 자신의 생각이라 봐도 무방하리라 생각하고 인용했다.

109) "看文字先有意見, 恐只是私意. 謂如粗厲者觀書, 必以勇果强毅爲主, 柔善者觀書, 必以慈祥寬厚爲主. 書中何所不有!"『朱子語類』(11:63)

110) 그 극단의 경우로 주희와 그 문도들은 명황明皇[唐玄宗]을 여러 차례 거론하며, 한 방면으로만 통하는 기질에 대해 이야기를 나눈다. 명황은 부자 부부 군신 관계에 있어서는 극도로 잔인하고 난폭했지만 형제간의 우의만큼은 평생토록 유지되었다는 것이다. "如明皇友愛諸弟, 長枕大被, 終身不變, 然而爲君則殺其臣, 爲父則殺其子, 爲夫則殺其妻, 便是有所通, 有所蔽. 是他性中只通得一路, 故於他處皆礙, 也是氣稟, 也是利害昏了."『朱子語類』(4:76) / 李問. "世間有一種人, 慈惠溫厚, 而於義不足, 作事無斷制, 是如何?" 曰. "人生得多般樣, 這箇便全是氣稟. 如唐明皇爲人, 他於父子夫婦君臣分上, 極忍無狀, 然終始於兄弟之情不衰. 這只緣寧王讓他位, 所以如此. 寧王見他有功, 自度不可居儲嗣, 遂力讓他. 緣這一節感動

로운 것은 '성性 가운데서 하나의 맥락만 통한 까닭에 다른 곳은 모두 막힌 것'이라고 말하고 있다는 점이다. 그는 모든 방면이 다 막힌 경우나 전 방면에 어설프게 통한 것을 문제 삼지 않는다. 오히려 하나의 맥락으로만 통하는 것이 다른 맥락들을 가로막는 원인이 된다고 한다. 특정 관계나 관심사에만 집중할 때, 다른 일에는 소홀해져서 통할 수 없게 되는 것이다. 사람은 자신이 가진 성향에 따라 책의 내용을 달리 받아들이게 된다는 것도 이러한 문제의식을 벗어나지 않는다.

요컨대 주희가 말하는 앎의 능력은 기질의 장애가 없을 때 발휘되며, 이는 외부에서 다가오는 일에 감통할 수 있는 조건이라고 말할 수 있다. 주자학 문헌 가운데 자주 발견할 수 있는, 마음이 '막히거나[塞/ 또는 '가려지는蔽]' '어두워지는[暗/昏/昧]'[111] 현상이란, 각자가 타고난 성향에 따라 마음에 미리 어떠한 견해나 감정을 채워서 생기는 지각의 제약을 의미한다[112]. 그가 격물의 목적을 '마음을 밝히기 위한 것[113]'이라 설명하고, 이발시已發時 중절中節의 조건이 되는 마음의 상태[미발未發의 중中]를 허령불매虛靈不昧 혹은 지각불매知覺不昧라 말하

得他, 所以終始恩重不衰." 胡兄說. "他見他兄讓他, 所以如此友重." 曰. "不是如此, 自是他裏面有這箇道理, 得他兄感動發出來, 得一箇物事承接得耳. 若其中元無此道理, 如何會感動得來. 人之氣稟極多般樣, 或有餘於此, 不足於彼. 這箇不干道理事, 皆氣稟所爲也." 『朱子語類』(13:105) /『朱子語類』(20:63) 등등

111) "若物來奪之, 則實, 實則暗, 暗則塞. 動直, 只是其動也更無所礙. 若少有私欲, 便嚅便曲. 要恁地做, 又不要恁地做, 便自有窒礙, 便不是直. 曲則私, 私則狹." 『朱子語類』(94:191)

112) 앞서 제 4장 2. (1) 1)에서는 주희가 독서에 매달리다가 건강을 잃은 여조검呂祖儉에게 쓴 서한을 통해, 방심한 상태에서는 바람직한 지각 능력을 상실하게 된다는 생각을 읽은 바 있다.

113) "格物所以明此心." 『朱子語類』(118:73)

는 것[114]은 이와 무관하지 않다. 주희는 마음이 밝은 상태에서는 이 일과 저 사물이 갖고 있는 리를 저절로 알게 된다고 말하기도 한다[115].

이상의 과정을 통해 살펴보면, 치지란 자신의 개별적 경향성으로 인한 굳어짐을 제거한 결과를 의미한다고 할 수 있다. 주희가 격물에 기대하는 것은, 현재 맞이하는 상황에 대한 투명한 인지, 그리고 이에 기초하는 자신의 역할에 대한 자각에 있다. 이제 그가 격물을, 사욕을 제거하여 마음을 허명虛明하게 하는 공부로 설명하는 까닭도 납득할 수 있을 것이다[116].

---

114) "又常行於省察之間, 方其存也. 思慮未萌而知覺不昧, 是則靜中之動, 復之所以見天地之心也."『朱熹集』卷 32,「答張欽夫」제 49서

115) "心地光明, 則此事有此理, 此物有此理, 自然見得."『朱子語類』(12:78)

116) 다음은 주희에게서 격물이 허심虛心과 불가분의 것임을 보여주는 예다. "독서할 때는 반드시 마음을 비워야만 한다. 성인이 하신 말씀은 글자마다 모두 의미가 있다. 스스로 마음을 평온하게 하고 헤아려야 하니, 조금이라도 꾸며서 읽어서는 안 되고 잘 따라야만 한다. 나는 전에 근거 없이 말하기도 했는데, 끝내는 일을 이루지 못했다. 근래에 와서야 성인의 말 한 마디 글자 하나가 나를 속이지 않음을 알게 되었다. 나이 예순 하나가 되어서야 알게 되었으니, 만약 작년에 죽었다면 헛되이 산 인생이었을 것이다. 올해 여름이 지나서야, 성인의 말은 한 글자도 줄이거나 덧보탤 수 없이 조금도 억지로 이론을 만들 필요 없음을 알게 되었다. 장자는 '나는 마음을 비우고 순응하였다'고 했는데, 마음을 비우고 그 변화무쌍한 것을 따라야 하는 것이다. 지금 자네한테 하는 이야기는 무슨 뜻인지 나중에 저절로 알게 될 것이다. 요즘 사람들은 대체로 흉중을 가득 채우고 있는데다가 재주도 많으니, 어떻게 바로 그것을 비울 수 있겠는가. 매우 어려운 일이다. '앎[知]이 이른 후에야 뜻이 진실[誠]해진다'고 분명하게 밝혔으니, 앎이 이르기 전에는 남이 말하는 것을 봤다 하더라도 (제대로 봤는지) 결국은 믿을 수 없다는 것이다. 지금 격물에 대해 말하자면, 한 가지 두 가지 격格해 나갈 수밖에 없다. 그렇게 오래한 후에 저절로 관통하여 믿을 수 있게 된다.(讀書須是虛心, 方得. 他聖人說一字是一字. 自家只平著心去秤停他, 都不使得一毫杜撰, 只順他去, 某向時也杜撰說得, 終不濟事. 如今方見得分明, 方見得聖人一言一字不吾欺. 只今六十一歲, 方理會得恁地. 若或去年死, 也則枉了. 自今夏來, 覺見得纔是聖人說話, 也不少一箇字, 也不多一箇字, 恰恰地好, 都不用一些穿鑿. 莊子云, '吾與之虛而委蛇.' 既虛了, 又要隨他曲折恁地去. 今且與公說箇樣子, 久之自見. 今人大抵侷塞滿胸, 有許

물었다. "정자程子는 '치지致知하면서 경敬하지 않는 경우는 없다'고
했습니다. 경하면 마음이 허명虛明해지고, 그 후에 격물格物하여 그 옳
고 그름을 판단할 수 있습니다."

대답하셨다. "그렇지만 역시 격물해야 하니, 사욕私欲이 조금이라도
(마음을) 가리지 않도록 해야 한다. 그런 후에야 마음이 허명해질 수 있
다[117]."

특정 관념에 담기는 진리에의 추구는 격물치지의 목적과 별 관계가
없다. 어떤 내용의 생각이 그릇되었으니 이를 제거해야 한다거나 하
나만이 옳다고 말하는 것은, 사사로운 주관의 활동을 경계하는 주희
의 어법과 맞지 않는다. 리가 모두 하나의 근원에서 나왔다 하더라도,
그것이 위치하는 곳이 다르면 쓰임이 같지 않으니[118] 궁리는 철저하
게, 일을 맞이하는 각자의 몫이 될 수밖에 없는 것이다. 그는 옳고 그

多伎倆, 如何便得他虛? 亦大是難. 分明道'知至而後意誠', 蓋知未至, 雖見人說, 終
是信不過. 今說格物, 且只得一件兩件格將去, 及久多後, 自然貫通信得.)"『朱子語
類』(104:46) 주희가 매사 일에서 도리를 분명히 하면, 사욕과 품부 받은 기질의
문제를 이겨나갈 수 있다고 했던 것 역시 같은 맥락에서 이해할 수 있을 것이다.
問去私欲・氣稟之累. 曰. "只得逐旋戰退去. 若要合下便做一次排遣, 無此理, 亦不
濟得事. 須是當事時子細思量, 認得道理分明, 自然勝得他. 次第這邊分明了, 那邊
自然容著他不得. 如今只窮理爲上."『朱子語類』(18:88)
117) 問. "程子云. '未有致知而不在敬者.' 蓋敬則胸次虛明, 然後能格物而判其是非." 曰.
  "雖是如此, 然亦須格物, 不使一毫私欲得以爲之蔽, 然後胸次方得虛明."『朱子語
  類』(18:51) 1장에서 인용한 바 있는 다음 문답도 실질상 비슷한 내용을 담고 있
  다. 或問. "存得此心, 便是仁." 曰. "且要存得此心, 不爲私欲所勝, 遇事每每著精神
  照管, 不可隨物流去, 須要緊緊守著. 若常存得此心, 應事接物, 雖不中不遠. 思慮紛
  擾於中, 都是不能存此心. 此心不存, 合視處也不知視, 合聽處也不知聽."『朱子語
  類』(6:84)
118) "萬物皆有此理, 理皆同出一原. 但所居之位不同, 則其理之用不一."『朱子語類』
  (18:28)

름의 기준이 자신의 마음에 있다고 분명하게 말한다. 그것은 물론 존심하여 수많은 리[衆理]를 갖추는 것을 전제로 하는 것이다.

"대개 도리는 모두 내가 저절로 갖고 있는 것이지 외부로부터 얻는 것이 아니다. 안다[知]고 하는 것은 다만 나의 도리를 아는 것[知]일 뿐 내 앎의 능력[知]으로 남의 도리를 아는 것[知]이 아니다. 도리는 분명 본래 있는 것이니, 앎의 능력[知]을 쓰면 발현되어 나타난다. 만약 앎의 능력[知]이 없다면 도리가 무엇으로부터 나타나겠느냐. 그래서 '수많은 리[衆理]를 오묘하게[妙] 한다'고 하였으니, 수많은 리를 운용運用할 수 있음을 말하는 것과 같다. '운용'이라는 말에 부족함이 있으므로 '오묘하다[妙]'라는 말을 쓴 것뿐이다[119]."

"학문이란 마음속으로 분명하게 알았을 때 이를 따라가기만 하면 되는 것이다. 예컨대 '살신성인殺身成仁'은 자기가 인仁을 이루기 위해 죽겠다고 염두에 두는 것이 아니라, 이 일에서 살아 편안하지 못하고 죽는 것이 편안하다고 생각되면 스스로 목숨을 던지는 것이다. 옆 사람이 인을 이룰 수 있음을 알고 말했다 하더라도, 이것은 옆 사람의 말이지, 나의 마음이 그렇게 해야 하는 것은 아니다[120]."

---

119) "大凡道理皆是我自有之物, 非從外得. 所謂知者, 便只是知得我底道理, 非是以我之知去知彼道理也. 道理固本有, 用知, 方發得出來. 若無知, 道理何從而見! 所以謂之'妙衆理', 猶言能運用衆理也. '運用'字有病, 故只下得'妙'字."『朱子語類』(17:40)

120) "學問只要心裏見得分明, 便從上面做去. 如'殺身成仁', 不是自家計較要成仁方死, 只是見得此事生爲不安, 死爲安, 便自殺身. 旁人見得, 便說能成仁. 此旁人之言, 非我之心要如此."『朱子語類』(5:68)

주희는, 도리는 외부로부터 얻는 것이 아니라, 자신이 저절로 갖고 있는 것이라고 했다. 매 상황에서 적합한 행위는, 각자가 맞이한 구체적 정황이 계기가 된다. 때문에 그는 알게 되는 도리란 내 것이지 남의 것이 아니라고 강조한다. 이를테면 '살신성인'이라는 말도 문자적 의미대로 실천이 강요되는 것이 아니라, 스스로 느끼는 마땅함[當然]에 따른 결과로 생각해야 한다고 했다. 게다가 옳고 그름의 기준은 자신이 느끼기에 편안한지 여부에 달린 것이라고 보았다. 도리는 때문에, 누구에게나 통용되는 하나의 고정된 지식[物事]으로 전달될 수 없는 것이다.

(三)

격물치지는 사물의 리를 극진처까지 구하도록 하는 공부[121]고, 때문에 그것을 설명하는 가운데는 무언가를 완전하게 될 때까지 '확장시켜나가는' 감각이 따라붙는다. 이에 맞춰 제시되는 공부법이 바로 이미 안 것을 바탕으로 확장해나가는 유추類推다. 주희는 치지致知의 致를 추극推極, 즉 미루어 지극히 한다[122]는 의미로 풀이한다. 이미 알고 있는 것에 비추어 다른 것 역시 지극한 데까지 헤아려 나간다는 뜻으로 새긴 것이다. 주희의 어록 가운데는 궁리하더라도 9할 정도만 살피면 부족하다[123]든가, 반드시 완전하게 궁구해야 한다[124]는 등의 표현이

---

121) "'格物'二字最好. 物, 謂事物也. 須窮極事物之理到盡處, 便有一箇是, 一箇非, 是底便行, 非底便不行."『朱子語類』(15:14)
122) "致推極也. 知猶識也. 推極吾之知識, 欲其所知無不盡也."『大學章句』經文의 朱子註.
123) "此心具十分道理在, 若只見得九分, 亦不是全了. 所以息者, 是私欲間之."『朱子語類』(28:50)
124) "格物者, 格, 盡也, 須是窮盡事物之理. 若是窮得三兩分, 便未是格物. 須是窮盡得

심심찮게 보인다.

　"'치致'와 '격格'이란 확충하고 궁구하여 극처까지 이르도록 하는 것일 뿐이다. 사람들은 각기 견식을 갖고 있으니, 그가 전혀 모른다고 말할 수는 없을 것이다. 예컨대 '어린아이도 부모를 사랑할 줄 알고, 자라서는 형을 공경할 줄 아니', 선악시비善惡是非의 경계는 매우 분명한 것이다. 다만 이를 미루어 확장시키지 않았기에, 그 견식이 이 정도에 그쳤을 뿐이다. 반드시 이러한 단서를 따라 궁구해야 한다. 단서가 발현되기 전에는 경으로 함양해야 할 것이고, 단서가 발현되었을 때는 바로 궁구해야 한다. 또한 구체적인 일에 근거하지 않고 일을 찾아 궁구하는 것이 아니다[125]."

　"다만 가까이 쉽게 알 수 있는 것부터 차근차근 해 나간다. 예컨대 자기 가족을 아끼는 마음을 이해했으면 사람을 사랑하는 마음을 유추해내니, 사람을 사랑하는 것은 자기 가족을 아끼는 것과 비슷하다. 사람을 사랑하는 것을 이해했으면 만물을 아끼는 마음을 유추해내니 만물을 아끼는 마음은 사람을 사랑하는 것과 비슷하다. '아내에게 모범을 보이는 것'에서 '형제 간의 우애'를 유추해내고, '형제 간의 우애'에서 '나라를 다스리는 것'을 유추해낸다. 수신修身을 이해했으면 제가齊家를 유추해내고, 제가를 이해했으면 치국治國을 유추해낸다. 한 걸음 걷고

到十分, 方是格物."『朱子語類』(15:7)

125)　"致與格, 只是推致窮格到盡處. 凡人各有箇見識, 不可謂他全不知. 如'孩提之童, 無不知愛其親, 及其長也, 無不知敬其兄', 以至善惡是非之際, 亦甚分曉. 但不推致充廣, 故其見識終只如此. 須是因此端緒從而窮格之. 未見端倪發見之時, 且得恭敬涵養, 有箇端倪發見, 直是窮格去. 亦不是鑿空尋事物去格也."『朱子語類』(18:53)

다시 또 한 걸음 걸을 뿐이다[126]."

주희는 막연하게 이리저리 생각하는 것을 경계한다. 이미 경험해
아는 것에서부터 궁리를 시작하라고 한다. 예컨대 배운 것 없는 어린
아이도 자연히 부모를 사랑할 줄 알고 자라서는 형을 공경할 줄 안다.
그는 가족을 아끼는 감정을 기초로 남들과 만물에 대한 정감을 이끌
어내도록 하는 것이다.

각자가 처한 위치와 상황은 제각기 다르다. 또한 그것은 고정적이
지 않고 변화하기 마련이다. 경을 행하던 중에 일이 닥치면, 이미 경험
했던 것에 기초한 정감이 일어난다. 하지만 단순히 자신이 경험해서
아는 것에 그친다면, 소통에 장애가 생기고 이는 사심과 다를 바가 없
다. 아무리 지혜로운 자라도 스스로 겪어보지 않은 일은 잘 모른다. 그
러니 이미 경험해서 아는 일들을 단서로 미루어 궁구하여 대처하도록
하라는 것이다. 격물치지는 실제 마주하는 일에서 이전의 경험을 통
해 알게 된 것들을 확장해나가며 시기적절한 감정과 태도를 익히도록
하는 공부다. 주희는 이러한 가운데 이해할 수 없는 일이 생기면 반복
해서 궁리하라고 했다[127].

---

126) "只是傍易曉底挨將去. 如理會得親親, 便推類去仁民, 仁民是親親之類. 理會得仁
民, 便推類去愛物, 愛物是仁民之類. 如'刑于寡妻', 便推類去'至于兄弟', '至于兄
弟', 便推類去'御于家邦'. 如修身, 便推去齊家, 齊家, 便推去治國. 只是一步了, 又
一步." 『朱子語類』(49:27)

127) "若理會一件未得, 直須反覆推究研窮, 行也思量, 坐也思量. 早上思量不得, 晚間
又把出思量. 晚間思量不得, 明日又思量. 如此, 豈有不得底道理?" 『朱子語類』
(120:36) *이런 설명을 읽으면, 격물이 때로는 경敬과 동시에 행하기 어려운 것
이 아닌가 하는 생각이 들 수도 있겠다. '앉아 있을 때 마음도 앉고, 움직일 때 마
음도 움직일 것'을 말했는데, 이처럼 풀리지 않는 이치를 구하느라 무엇을 하든

"궁리窮理는 알고 있는 것에 의지하여 아직 알지 못하는 것에 이르는 것이고, 트인 것에 의지하여 아직 트이지 않은 것에 이르는 것이다. 사람은 본래 양지를 갖고 있다. 그럼에도 궁리하지 않는 자는 이미 알고 트인 것에만 만족할 뿐, 알지 못하고 트이지 못한 것에 대해 궁구하지 않는 것이다. 한 측면만을 보고 다른 측면을 보지 못하는 것이니, 이 것은 리에 있어 정밀하지 못한 까닭이다. 그러나 매일매일 공부를 거듭해나가야 한다. 오늘 하나의 일에 대처[格]했으면, 내일 또 하나의 일을 맞이[格]하여 공부를 멈추지 말아야 한다. 왼발로 한 걸음 내딛었으면 오른발로 다시 한 걸음 내딛고, 오른발로 한 걸음 내딛었으면, 왼발을 또 내딛는 것처럼 끊임없이 계속하면 자연히 관통하게 될 것이다[128]."

자연의 운행은 쉼이 없기에, 사람이라면 끊임없이 다가오는 일을 맞이해야 한다[129]. 공부는 변화하는 상황 가운데 있는 자신의 몸을 그

밤낮을 가리지 않고 애쓰다 보면, 목전의 일에 소홀하게 되지는 않겠는가 말이다. 아니나 다를까, 주희의 제자 감절甘節 역시 이 문제가 궁금했던 모양이다. 다음과 같은 문답이 전해진다. 問. "格物則恐有外馳之病?" 曰. "若合做, 則雖治國平天下之事, 亦是己事. '周公思兼三王, 以施四事. 其有不合者, 仰而思之, 夜以繼日, 幸而得之, 坐以待旦.' 不成也說道外馳!" 又問. "若如此, 則恐有身在此而心不在此, '視而不見, 聽而不聞, 食而不知其味', 有此等患." 曰. "合用他處, 也著用." 又問. "如此, 則不當論內外, 但當論合爲與不合爲." 先生頷之. 『朱子語類』(15:28) 주희는 격물하면 마음이 '밖으로 내달릴까[外馳]' 염려된다는 질문에 마음이 안에 있는지 밖에 있는지 따지는 것보다 일이 적절하게 처리되고 있는가에 관심을 두도록 했다.

128) "窮理者, 因其所已知而及其所未知, 因其所已達而及其所未達. 人之良知, 本所固有. 然不能窮理者, 只是足於已知已達, 而不能窮其未知未達. 故見得一截, 不曾又見得一截, 此其所以於理未精也. 然仍須工夫日日增加. 今日旣格得一物, 明日又格得一物, 工夫更不住地做. 如左脚進得一步, 右脚又進得一步, 右脚進得一步, 左脚又進, 接續不已, 自然貫通." 『朱子語類』(18:12)

129) "如何都靜得! 有事須著應. 人在世間, 未有無事時節. 要無事, 除是死也. 自早至暮, 有許多事. 不成說事多撓亂, 我且去靜坐. 敬不是如此. 若事至前, 而自家卻要主靜,

장場으로 하고, 이를 통해 불식不息하는 것을 그 내용으로 한다[130]. 격물은 맞이하는 일을 통해, 스스로 끊임없이 변화하도록 하는 훈련인 것이다. 그 발판이 되는 것이 허심을 통한 지각 능력의 회복이다[131].

어록 곳곳에서 우리는 책에서 의리를 말할 때는 단지 한 측면만을 말할 수 있을 뿐[132]이라든가, 의리는 항상 무궁하니 옛 사람들이 말했던 것도 반드시 완전하다고 할 수 없다[133]든가 하는 흥미로운 구절을 만날 수 있다. 형이상과 형이하의 간극은 극복될 수 없다. 하나의 주의 주장처럼, 책에서 말하는 의리 역시 그 개별적 내용만으로 절대화할 수 없는 것은 당연한 일이다.

주희는 오른발과 왼발을 번갈아 내딛으며 나가는 걸음처럼 이전에 안 것을 기초로 다음 일을 대처해야 한다고 한다. 더 이상 궁리하지 않는 것은 이전의 견해에 사사로이 머무는 것이고, 이는 세상의 한 측면만을 보고 그치는 것이나 마찬가지다. 궁리가 마음의 본래적 능력을 되찾을 것을 목적으로 하면서도 하루하루 지속적인 노력을 요구하는 것은 이러한 까닭 때문이다. 그는 이 같은 공부의 경험이 축적되면 자연히 관통하게 될 때가 오리라고 했다[134]. 관통이란 감통感通하지 않음이 없게 된 것을 말하고[135], 그것은 곧 기질을 변화시켜 중화를 이룬 것이다.

頑然不應, 便是心都死了."『朱子語類』(12:116)

130) "然理義不外於吾身, 但能反躬力索, 毋使因循有所間斷, 則無不得之理."『朱熹集』卷 62,「答杜仁仲良仲」제 1서

131) "虛心觀理."『朱子語類』(9:47)

132) "書冊中說義理, 只說得一面."『朱子語類』(13:10)

133) "義理儘無窮, 前人恁地說, 亦未必盡."『朱子語類』(9:60)

134) "若講論文字, 應接事物, 各各體驗, 漸漸推廣, 地步自然寬闊."『朱子語類』(15:14)

135) "貫通, 是無所不通."『朱子語類』(8:118)

　'진심盡心'은 '활연관통豁然貫通(또는 확연관통廓然貫通)'과 더불어 외부와 자신 사이의 소통에 막힘이 없이 된 상태에 대한 지칭이다. '진심'은 잘 알려진 것처럼, 『맹자』「진심 상」의 '자기의 마음을 다하는 자는 자신의 성性을 알게 된다. 자신의 성을 아는 자는 자연을 알게 된다(盡其心者, 知其性也. 知其性, 則知天矣.)'라는 말에서 연원하는데, 주희는 여기서의 진심盡心 · 지성知性 · 지천知天이 치지致知에 해당한다[136]고 풀이했다.

　"진심盡心은 궁리窮理의 지극함으로 확연廓然히 관통한 것을 말합니다. 성性을 안다는 것은 궁리하는 일입니다. 반드시 궁리해야 성을 알 수 있으니, 성을 온전하게 하면 그 마음을 다할 수 있습니다[137]."

　"마음은 사람의 몸을 주관하는 것이며, 리를 갖추고 있다. 자연은 커서 바깥이 없으며, 성性은 그 온전함을 받았기 때문에, 사람의 본심은 그 체體가 확연廓然하여 한정이 없는 것이다. 오직 형기形器의 사사로움에 구속되고 견문의 좁음으로 막히게 되는 것이니, 그렇게 가려지는 바가 있으면 마음을 다할[盡] 수가 없다. 사람이 사물에 나아가 그 리理를 궁구해서 어느 날 관통하기를 남김없이 할 수 있으면, 본심의 확연한 체體를 온전하게 할 수 있으니, 내가 성性을 이루게 되는 까닭과 자연이 자연 되는 까닭이 모두 그것에서 벗어나지 않고 일이관지一以貫之하게

---

136) "'盡心 · 知性 · 知天', 此是致知, '存心 · 養性 · 事天', 此是力行." 『朱子語類』 (60:29)
137) "盡心, 則窮理之至, 廓然貫通之謂. 所謂知性, 卽窮理之事也. 須是窮理方能知性, 性之盡, 則能盡其心矣." 『朱熹集』 卷61, 「答林德久」 제6서

되는 것이다[138]."

온갖 리理를 두루 갖추고 있는 마음을 보존[存心]해서 궁리하고, 그 결과 이르게 되는 진심盡心[139]은 문자 그대로 마음의 역량이 모두 발휘되는 때이다. 주희는 하늘은 커서 바깥이 없지만 각자가 지난 마음의 역량은 이를 품을 수 있을 만큼 크다는 설명을 통해, 마음의 본래 능력을 개개인의 사적 관심으로 인한 협소함과 구분했다. 그는 한 곳에서 본래의 마음은 자연을 포괄하고 만물을 다같이 이롭게 하기에 충분한 것[140]이라고 설명하기도 한다. 이러한 마음의 확장 표현은, 그 역시 자연의 일부로서 감응을 통해 변화를 그치지 않는 이치 때문에 그렇게 쓰인 것이지 과장의 언사가 아니라고 하겠다. 공부의 목적인 구방심의 의미가 분명했던 것처럼, '활연관통'은 어떤 신비적인 경지를 의미하지 않는다. 위 인용에서 보이는 것처럼, 진심에 대한 설명에서 가장 두드러지는 의미는 역시 협소한 견해의 배척에 있다.

주희는 『예기禮記』「악기樂記」의 '물物이 이르면 알게 되고, 다음에 호오好惡가 그로부터 구체화된다(物至而知知, 而後好惡形焉)'는 구절에서 '知'를 '마음의 감感'으로 새겼다[141]. 사람들은 방심 상태의 관견管見

---

138) "心則人之所以主於身而具是理者也. 天大無外, 而性禀其全, 故人之本心, 其體廓然, 亦無限量. 惟其梏於形器之私, 滯於聞見之小, 是以有所蔽而不盡. 人能即事即物窮究其理, 至於一日會貫通徹而無所遺焉, 則有以全其本心廓然之體, 而吾之所以爲性與天之所以爲天者, 皆不外乎此而一以貫之矣." 『朱熹集』卷 67,「盡心說」

139) "心包萬理, 萬理具於一心. 不能存得心, 不能窮得理, 不能窮得理, 不能盡得心." 『朱子語類』(9:45)

140) "此心之量, 本足以包括天地, 兼利萬物. 只是人自不能充滿其量, 所以推不去." 『朱子語類』(53:73)

141) 曰. "'物至而知知, 而後好惡形焉'何也." 曰. "上言性情之別, 此指情之動處爲言, 而

을 통해 자신에게 다가오는 관계들을 차단[不感]한다. 사사로운 관심
이 드리우는 어둠[暗/昏/昧]이 짙을수록, 그는 자연과 멀어지는 것이
다[142]. '이 도리는 궁구하기만 하면 그것이 바로 천리天理[143]'라 했으니,
매사 리를 궁구함으로써 마음에 제한을 두는 가림막을 제거해나가려
는 격물치지는 자연의 변화 과정에 참여하려는 적극적이고 직접적인
노력이 된다. 이상이 단지 일상에서 책 읽고 일에 응하는 것을 내용으
로 한다는 격물이 그 한 몸, 온전히 천리天理인 성인되는 공부가 될 수
있는 이유이다.

(四)

주희의 독서관에 대해서는 첨언이 필요할 듯하다. 논자는 그가 책
을 읽는 것은 배우는 사람의 두 번째 일[144]이라고 말한 기록도 있듯이,
그 의의가 지적인 측면에서 과장되어서는 안 된다고 생각한다. 지식
을 얻게 되는 효과를 무시할 수는 없겠지만, 그것은 이 학문의 본질적
인 부분이라기보다는 부차적인 것이 될 것이다. 그는 선을 행하는 데
있어 독서 경험이 절대적으로 작용한다고 말하지 않는다. 그는 오히
려 자질이 훌륭한 자라면 배우지 않고 일부러 법도를 지키려 하지 않

情在其中也. 物至而知, 知之者, 心之感也. 好之惡之者, 情也. 形焉者, 其動也. 所以
好惡而有自然之節者, 性也."『朱熹集』卷 67,「樂記動靜說」
142) 이들의 이상적 인간상인 성인은 '조금의 어둠도 없이' 넓은 마음을 지녔기에 하
늘과 덕德을 합할 수 있는 자로 말해진다.(問. "惟聖人爲能饗帝." 曰. "惟聖方能與
天合德." 又曰. "這也是難. 須是此心蕩蕩地, 方與天相契, 若有些黑暗, 便不能與天
相契矣."『朱子語類』(87:158))
143) "只要窮得這道理, 便是天理."『朱子語類』(9:54)
144) "讀書乃學者第二事."『朱子語類』(10:1)

더라도 도리에 맞게 된다[145]고 말하기도 했던 것이다.

물론 그가 의미를 두는 옛 전적들은 성현의 말씀으로 이루어진 것이고, 때문에 존숭이 개입된 절대화를 완전히 피할 수는 없었을 것이다. 하지만 이단의 글을 배척하고 유가의 글을 고집했던 것이, 그것이 지향하는 있는 강상綱常의 이념 때문이 아니겠냐고 한다면 대답하기 조심스러워진다. 효제충신孝悌忠信을 가능하게 하는 것은 중中이지, 그것에 대한 구체적인 지시가 아니었기 때문이다.

주희는 격물의 실제 내용으로 독서와 매사의 일처리를 말했다. 그가 '독서하여 도의道義를 밝힐 때 리理는 책에 있다'거나 '접하는 사물에서 그것이 마땅한가 여부를 판별할 때 리는 접하는 사물에 있다'고할 때, 책과 사물은 그것을 접하는 사람과 리가 관통할 일물[一物]이라는 점에서 다를 것이 없다고 해야 할 것이다.

> "학문은 자신에게 절실한 곳에서 이해해야 되니, 책을 읽는 것은 벌써 부차적인 의미를 지닌다. 도리는 자기 안에 모두 갖추어져 있으니, 밖에서 보태어진 적이 없다. 그러나 성인이 사람들에게 반드시 책을 읽으라고 가르쳤던 것은, 스스로 이러한 도리를 가지고 있다 하더라도 반드시 경험해야만 얻을 수 있기 때문이다. 성인이 말한 것은 그가 일찍이 경험했던 것이다[146]."

---

145) "是他資質美, 所爲無箇不是, 雖不踐成法, 卻暗合道理. 然他也自不能曉會, 只暗合而已. 又卻不曾學問, 所以'亦不入於室'."『朱子語類』(39:55)
146) "學問, 就自家身己上切要處理會方是, 那讀書底已是第二義. 自家身上道理都具, 不曾外面添得來. 然聖人敎人, 須要讀這書時, 蓋爲自家雖有這道理, 須是經歷過, 方得. 聖人說底, 是他曾經歷過來."『朱子語類』(10:3)

"격물치지라는 것은 또한 물物의 리를 완전히 궁구해서 나의 지식知
識이 정밀하고 절실해져 지극한 상태에 이르도록 하는 것일 뿐입니다.
천하의 물은 리를 가지지 않은 것이 없고, 정미하고 심오한 내용은 이
미 성현의 책에 갖추어져 있으니, 반드시 이를 따라 구해야 합니다[147]."

성현의 책에 적힌 내용은 독서자의 기량을 원숙하게 할 모범적인
현실이기에 중시된다. 도리는 경험으로 일깨워지기를 기다리며, 모두
에게 본래부터 갖추어져 있다. 책에는 성현의 온축된 경험이 들어있
는데, 이를 읽는 이는 실제로 일을 맞이하고 처리할 때 그러하듯 자신
이 갖고 있는 도리로써 공명하게 된다.

이제 그가 받들었던 성현의 말씀이 어떻게 해석되고 있는지를 살핌
으로써 이를 확인해 보아야 한다. 다음 장에서는 그가 의義를 어떻게
설명하고 있는지, 『논어』 해석 가운데 보이는 권權설을 중심으로 짚어
보려고 한다. 이 작업은 지금까지 살펴봤던 공부론의 심화과정 정도
가 될 것이다. 참고로 그는 강학하는 데 무엇보다도 『논어』와 『맹자』
를 우선으로 해야 한다[148]고 말하기도 했다.

---

147) "所謂格物致知, 亦曰窮盡物理, 使吾之知識, 無不精切而至到耳. 夫天下之物, 莫不
有理, 而其精蘊, 則已具於聖賢之書, 故必由是以求之."『朱熹集』卷 59,「答曹元
可」

148) "講學莫先於語孟, 而讀論孟者, 又須逐章熟讀, 切已深思, 不通, 然後考諸先儒之說
以發明之."『朱熹集』卷 49,「答林伯和」

제6장

무궁한 도리

1
무가무불가 無可無不可 와 의義

논자는 『논어』의 다음 한 구절이 송대宋代 유학자들의 이단 비판을
뒷받침하는 논거로 종종 등장하는 것을 눈여겨보았다.

> "군자는 모든 일에 있어 반드시 옳다는 것도 반드시 그르다는 것도
> 없다. 의義에 따를 뿐이다[1]."

그런데 이상의 글만 읽고는 그 의미가 무엇인지 알기 어렵다. '반드
시 옳다는 것도 그르다는 것'도 없는데, 도대체 의가 무엇인지는 어떻
게 알고 따를 수 있는가.

다음은 위의 글이 인용된 정호의 말이다. 『근사록近思錄』「변이단辯
異端」에 실려 있는 글이기도 하다. 주희의 선별을 거친 것이니만큼, 그
의 입장과 근접한 것이라 생각하더라도 큰 문제는 없으리라 판단된다.

> "도道 바깥에 물物이 없고, 물 바깥에 도가 없다. 세상사 무엇이든 도
> 아닌 것이 없다. 아버지와 아들 사이에는 친함이 있고, 임금과 신하 사

---

1) "子曰. 君子之於天下也, 無適也, 無莫也, 義之與比." 『論語』(4:10)

이에는 엄함이 있다. 부부지간, 어른과 아이 사이, 친구지간에 있어서
도 도 아닌 움직임은 없다. 도는 잠시라도 떠날 수 없는 것이니, 인륜을
훼손하고 사대四大를 버리는 것은 도로부터 분리되어 멀어진 것이다.
때문에 '군자는 모든 일에 있어 반드시 옳다는 것도 반드시 그르다는
것도 없다. 의에 따를 뿐이다.(君子之於天下也, 無適也, 無莫也, 義之與比.)'
만약 반드시 옳다는 것과 그르다는 것을 둔다면, 도와 틈이 벌어져서
자연의 온전함이 아닌 것이다. 저 불교의 학문은 '경으로써 내면을 바
르게 하는 것[敬以直內]'은 있되, '의로써 바깥을 방정하게 하는 것[義以
方外]'은 없다. 그리하여 꽉 막힌 이는 말라죽은 나무처럼 되고, 탁 트인
이는 방종하게 된다. 이것이 불교의 가르침이 막히는 까닭이다. 우리의
도는 그렇지 않으니, 성性을 따를 뿐이다. 이 리에 대해 성인은 『주역周
易』에서 다 말했다[2]."

정호는 각각의 관계들에 관통하고 있는 정감을 흡사 자연적 사실을
관찰한 결과처럼 나열한다. 도란 물物을 떠나 말할 수 없는 것이고, 인
간 각자의 입장에서 도의 실현이란 자신에게 다가오는 관계에 응하는
가운데 있다. 사람에게 있어, 부모에게서 태어나 형제자매, 친구와 어
울리는 일상은 그 자체가 잠시도 떠날 수 없는 도다.

홍미로운 것은 그가 불교를 비판하는 이유다. 그는 불교에서 주변

---

2) "道之外無物, 物之外無道. 是天地之間, 無適而非道也. 卽父子而父子在所親, 卽君臣
而君臣在所嚴. 以至爲夫婦, 爲長幼, 爲朋友, 無所爲而非道. 此道所以不可須臾離也,
然則毁人倫, 去四大者, 其分於道也遠矣. 故'君子之於天下也, 無適也, 無莫也, 義之
與比'. 若有適有莫, 則於道爲有間, 非天地之全也. 彼釋氏之學, 於敬以直內, 則有之
矣. 義以方外, 則未之有也. 故滯固者入於枯槁, 疏通者歸於恣肆. 此佛之教所以爲隘
也. 吾道則不然, 率性而已. 斯理也, 聖人於『易』備言之."『近思錄』(13:3)/『程氏遺書』
(4:34)

의 관계들을 저버린 것을 문제 삼으면서, 저 『논어』의 구절을 인용하고 있다. 사실 납득하기 쉬운 부분은 아니다. 반드시 옳다거나 그르다는 것을 두지 않는다면서, 유학자들은 과연 무엇을 비판할 수 있을 것인가. 이것은 유학자들이 불교를 비판하는 까닭이 무엇인지, 보다 근본적인 지점을 찾아야 함을 보여주는 대목이다. 유학자들은 단순히 세속이냐 탈속이냐 하는 거취적인 문제로 불교를 비판하지 않았다. 정호는 불교의 문제가 반드시 옳은 것이 무엇인지를 정해둔 데에 있다고 말한다. 바로 그것이 주변 관계와의 절연을 부른 것이다.

정호는 불교의 가르침이 협소하여, '의로써 바깥을 방정하게 하는 것[義以方外]'이 없는 탓에 말라죽은 나무처럼 외부에 무감해지거나 거리낄 것 없이 방종하게 된 것이라고 했다. 옳다고 고집하는 바를 두었기 때문에 적절한 소통 능력을 잃어버렸고, 자연의 온전함이 아니게 되었다는 것이다. 이는 결국 편파성에 대한 경계에 다름 아니다.

성리학자들은 『논어』의 저 구절을, 편파성에 대한 경계의 의미로 풀이한다. 다음은 주희가 저 『논어집주』에서 인용한 사량좌謝良佐의 말이다.

"적適은 가可의 뜻이고, 막莫은 불가不可의 뜻이다. 무가무불가無可無不可이니, 도로써 주재하지 않는다면 창광자자猖狂自恣가 되기 쉽지 않겠는가. 불노佛老의 학문은 그래서 마음에 머무름이 없어야 변화에 응할 수 있다고 말하면서도, 결국은 성인에 죄를 짓는 것이다. 성인의 학문은 그렇지 않으니, 무가無可와 무불가無不可 사이에 의義를 둔다. 그러니 군자의 마음에 무슨 치우침이 있겠는가[3]."

---

3) "適, 可也, 莫, 不可也. 無可無不可, 苟無道以主之, 不幾於猖狂自恣乎. 此佛老之學, 所以自謂心無所住而能應變, 而卒得罪於聖人也. 聖人之學不然, 於無可無不可之間,

'무가무불가無可無不可'는 상당히 위험하게 생각될 수도 있는 말이
다. 자칫하면 무분별한 방종, 기분 내키는 대로 행동하는 창광자자猖
狂自恣로 흐를 수도 있다. 하지만 도로써 주재하고, 의義를 따르려는
의지와 함께하는 것이라면, 그것은 하나만을 고집하는 집착을 잠재우
고 치우침을 경계하는 의미로도 쓰일 수 있다.

> "이단은 자연에서 생겨난 것이 아니다. 하늘 아래 하나의 도리가 있
> 을 뿐인데, 사람의 마음이 바르지 못하면 치우친 학설로 흐르게 된다.
> 저것을 배우면 반드시 이것을 해칠 것이다. 일단 치우치게 되면 필시
> 바름을 해친다[4]."

그렇다면 불자들은 어떠한 편파적 견해를 가졌기에 문제가 되는가.
이것에 대한 주희의 설명을 보면, 그것은 무엇보다도 스스로를 통제
하려고 하는 의지와 관련되어 있는 듯하다. 다음의 대화에서는 불자
들이 외부적 조건에 대한 얽매임을 무리하게 제거하려고 하다가, 정
감의 자연스런 발현마저 함께 폐기하는데 이르렀다는 비판의식이 분
명하게 드러난다.

> 말씀하셨다. "일을 만나면 먼저 반드시 치우친 것인지 바른 것인지
> 옳은 것인지 그른 것인지를 알아야 한다. 사사로운 견해[私見]를 모두
> 없애면 지극히 공정한[公] 리가 저절로 있다."

有義存焉. 然則君子之心, 果有所倚乎."『論語集註』(4:10)
4) "異端不是天生出來. 天下只是這一箇道理, 緣人心不正, 則流於邪說. 習於彼, 必害於
此. 旣入於邪, 必害於正."『朱子語類』(24:84)

대아大雅가 말했다. "불교에서는 물物에 얽매임을 제거하려 하다가, 선악을 분별하지 못하고 모두 없애버리려고만 합니다. 범인이나 성인을 막론하고 정情이 없어지면 바로 부처를 알게 되는 것과 같으니, 그 후에는 왕래往來가 자유롭다고 합니다. 우리의 도는 다만 치우친 견해를 없애려 할 뿐입니다. 치우친 견해가 없어지면 옳지 않은 것이 없습니다. 따라서 전혀 물物에 얽매이지 않으니 죽음 역시 그렇습니다[5]."

여대아余大雅는 불교가 단지 물物에 대한 얽매임을 제거하는 데에만 관심을 기울이다가 선악을 분별하지 못하게 되었다고 지적한다. 그는 유학이, 단지 치우친 견해를 없애려 할 뿐이고 그렇게 하면 저절로 옳지 않은 것이 없게 된다고 했다. 주희는 그의 말을 부정하지 않았고, 이들은 이로써 불교와 유학을 구분하고 있다[6]. 결국 공公과 사私의

---

5) "凡遇事先須識得箇邪正是非, 盡埽私見, 則至公之理自存." 大雅云. "釋氏欲驅除物累, 至不分善惡, 皆欲埽盡. 云凡聖情盡, 卽如知佛, 然後來往自由. 吾道卻只要埽去邪見. 邪見旣去, 無非是處. 故生不爲物累, 而死亦然."『朱子語類』(126:67)

6) 그레이엄은 정씨 형제 역시도 불교의 편파적 시각에 대해 비판하고 있음을 지적한다. 그는 정씨 형제가 불교를 비판할 때 선호했던, '대롱으로 하늘을 본다(以管窺天)'는 장자莊子의 비유는 "불교의 관점이 잘못된 것이라기보다는 한정되어 있다는 것을 의미할 뿐만 아니라, 불교가 초월적인 세계만을 겨냥함으로써 현실 세계를 간과하고 있음을 의미한다."고 했다. 다음은 그가 인용한 글 가운데 하나인데, 본문의 내용을 보충할 수 있을 것 같아 역자의 번역 그대로 소개한다. "불교의 이론은 비유하자면 관을 통해 하늘을 보는 것과 같다. 다만 바로 위에 있는 것에만 힘써 오직 한 측면만을 볼 뿐 주위의 사방을 보지 못한다. 그래서 실제적인 일에 전혀 대처할 수 없는 것이다. 성인의 도는 평탄한 들판 한가운데에 있는 것과 같아 그 주변 사방을 보지 못함이 없다.(釋氏說道, 譬之以管窺天. 只務直上去, 惟見一偏, 不見四旁, 故皆不能處事. 聖人之道, 則如在平野之中, 四方莫不見也.)"『二程遺書』(13:6) 그가 편파성의 의미에 대해 상세한 설명을 하지 않은 것은 아쉽지만, 위 인용은 이단에 맞서는 성리학자들의-정씨 형제에 한정되지 않은- 자기 이해가 극명하게 드러나는 부분이라 할 수 있을 것이다. A. C. Graham(이현선 역),『정명도와 정이천의 철학』심산, 2011, 177~178쪽.

구분이 이단 비판 논의나 의론義論에서도 중심축이 되는 셈이다.

이들에 따르면, 마음을 선점하고 있는 견해는 자연이 예비하는 선한 길을 숨겨버린다. '사사로운 견해를 모두 없애면 지극히 공정한 리가 저절로 있다'는 주희의 말은, 미리 하나의 주장을 세워두지 않는 것이 오히려 선한 본성에 따를 수 있는 조건이 된다는 선언과도 같다. 주희와 그 주변 학자들은 불자들이 자신에게 다가오는 관계에 대한 자연스런 정감마저 불신하는 까닭에, 그들의 모든 견해가 어긋나 버렸다고 생각했던 것이다.

인간관계를 짐이 되는 의무로 생각하는 입장에서는 탈속을 제 한 몸 편의를 위한 무책임으로 생각하는 데 익숙하다. 그리고 인간이 가진 자연스런 정감을 사회적인 인정 하에 표출할 수 있도록 도와주는 의례 역시 압제라고 생각한다. 이런 경우, 불교에서 가정적 사회적 관계에서 놓여날 것을 말하는 것 역시 하나의 무리한 강제가 되고 있음은 쉽게 잊혀진다.

하지만 주희라면 탈속을 고집하는 입장 역시 자신의 본성을 무시한 바탕 위에 들어선 치우친 견해라고 말할 것이다. 본성은 수많은 도리를 의미하는데, 무엇이 옳다는 사견을 가진다는 것은 스스로가 외부와 관계 맺는 방식을 제한하는 것과 같다. 달리 말하면, 이는 마음이 본래 갖고 있는 선을 향하는 자발성을 마비시키는 것이다[7]. 모든 인위적 계획[安排布置]이 갖는 문제가 여기에 있다. 그가 불교와 노장이 삼강오상을 폐한 것을 잘못이라 했을 때[8], 이는 단순히 사회적 가정적

---

7) "禪只是一箇呆守法, 如'麻三斤'·'乾屎橛'. 他道理初不在這上, 只是敎他麻了心, 只思量這一路, 專一積久, 忽有見處, 便是悟." 『朱子語類』(126:81)
8) "佛老之學, 不待深辨而明. 只是廢三綱五常, 這一事已是極大罪名? 其他更不消說."

의무를 저버린 것에 대한 비판이라기보다는 자연성을 놓친 것에 대한
비판으로 보는 편이 더 근본적이다. 그는 저들이 아버지와 아들 사이
만큼 친한 것이 없는데도 이를 버리면서 느닷없이 남을 사랑하고 만
물을 아끼려 한다며 한심해하고[9], 임금과 신하, 아비와 자식 간의 관
계를 끊어야 한다고 말하면서도 사찰 안에서 여전히 유사 관계를 만
들며 살고 있음[10]을 지적한다. 그가 인간관계 안의 정감을 본래적인
것으로 보고 있는 이상[11], 이에 대한 당위의 표현은 더 이상 강압이 될
수 없고 본래성을 촉구하는 의미만을 가질 뿐이다. 주희의 문제의식
에 따르면, '아버지가 남에게 무례를 당한 것을 보고 울컥해서 달려가
는 것마저 애착에 이끌린 것이라 문제 삼을 때[12]' 의義는 놓쳐진다. 이
는 주의해서 살펴야 할 부분이다.

『朱子語類』(126:24)

9) "釋老稱其有見, 只是見得箇空虛寂減. 眞是虛, 眞是寂無處, 不知他所謂見者見箇甚
底? 莫親於父子, 卻棄了父子, 莫重於君臣, 卻絶了君臣, 以至民生彝倫之間不可闕
者, 它一皆去之. 所謂見者見箇甚物? 且如聖人'親親而仁民, 仁民而愛物'. 他卻不親
親, 而剗地要仁民愛物. 愛物時, 也則是食之有時, 用之有節. 見生不忍見死, 聞聲不忍
食肉, 如仲春之月, 犠牲無用牝, 不麛, 不卵, 不殺胎, 不覆巢之類, 如此而已. 他則不食
肉, 不茹葷, 以至投身施虎? 此是何理?"『朱子語類』(126:26) 불교에서 차등 없는 자
비[無緣之慈]를 실천하기 위해, 부모는 저버리면서도 주린 호랑이에게 제 육신을
먹이려 한다고 비판하는『朱子語類』(126:95)(126:96)의 글도 같은 맥락에서 이해
할 수 있을 것이다.

10) "佛家說要廢君臣父子, 他依舊廢不得. 且如今一寺, 依舊有長老之類, 其名分亦
甚嚴, 如何廢得! 但皆是僞."『朱子語類』(126:112)

11) "리는 마땅히 행해야 하는 것이어서 저절로 그만둘 수 없다. 맹자께서 이것을 가장
잘 밝혀주셨다. '어린아이는 부모를 사랑할 줄 알고, 자라서는 형을 공경할 줄 안
다'고 하였으니, 저절로 그만둘 수 없는 것이다.(理之所當爲者, 自不容已. 孟子最
發明此處. 如曰. '孩提之童, 無不知愛其親, 及其長也, 無不知敬其兄.' 自是有住不得
處.)"『朱子語類』(18:91)

12) "且如父子天性也, 父被他人無禮, 子須當去救, 他卻不然. 子若有救之之心, 便是被
愛牽動了心, 便是昏了主人翁處. 若如此惺惺, 成甚道理?"『朱子語類』(126:49)

전통적으로 유학에서 '옳고 그름이 정해져 있지 않다[無可無不可/君子之於天下也, 無適也, 無莫也.]'는 사유는 별도로 의에 대해 말하지 않더라도, 배움에 뜻을 둔 이들을 자연스럽게 그것으로 이끄는 역할을 하지 않았을까 생각한다. 공자는 상황에 따라 모순된 언행을 보이고[13], 그 무원칙성은 주변의 변화에 주의를 기울이지 않고 고집되는 견해에 대한 경계를 담고 있다. 때문에 그것은 마음이 발하기 전 치우치지 않은[不偏不倚]의 출발점을 유지하려고 하는 미발함양과 맥이 닿는다. 『논어』에는 저 '무가무불가無可無不可'의 표현이 등장하거나 그 비슷한 의미를 지니는 일화가 몇 있다. 주희의 『논어집주』에 힘입어 그 중의 하나를 간단히 살펴보기로 한다.

『논어』「양화陽貨」편에는 반란을 일으켰던 필힐佛肹이 공자를 초빙했을 때, 이에 응하려는 공자와 자로子路와의 대화가 실려 있다[14]. 자

---

13) 그라네는 이 모순성을, 공자에게 있어 윤리행위의 자발성이 원칙의 형식적 의미보다 중요했기 때문이라고 설명한다. (Marcel Granet(유병태 역),『중국사유』한길사, 2010, 484~487쪽) 최진덕 역시 『논어』에서 보이는 공자 언행들 간의 부정합성을 지적한다. 그는 바로 여기에 공자 가르침의 본질이 있을지도 모른다고 했다. "공자의 가르침은 사실상 유가철학의 원점이다. 유가철학은 그 원점으로부터 일의적 파악을 불가능하게 만드는 부정합성을 노정하고 있다. 하나의 이론적 틀 안에 공자를 집어넣으려 할 때마다 『논어』가 이 틀에 맞지 않는 반례들을 제시하는 것을 우리는 자주 경험한다. 이것은 아마도 우리의 이론적 능력이 부족하기 때문이라기보다는 『논어』라는 텍스트의 본래적 성격 때문일 것이다. 이론적 통일화가 되지 않는다는 것은 공자의 가르침이 갖는 잡다성과 아울러 그 폭의 넓음을 말해주는 것일 게다. 그런 공자의 가르침을 억지로 단순화시키려 든다면 도리어 공자의 가르침이 갖는 생명력을 손상시키게 될 것이다. 이론화되지 않는 바로 거기에 공자의 가르침의 본질이 있을지도 모른다." (최진덕,『인문학, 철학, 그리고 유학』청계, 2004, 422쪽) 논자는 주희가 『논어』에 나타나는 이 부정합의 측면들을 이기심성론으로 이론화하여 성실하게 계승하고 있다고 생각한다.

14) 佛肹, 子欲往. 子路曰. "昔者, 由也聞諸夫子曰. '親於其身爲不善者, 君子不入也.' 佛肹以中牟畔, 子之往也, 如之何!"子曰. "然. 有是言也. 不曰堅乎, 磨而不磷. 不曰白

로는 공자가 이전에 '군자는 선하지 않은 일을 하는 사람들 사이에 끼
지 않는다'고 했던 것을 기억하라며 만류한다. 하지만 공자는 자신이
예전에 그렇게 말했던 것을 인정하면서도 이에 아랑곳하지 않는다.
그는 말한다. '견고하면 갈아도 닳지 않는다. 매우 희면 물들여도 검게
되지 않는다. 내 어찌 한 곳에만 매달려 있어 아무도 따먹지 않는 박과
같은 존재이겠느냐.'

공자에게서는 제자 앞에서 말을 번복하는 교사로서 한 점 부끄러운
기색도 찾을 수 없다. 이는 출세에 급급한 기회주의자의 모습처럼 보
이기까지 한다. 하지만 『논어집주』에서 주희가 선별한 설명들을 보면,
이러한 공자의 행동을 전혀 다르게 해석되고 있다.

> 장경부張敬夫[張栻]가 말했다. "자로가 전에 들은 것은 군자가 자신
> 을 지키는 상법常法이지만, 공자가 여기서 한 말은 성인이 몸소 도를 행
> 하는 대권大權이다. 공자가 공산불요公山弗擾나 필힐佛肹의 초빙에 모두
> 응하려 했던 것은 세상에 변할 수 없는 사람이 없고 할 수 없는 일이 없
> 기 때문이다. 그러나 결국 가지 않은 것은 그들이 결국 변할 수 없고 일
> 이 이루어지지 않을 것을 알았기 때문이다. 전자는 만물을 생生하는 인
> 仁이고, 후자는 사람을 알아보는 지智다[15]."

반드시 옳다거나 그르다고 고집할 만한 일이 없다는 환기만으로도

乎, 涅而不緇. 吾豈匏瓜也哉? 焉能繫而不食?"『論語』(17:7)
15) 張敬夫曰. "子路昔者之所聞, 君子守身之常法, 夫子今日之所言, 聖人體道之大權也.
然夫子於公山佛肹之召皆欲往者, 以天下無不可變之人, 無不可爲之事也. 其卒不往
者, 知其人之終不可變而事之終不可爲耳. 一則生物之仁, 一則知人之智也."『論語
集註』(17:7)

마음은 집착을 놓고, 편파성을 띠지 않게 된다. 주희는 리에 따라서 해 나가면 이것이 곧 의義니, 어떤 것을 고집해서는 안 된다[16]고 강조한 다. 물론 주희는 누구나 이러한 태도를 유지할 수 있다고 생각하지는 않았다. 『논어집주』에는 공자의 진퇴를 두고, 만약 행위자의 역량이 부족하다면 무가무불가無可無不可의 태도도 유지될 수 없을 것이라는 양시楊時의 말[17]이 채록되어 있다. 의義는 옳다거나 그르다고 어느 한 쪽을 편드는 대대待對 관념 너머에, 사사로운 주관의 개입이 닿지 않 는 곳에 자리한다. 성인은 매번 일을 대할 때마다 이를 바르게 처리하 기 위해 이전의 자신에서 일신一新한다. 그렇게 해서, 초빙에 응하는 것도 응하지 않는 것도 때에 따라 모두 의義가 될 수 있는 것이다.

공자가 인仁이 무엇이냐는 질문에 대해, 묻는 이에 따라 다른 대답 을 했던 것을 두고, 그라네는 인이라는 것이 본디 어떠한 말로도 다할 수 없는 완전한 덕목이었기 때문이라고 설명했다[18]. 구체화된 언어는 한 측면의 관심사만을 담을 수 있을 뿐이고 제외된 부분을 남겨놓기 때문에 불완전한 것이다. 완전하기에 온갖 정의에 열려있는 인이라는 개념어와 늘 불완전한 채로 남는 그것에 대한 정의들은, 항상 변화하 는 상황 앞에서 인위적으로 고집되는 지침들이 가지는 한계와 그 형 식이 꼭 닮아 있다. 의義에 대해서도, 그 구체적 내용이 무엇이냐고 물 으면 이처럼 대답할 수밖에 없을 것이다. 공자는 자로의 만류에도 불

---

16) "不可執定. 隨他理去如此, 自家行之便是義." 『朱子語類』(6:123)

17) 楊氏曰. "磨不磷, 涅不緇, 而後無可無不可. 堅白不足, 而欲自試於磨涅, 其不磷緇 也者幾希." 『論語集註』(17:7) *주희 역시 그렇게 말했다. "'磨而不磷, 涅而不緇.' 而今人才磨便磷, 才涅便緇, 如何更說權變? 所謂'未學行, 先學走'也." 『朱子語類』 (37:35)

18) Marcel Granet(유병태 옮김), 『중국사유』 한길사, 2010, 490쪽.

구하고 필힐의 초빙에 응하려 했으나 결국에는 그만 두었다. 위 해석에 따르면, 필힐의 사람됨이 변하지 않을 것이며 자신이 간다고 될 일이 아니라는 것을 알았기 때문이다.

자로가 옳다고 생각하는 것과 모순된 언행 속에 나타나는 공자의 입장은 상법常法과 대권大權으로 대별된다. 이는 곧 경經과 권權으로 바꿔 말할 수 있다. 주희는 경과 권은 도라는 점에서 하나라고 하며[19], 모두 존중했다. '무가무불가無可無不可'의 정신을 온전히 발휘하기 위해서는 경이 미치지 못하는 곳을 구제하는 권이라는 양식이 필요했고, 이들은 시기의 마땅함에 따라 선택되어 드러나는 의義의 두 측면이었던 것이다[20]. 권에 대한 설명은 의에 대한 이해를 심화시킬 수 있는 자료가 된다. 지금까지 살핀 의에 대한 논의의 연장선상에서, 이제 '권'의 내용을 짚어 볼 차례다.

---

19) "經者, 道之常也, 權者, 道之變也. 道是箇統體, 貫乎經與權."『朱子語類』(37:44)
20) "義可以總括得經·權, 不可將來對權. 義當守經, 則守經, 義當用權, 則用權, 所以謂義可以總括得經·權."『朱子語類』(37:46)

2
아직 정해지지 않은 도리-권설^{權說}

세상에는 일반적으로 통용되는 원리가 있다. 인지상정이나 이에 기반하는 도덕규범처럼 대개는 익숙하고 마땅하게 여겨지는 것들이다. 이를 경經이라 한다. 그런데 이와 별도로 유학자들은 때에 따른 변통[21]인 권權을 말한다. 『맹자』에서는 형수가 물에 빠졌을 경우를 예로 들며, 경과 권을 구분하고 있다. 1)남녀가 직접 손을 잡으면 안 될 일이지만, 2)형수가 물에 빠진 긴급한 상황에서, 여성의 손을 잡아서는 안 된다고 뒷짐 지는 것은 짐승과 같다 했다. 여기서 1)이 경(『맹자』 원문에서는 '예禮'라 한다)이며, 2)의 생각을 따라 형수를 구하게 되는 것이 권[22]이다.

어떤 상황에서 경은 변통을 용납하는가. 항상적 원리인 경과 '무가무불가'를 근본 정신으로 하는 권의 양립을 어떻게 모순되지 않게 설명할 수 있을까. 먼저 이들 간의 관계가 어떻게 설명되고 있는지를 확인하고, 권이 갖는 의미를 정리해 보기로 하겠다.

---

21) "然經畢竟是常, 權畢竟是變."『朱子語類』(37:42)
22) 淳于髡曰. "男女授受不親, 禮與?" 孟子曰. "禮也." 曰. "嫂溺則援之以手乎?" 曰. "嫂溺不援, 是豺狼也. 男女授受不親, 禮也, 嫂溺援之以手者, 權也."『孟子』(7:17)

정이는 '권은 경일 뿐[權只是經]'이라 말했다[23]. 아예 경과 권의 구별을 없앤 것이다. 주희는 이러한 정이의 설명을 『논어집주』에 실었고, 그와 문도들은 이를 디딤돌 삼아, 권과 경의 관계에 대해 살피게 된다. 그런데 주희는 정이의 설명을 존중하면서도, 권과 경이 완전히 같을 수는 없다고 못 박는다.

"권은 권이고 경은 경이니 서로 무관하다고 한다면 분명 안 될 일이다. 그런데 일에는 마땅히 권을 써야만 하고 경은 응당 권을 하면서 행해야 하는 것이라 해서, '권은 경일 뿐'이라고 한다면, 권과 경은 또한 전혀 구별되지 않게 된다. 공자가 '같이 뜻은 세울 수 있더라도, 그것만으로는 아직 같이 권을 행할 수 있는 것이 아니다'라고 했고, 맹자가 '물에 빠진 형수를 손으로 구한다'고 했던 것을 보면, 권과 경은 마땅히 다른 것이다. 하지만 이들 간에 차이가 있더라도 권은 실제로 경을 벗어나지 않는다. 여기에는 단지 털끝만한 차이가 있을 뿐이니, 여러분이 자세히 살피지 못하고 있을 뿐이다. 이천伊川[程頤]이 '권은 경일 뿐'이라 했던 것은 미진한 데가 있는 것 같다. 일찍이 구산龜山[楊時]의 말을 기억해보면 '권은 경이 미치지 못한 것'이라고 했으니, 이 말이 오히려 낫다. 경이란 대법大法을 간직한 정당한 도리일 뿐이다. 미묘하고 복잡하게 얽힌 데는 진실로 경이 포괄할 수 없다. 권이라는 것은 미묘하고 복잡하게 얽힌 곳에서 그 마땅함에 닿게 함으로써 경이 미치지 못하는 곳을 구제할 뿐이다[24]."

---

23) 程子曰. "漢儒以反經合道爲權, 故有權變權術之論, 皆非也. 權只是經也. 自漢以下, 無人識權字."『論語集註』(9:30)
24) "若說權自權, 經自經, 不相干涉, 固不可. 若說事須用權, 經須權而行, '權只是經', 則權與經又全無分別. 觀孔子曰'可與立, 未可與權', 孟子曰'嫂溺援之以手', 則權與經須有異處. 雖有異, 而權實不離乎經也. 這裏所爭只毫釐, 只是諸公心粗, 看不子細.

주희는 공맹孔孟을 근거로 하여 경과 권이 같을 수는 없다고 한다. 하지만 그는, 이들 간의 차이가 실제로 현격하다고 생각하지도 않았다. 애초에 자신이 정이의 저 말을 완전히 잘못되었다고 부정하는 입장이었다면, 『논어집주』에 실었을 리도 없지 않겠는가. 정이의 설명에 지나친 감이 있다 하더라도 '권은 실제로 경을 벗어나지 않는 것'이다[25].

복잡한 현실을 직시한다면, 각자가 처하게 되는 상황을 모두 마무를 수 있게 하는 원리란 기대하기 어렵다고 인정할 수밖에 없다[26]. 주

伊川說. '權只是經', 恐也未盡. 嘗記龜山云, '權者, 經之所不及,' 這說卻好. 蓋經者只是存得箇大法, 正當底道理而已. 蓋精微曲折處, 固非經之所能盡也. 所謂權者, 於精微曲折處曲盡其宜, 以濟經之所不及耳."『朱子語類』(37:50)

25) 호이트 틸만은 주희와 진량陳亮 간의 논변을 통해 권의 문제를 접근한다. 그는 주희가 『논어집주』 집필 당시에는 '권은 경일 뿐[權只是經]'이라는 정이의 설명을 채택하였으나, 공리주의자 진량과 교류하면서 권과 경을 동일시할 때 발생할 수 있는 혼란에 대한 경각심을 갖게 되었다고 본다. 그래서 기존의 입장을 수정하여 권은 '경에 어긋나지만 도에 부합된 것[反經合道]'으로 보는 한대漢代 유학자들의 주장으로 전향하게 되었다고 했다. 진량이 상황에 따른 이해득실의 추구를 의義라 설명하고, 이를 권으로 뒷받침했기 때문이다. 하지만 논자는 이러한 해석에 찬성하지 않는다. '反經合道'가 경과 권을 구분하는 의미를 지니는 것은 분명하지만, 논자가 인용하는 글에서 확인할 수 있는 것처럼 그것에 권을 절하거나 경계하려는 의도가 포함되어 있는 것은 아니기 때문이다. 무엇보다도 주희에게 있어 애초에 권은 시중時中[이발已發의 화和]을 그 성립 요건으로 하는 것이지, 리利의 추구와는 전혀 상관이 없는 것이었다. Hoyt Cleveland Tillman, Confucian Discourse and Chu Hsi's Ascendancy. Honolulu: University of Hawaii Press, 1992, P. 161~186.

26) 주희의 권을 상황 윤리와 관련시킨 선행 연구로 "성현창, 「상황 윤리에서 본 朱熹의 '權說'」(『東洋哲學』 제 17집)"이 있다. 저자는 주로 조셉 플레처Joseph Fletcher의 상황 윤리론과 주희의 '권설'을 비교하며 논의를 전개한다. 그는 "윤리 문제를 개별적 상황을 떠나 단순히 고정 불변의 원리·규범으로 이해하기보다는, 오히려 개별적 상황에 응해서 고려하고자 하는 것이 상황 윤리의 입장 … 규범의 규제력만을 일방적으로 강조하는 규범 윤리를 극복하고, 상황이라는 '장場'이 갖는 윤리적 의의를 심각하게 고려하고자 하는 행위 이론(208쪽)"이라고 상황 윤리를 정리한다. 그는 주희의 '권' 역시 이와 비슷한 맥락을 갖지만, 상황에 상응할 수

희는 권을 인간관계에서의 문제들에 한정시키지 않는다. 겨울이 춥
다 하지만 간혹 이상 기후로 무더위가 닥칠 수도 있다. 달력을 가리키
며 겨울이라고, 땀 뻘뻘 흘리며 가죽옷을 입고 불을 쬘 것을 고집하는
것은 어리석음이다[27]. 권을 발휘해서 땔감을 아끼고 덜 두터운 옷으로
몸을 편안하게 하는 것이 경우에 맞다. 겨울이라는 시기에 해야 할 일
이 무엇이라는 관념의 경화硬化를 버리고, 이상 기후라는 새로운 상황
을 받아들여 대처해야 한다는 것이다.

   권은 경이 행해지기 어려운 상황에서, 일을 적절하게 처리할 수 있
게끔 하는 것이다. '경은 이미 정해진 권이고, 권은 아직 정해지지 않
은 경[28]'이다. 주희는 권 역시도 일단 쓰이면, 경과 마찬가지로 상리常
理라 한다.

   "'겨울에는 뜨거운 물을, 여름에는 찬 물을 마시는 것', 이것이 경이
   다. 경우에 따라서는 이처럼 할 수 없으니, 겨울에 찬 물을, 여름에 뜨거
   운 물을 마셔야 하는 일이 권이다. 이 또한 경과 같다. 다만 경은 상리常
   理라 할 만한 것이고, 권은 경이 막혀서 실행할 수 없을 때 쓰는 것일 뿐
   이다. 그러나 권이 일단 쓰였다면 그것이 상리가 된다. 예컨대 '순임금
   이 부모에게 고하지 않고 아내를 얻은 것'은 괴이한 일이지만, 맹자는

   있는 척도를 발할 성현의 마음 경지를 요구하는 만큼 상황 윤리와 차이를 보이고
   있다고 정리한다. 논자는 이러한 입장에 대체로 동의한다. 하지만 주희의 권설은
   주자학 전 체계 안에서 비독립적으로 자리하며 그것의 관심 영역은 윤리적 문제
   에만 머무르지 않기에 상황 윤리와의 비교에는 단순화가 필연적으로 뒤따르게 된
   다고 생각한다.
27) "譬如冬月衣裘附火, 是常理也. 忽然天氣做熱, 便須衣夾揮扇, 然便不是每常底常理
   了." 『朱子語類』(37:41)
28) "經是已定之權, 權是未定之經." 『朱子語類』(37:41)

이 역시도 상리라 보았다. 다만 항상 쓸 수가 없을 뿐이다. 모든 이들이
부모에게 알리지도 않고 아내를 얻는다면 대륜大倫이 모두 어지러워질
것이다[29]."

그렇다고 경을 가벼이 여기는 것은 옳지 않다. 도리가 상황 내 적합
성과 무관할 수 없는 이상, 사람들이 가진 자연스런 정감에 기초하며
일종의 사회적 합의 위에 있는 경은 무시할 수 없는 것이다. 겨울은 대
체로 춥다. 많은 사람들이 따뜻한 물을 찾게 된다. 권만을 고집하는 것
역시 경만을 고집하는 것처럼 문제가 된다. '모든 일마다 경에 어긋나
야 한다고 해서도, 언제나 경에 어긋나면 안 된다고 해서도 안 된다
[30].' 관심의 초점은 권이냐 경이냐가 아니라, 하나의 원칙을 무분별하
게 고수하는 편파성에 놓인다. 때문에 권이, 미발의 중을 조건으로 하
는 시중[31]으로 말해지는 것[32]은 당연하다. 그것은 상황의 변화에 발
맞춰 도를 따르는 것[33]에 다름 아니다.

---

29) "'多日則飮湯, 夏日則飮水', 此是經也. 有時行不得處, 多日須飮水, 夏日則飮湯, 此
   是權也. 此又依前是經. 但經是可常之理, 權是礙著經行不得處, 方始用權. 然當那時
   卻是常理. 如'舜不告而娶', 是箇怪差底事. 然以孟子觀之, 卻也是常理. 只是不可常
   用. 如人人不告而娶, 大倫都亂了!『朱子語類』(37:52)
30) "蓋事也有那反經底時節, 只是不可說事事要反經, 又不可說全不反經."『朱子語類』
   (37:50)
31) 問. "中庸名篇之義, 中者, 不偏不倚·無過不及之名. 兼此二義, 包括方盡. 就道理上
   看, 固是有未發之中, 就經文上看, 亦先言'喜怒哀樂未發之謂中', 又言'君子之中庸
   也, 君子而時中'." 先生曰. "他所以名篇者, 本是取'時中'之'中'. 然所以能時中者, 蓋
   有那未發之中在. 所以先開說未發之中, 然後又說'君子之時中'."『朱子語類』(62:7)
32) "權得其中, 固是與經不異, 畢竟權則可暫而不可常."『朱子語類』(37:47)/"權是時
   中, 不中, 則無以爲權矣."『朱子語類』(37:43)/"(權)是此一時之中. 不中, 則無以爲
   權矣.『朱子語類』(37:45)
33) "사람들은 변화[易]를 알지 못하고 이를 체득하지 못해, 때가 이미 변했는데도 알

결국 주희는 '경에 어긋나지만 도에 부합된 것[反經合道]'이 권이라는 한대 유가의 설명에 근거, 경과 권 모두의 지위를 찾아주게 된다. 도리의 측면에서 경과 권을 통합시키는 것이다.

"권은 저 경에는 어긋나는 것이지만 도에서는 벗어나지 않는다. 경과는 같지 않으나, 그 도는 하나이다[34]."

"예컨대 임금과 신하, 형과 아우라는 관계는 천지의 상경常經이니 바꿀 수 없는 것이다. 탕湯·무武가 걸桀·주紂를 처형한 것은 신하가 임금을 시해한 것이고, 주공周公이 관管·채蔡를 처형한 것은 아우가 형을 죽인 것이니 어찌 경을 어긴 것이 아니겠는가. 하지만 시기상 도리가 마땅히 그러해야 했던 것이니, 경에 어긋났다 하더라도 도리에는 부합되었다. 경에 어긋나면서 도리에도 부합되지 못하면 안 된다. 도리에 합당하다면 경에 무슨 해로움이 있겠느냐[35]."

"권은 도리 위에 있는 또 하나의 도리다. 군자와 소인의 경우, 군자는

지 못하고 끝내 도리에 맞지 않는 일을 행하여 그 시기 마땅히 해야 할 바에 어긋나게 된다. 오직 성현만이 끊임없이 유행하며 알고 체득해서 그 몸이 곧 변화[易]가 되는 까닭에, 변화하여 도를 따를 수 있는 것이다. '때를 따라 변화하여 도를 따른다'는 것은 시중을 말하는 것과 같다.(就人言之, 衆人不識易而不能體, 則時既遷而不知, 遂以倒行逆施而違其時之所當然. 惟聖賢之流行無窮而識之體之, 其身即易, 故能變易以從道. 所謂'隨時變易以從道', 猶曰時中云耳.)"『朱熹集』卷 39,「答范伯崇」제 5서

34) "(纔說權, 便是變卻那箇, 須謂之反可也.) 然雖是反那經, 卻不悖於道. 雖與經不同, 而其道一也."『朱子語類』(37:54)

35) "且如君臣兄弟, 是天地之常經, 不可易者. 湯武之誅桀紂, 卻是以臣弑君, 周公之誅管蔡, 卻是以弟殺兄, 豈不是反經! 但時節到這裏, 道理當恁地做, 雖然反經, 卻自合道理. 但反經而不合道理, 則不可. 若合道理, 亦何害於經乎!"『朱子語類』(37:46)

마땅히 등용해야 하고, 소인은 마땅히 내보내야 한다. 그러나 소인을 임용해야 할 때 갑자기 군자를 쓰려고 해도 안 된다. 뿌리가 깊어 요지부동인데 이를 제거하려고 하면 해를 입는다. 지금 처한 곳에서 시의時宜를 헤아려 완급을 알아야 한다[36]."

주희에게 있어 경과 권은 분명 다른 것이다. 하지만 실제로 일을 맞이하고 이를 처리하면서 도리를 구하는 입장에서라면, 그것이 경인지 권인지를 따지는 것은 별 의미가 없다. 때문에 주희가 정이와 달리 경과 권을 구분했다는 점을 지적하기보다는, 반드시 옳다거나 그르다는 것을 고집하지 않는 것, 혹은 마음에 사사로운 주관을 두지 않는 것을 도리를 실현하는데 있어 필요한 조건으로 봤다는 사실에 주목하는 편이 좀 더 의미 있는 논의를 가능하게 할 것이다.

우리는 위 인용에서 경우에 따라서는, 임금을 시해하고 형제를 죽이는 것까지도 도리가 그래 어쩔 수 없었던 것으로 받아들여지고 있음을 본다. 소인을 멀리하고 군자를 등용하는 것이 대개는 옳지만, 소인을 써야만 할 때도 있는 법이라고도 했다. 하지만 이러한 예시는 어떠한 내용의 행위가 용인된다는 데 무게가 실리는 것이 아니다. 주희를 위시한 유가들의 사유는 사람들이 일반적으로 유학을 바라보는 선입견의 진폭을 훌쩍 뛰어넘는다.

권은 일견 상황에 따른 자기타협으로 비춰지기 쉽다. 실제로는 자기 편의에 따라 행동하는 사람이, 자신은 권에 따르는 것이라 주장하

---

36) "權處是道理上面更有一重道理. 如君子小人, 君子固當用, 小人固當去. 然方當小人進用時, 猝乍要用君子, 也未得. 當其深根固蒂時, 便要去他, 卽爲所害. 這裏須斟酌時宜, 便知箇緩急深淺, 始得." 『朱子語類』(37:36)

면 어떻게 할 것이냐는 우려도 당연하다. 자칫하면, 이래도 되고 저래
도 된다는 무규범의 혼란으로 받아들여질 수도 있기 때문이다. 하지
만 이는 권을 피상적으로 이해한 결과라고 생각한다. 여기서 설명하
고자 하는 것은, 옳은 행위란 사적 자아가 갖고 있던 이론적·감정적
맥락을 따르는 것이 아니라 현재 몸이 처한 상황에 대한 집중과 대처
에서 비로소 가능해진다는 생각이기 때문이다.

우리는 권에 대한 설명에서, 마음을 하나의 생각에 정체停滯시키지
말고 몸이 처해 있는 상황 안에 두어 끊임없이 변화시켜나가야 한다
는 수양의 요구를 먼저 읽어야 하는 것이다.

> "예컨대 어떤 사람이 죄를 지었을 때, 성품이 강한 사람은 주벌해야
> 한다고 여기고 성품이 너그러운 사람은 용서해야 한다고 생각한다. 의
> 義로 가려보면 모두 적합하지 않다. 이는 전적으로 세심하게 권량權量
> 한 후에 그르침 없이 직접 살펴보는 일에 달려 있다. 세심하게 권량하
> 려면, 평소에 본원을 함양해야 한다. 이 마음이 허명虛明하고 순일純一
> 하면, 자연스럽게 권량이 세심해진다[37]."

권에 대한 설명은, 세상이 각자의 생각 안에서 고정되는 것보다 더
큰 무엇이라는 사실에 정직해져야 한다는 환기를 중심에 둔다. 그것
은 기존에 갖고 있던 견해가 새로운 상황에는 맞지 않을 수도 있다는
사실에 대한 시인이고, 늘 완전히 알 수 없는 것으로 남는 세상에 겸허

---

37) "此如有人犯一罪, 性之剛者以爲可誅, 性之寬者以爲可恕. 槪之以義, 皆未是合宜.
此則全在權量之精審, 然後親審不差. 欲其權量精審, 是他平日涵養本原, 此心虛明
純一, 自然權量精審."『朱子語類』(37:37)

히 귀 기울이는 것이다.

그렇게 주자학 안에서의 인간은 자신이 맞이하는 일과 함께, 항상적으로 거듭나는 삶을 향한다. 현재 갖고 있는 견해는 '지금 여기'라는 상황 안에서만 그 유효성의 여부를 따질 수 있다. 고정화되는 옛 견해들의 가림 없이 도리를 볼 수 있는 자를 두고 주희는 총명聰明하다고 한다.

> "지금 도리를 보아도 보이지 않는 것은, 알지 못하는 것이 아니라 다만 고정된 견해[物]에 가로막혔기 때문이다. 이를 바로잡는 방법의 대강은 흉중의 악하고 잡스러운 것들을 제거하는 것이다. 장자張子[張載]는 '의리에 의혹이 생기면 옛 견해를 씻어 새로운 생각을 얻는'고 말했다. 사람들은 대부분 그 옛 견해에 연연하여 버리려고 하지 않는다. 예외적으로 총명한 이들만이 옳지 않다는 것을 알면 고친다[38].

세상이 변화를 그치지 않는 이상, 도리 역시 무궁하다 하는 것은 당연하다. 도리를 따르기가 어려운 것은, 각자가 항상적으로 갱신되는 상황을 맞이하면서도 사사로운 견해[私見]에 머물기가 쉬운 까닭이다. 하지만 도리는 이미 결정된 내용으로 행위자의 관념 속에 자리할 수 있는 종류의 것이 아니다. 그것은 지금 자신이 처한 자리에 온전히 집중하여 상황 속에 어우러지고 있는 이의 행위 가운데 있다.

주희는 '경을 행하면, 온갖 리[萬理]가 갖추어진다[39]'고 했다. 존심

---

38) "而今看道理不見, 不是不知, 只是爲物塞了. 而今粗法, 須是打疊了胸中許多惡雜, 方可. 張子云, '義理有疑, 則濯去舊見, 以來新意.' 人多是被那舊見戀不肯舍. 除是大故聰明, 見得不是, 便翻了."『朱子語類』(9:49)
39) "敬則萬理具在."『朱子語類』(12:88)

은 곧 양성養性이다. 그러한 조건에서만 각자는 치우침 없이, 천리의 흐름에 동참할 수 있다. 그리고 사사로운 주관이 탈락된 상태에 있는 사람이라면, 그는 자신이 아닌 자연을 사는 존재라고 할 수 있을 것이다[40].

---

40) 팔괘八卦를 만든 복희伏羲에 대한 다음 설명은 사사로운 주관이 탈락한 성인에 대한 전형적 묘사로 생각된다. "지금 사람들은 복희가 역易을 만든 것을 말하면서, 그가 사람들에게 천지조화의 리를 보여준 거라 하는데 그렇지 않다. 우리가 또 어떻게 복희의 의도를 알 것인가. 게다가 복희 역시 역을 그렸을 때, 그에게는 의도가 없었다. 그가 몸소 자연自然의 도리를 알았기에 그것이 그의 손을 빌려 괘로 나타난 것일 뿐이다.(今人才說伏羲作易, 示人以天地造化之理, 便非是. 自家又如何知得伏羲意思! 兼之伏羲畫易時亦無意思. 他自見得箇自然底道理了, 因借他手畫出來爾.)"『朱子語類』(67:54)

제7장

●

자연화된 인간

본 글은 지금까지, 인간에게 도덕이 어떻게 본래적인 것으로 말해질 수 있는지 그 숨겨진 맥락을 설명하는 과정을 밟아왔다. 그런데 논자는 기존의 논의에서, 주자학의 자연 도덕이 포괄하고 있는 중요한 의미 하나가 간과되어왔다고 생각한다. 바로 자기 구원적 측면이다. 주자학 문헌에서는 성인의 경지로, 종종 '즐거움[樂]'을 거론한다. 그것은 사심을 제거하여 자연과 하나 된 사람이 누리는 평온이다. 이는 마이스터 에크하르트가 '버리고 떠나 있음(Abgeschiedenheit)'이라고 표현[1]한, 자기 의지의 포기를 통한 신과의 합일 그리고 이로써 얻게 되는 평화와도 그 의미가 정확히 겹쳐 보인다.

---

1) Meister Eckhart(Josef Quint 편역, 이부현 옮김)「버리고 떠나 있음 Von abegescheidenheit」『마이스터 에크하르트 독일어 논고』 누멘, 2009.

1
안자顔子의 즐거움

송대 유학자들의 문집에는 유독 '즐거움'에 대한 언급이 많다. 문인들은 시詩를 통해 별 특별할 것 없는 일상의 즐거움을 노래했고, 경전 가운데 등장하는 '즐거움[樂]'의 의미를 캐물으며 스스로 그렇게 살려고 노력했다[2].

시마다 겐지는 '도를 즐긴다'는 의식을 송학이나 양명학에서 두드러지는 특징 가운데 하나로 꼽았다[3]. 주희는 도가 사람과 분리될 수 있는 것도 고정화할 수 있는 대상도 아니기에, '도를 즐긴다'라는 표현은 바람직하지 않다고 생각했다[4]. 하지만 정주程朱 역시 '즐거움'이라는 이 시대적 주제에 관심을 기울였던 것은 마찬가지였다.

정호 · 정이 형제는 초년시절(1046년~1047년 사이) 주돈이에게서

---

2) 이러한 송대의 분위기는 이승연의 논문(「유가적 '즐거움'의 의미와 그 현대적 의의」『한국학논집』(제 32집))에 소개되어 있다.
3) 島田虔次(김석근, 이근우 옮김),『朱子學과 陽明學』까치, 2008, 19쪽. 이승연, 상게서, 382쪽에서 재인용했다.
4) 다음 문답은 이들이 '樂道'라는 표현을 부적절하게 생각함을 보여주는 일례다. 問. "程子云. '周茂叔令尋顔子仲尼樂處, 所樂何事.' 竊意孔顔之學, 固非若世俗之著於物者. 但以爲孔顔之樂在於樂道, 則是孔顔與道終爲二物. 要之孔顔之樂, 只是私意淨盡, 天理照融, 自然無一毫繫累耳." 曰. "然. 但今人說樂道, 說得來淺了. 要之說樂道, 亦無害."『朱子語類』(31:72)

수학했다. 그리고 당시 주돈이는 이들에게 안자와 공자가 무엇을 즐거워했는지 알아야 한다고 항상 당부했다고 전해진다[5].『주자어류』에서는『논어』「옹야雍也」·「술이述而」·「선진先進」,『통서通書』「안자顔子」와 관련하여 저 주돈이와 정씨 형제 일화에 대한 언급이나 '성인의 즐거움'에 대한 토론이 여럿 보인다. 이 주제는 특히 '안자의 즐거움'에 대한 논의를 통해, 집중적으로 다뤄지고 있다[6].

안자는 공자처럼 성인으로 추존되었던 인물은 아니다. 하지만 그는 아성亞聖이었다. 주희와 그 문도들 사이에서 그는 '나면서부터 아는 사람[生而知之]'에 버금가며, 거의 성인이나 같다고 평가[7]되곤 했다.

먼저『논어』에서 공자와 안자의 즐거움이 어떻게 그려지고 있는지를 살펴보는 것이 좋겠다.

공자께서 말씀하셨다. "거친 밥 먹고 물 마시며, 팔을 구부려 베개 하고 누우면, 즐거움[樂]은 그 가운데 있다. 의롭지 못하면서 누리는 부귀란 나에게 뜬구름과 같다[8]."

공자께서 말씀하셨다. "훌륭하구나! 안회는. 그는 변변찮은 음식을 먹으며 누추한 동네에 살고 있다. 남들 같으면 그런 근심을 견디지 못

---

5) "昔受學於周茂叔, 每令尋顔子仲尼樂處, 所樂何事"『程氏遺書』(2上:23)
6) 이택후 역시 공자와 안자가 즐거워한 일을 송명리학에서 보여주는, 인간의 자연화 경계로 꼽고 있다. 李澤厚(노승현 역)『학설』들녘, 2005. 171쪽.
7) "顔子乃生知之次, 比之聖人已是九分九釐, 所爭處只爭一釐. 孔子只點他這些, 便與他相湊, 他所以深領其言而不再問也."『朱子語類』(24:2)
8) 子曰. "飯疏食飮水, 曲肱而枕之, 樂亦在其中矣. 不義而富且貴, 於我如浮雲."『論語』(7:16) *정호는 여기서 "(공자가) 즐거워했던 것이 무엇인지 반드시 알아야 한다.(須知所樂者何事.)"고 했다.『論語集註』같은 곳

하는데, 안회는 그 즐거움을 바꾸지 않는다. 훌륭하구나! 안회는[9].”

공자는 남루한 일상 가운데서의 즐거움을 말한다. 그는 자신이 처한 자리를 의롭지 못하게 얻은 부귀와 대비되는 가난으로 요약하고 있다. 안자의 경우도 마찬가지다. 안자는 자주 밥그릇이 비는[10] 비참한 궁핍 가운데 지내면서도 항상 즐거움을 잃지 않았다고 한다. 결국 주돈이가 정씨 형제에게 잘 알아야 한다고 당부했던 것은, 바로 공자나 안자는 어떻게 가난이라는 고난에도 굴하지 않고 항상 즐거워할 수 있었던 것인가 하는 문제였던 셈이다.

주희는 이 문제를 어떻게 접근하고 있을까. 무엇보다도 먼저 짚고 넘어가야 할 것은 그가 부의 문제를 어떤 시선으로 보고 있었느냐 하는 것이다. 사실 저 글들만 봐서는 가난 자체의 가치를 높이는 것이 아니라고 말할 수도 없어 보인다. 그는 위의 첫 번째 인용한 글에 대해 ‘공자는 의롭지 못한 부귀를 뜬구름처럼 덧없이 여겼기에, 가난에 개의치 않고 동요됨이 없었던 것[11]’이라 주해했다. 그렇다면 그는 이들이 신념적 판단에 따라, 가난을 즐겼다고 봤던 것일까. 그럴 경우, 가난에서 벗어나고자 적극적으로 노력하지 않는 점 역시 어느 정도 납득할 수 있다.

당시의 많은 이들 역시 그렇게 생각했던 것으로 보인다. 주희의 설명 가운데, 필시 이러한 생각을 겨냥하고 있음이 분명한 것을 찾는 일

---

9) 子曰. “賢哉, 回也! 一簞食, 一瓢飮, 在陋巷. 人不堪其憂, 回也不改其樂. 賢哉, 回也.” 『論語』(6:11)

10) 子曰. “回也其庶乎, 屢空. 賜不受命 , 而貨殖焉 , 臆則屢中.” 『論語』(11:19)

11) “其視不義之富貴, 如浮雲之無有, 漠然無所動於其中也.” 『論語集註』(7:16)

이 그리 어렵지 않기 때문이다. 하지만 주희는 공자와 안자의 즐거움을 가난이라는 처지와는 연관 짓고 있지 않았다. 그들이 즐거워했던 것은 다른 데 있다[12]고 했다.

정자가 말씀하셨다. "안자의 즐거움이란 변변찮은 음식을 먹으며 누추한 동네에 살고 있음을 즐기는 것이 아니다. 빈궁함에 얽매이거나 그 즐거움을 고치지 않았기에 공자께서 훌륭하다고 칭찬하신 것이다[13]."

물었다. "안자가 '그 즐거움을 고치지 않았다'는 것은 가난함을 즐거워한 것이 아닙니까?"
말씀하셨다. "안자는 사욕을 완전히 이겨냈기에 즐거웠던 것이지 특별히 가난을 즐긴 것이 아니다. 가난한 것과 관계없이 원래 즐거움이 있었음을 꼭 알아야만 한다[14]."

"안자가 그 즐거움을 고치지 않았다는 것은 노력하다 보니, 자연스럽게 즐거워하는 바가 생긴 것입니다. 빈부귀천과는 조금도 상관이 없으니 고치지 않은 것이 당연하지요[15]."

송유宋儒들에게 있어, 공자와 안자의 즐거움은 부귀를 배척하는 청

---

12) "'樂亦在其中', 此樂與貧富自不相干, 是別有樂處."『朱子語類』(34:125)
13) 程子曰. "顏子之樂, 非樂簞瓢陋巷也. 不以貧窶累其心而改其所樂也, 故夫子稱其賢."『論語集註』(6:11)
14) 問. "顏子'不改其樂', 莫是樂簞貧否?"曰. "顏子私欲克盡, 故樂, 卻不是專樂簞貧. 須知他不干貧事, 元自有箇樂, 始得."『朱子語類』(31:55)
15) "顏子不改其樂, 是它功夫到後, 自有樂處. 與貧富貴賤, 了不相關, 自是改它不得."『朱熹集』卷 61,「答林德久」제 7서

빈 예찬과는 전혀 상관이 없다. 이들에게 부귀빈천에는 아예 가치론적 차등이 매겨지지 않는다. 주희는 '의리상 마땅히 부귀해야 할 때 부귀하고, 빈천해야 할 때 빈천하며, 살아야 할 때 살고, 죽어야 할 때 죽으니, 다만 의리가 어디에 맞는지 볼 뿐[16]'이라 말한 바 있다. 그는 심지어 만약 의롭게 얻은 부귀라면 마땅히 붙잡아야지 왜 내치겠는가[17] 되묻기까지 한다.

공자와 안자가 즐거워했던 바가 논의거리가 된 까닭은 이들이 처한 상황이 보통 사람들의 입장에서 본다면 근심스럽고 견디지 못할 것이었기 때문이다. 곳곳에서 보이는 '성인은 즐겁지 아니할 때가 없다[18]'는 류의 표현들을 생각할 때, 여기서 말하는 가난이란 사람들이 경험하는 온갖 종류의 고통을 대표하고 있는 표현이라 해도 틀리지는 않을 것이다. 주희와 그 주변 학자들은 온갖 고통 가운데서도 분노하거나 무기력해지지 않고 오히려 즐겁게 지낼 수 있다고 믿었고, 그 비결을 배우려 했던 것이다.

이쯤 되면 공자나 안자는 단순히 역사상 실존했던 이상적 인물로서보다는 성리학자들이 공부의 과정 가운데 자기 안에서 발견하게 되는 일들의 인격화로서 의미를 갖는다고 할 수 있을지도 모르겠다. 주희는 공자와 안자의 즐거움을 바로 자신의 문제로 놓고 궁리해야 한다고 했다[19]. 그는 막연히 앉아서 이것이 어떤 것인지 생각하는 것은 무

---

16) "義當富貴便富貴, 義當貧賤便貧賤, 當生則生, 當死則死, 只看義理合如何."『朱子語類』(26:96)
17) "若義而得富貴, 便是當得, 如何掉脫得."『朱子語類』(34:128)
18) "聖人之心, 無時不樂."『論語或問』
19) 問. "'不改其樂'與'樂在其中矣', 二者輕重如何?"曰. "不要去孔顏身上問, 只去自家身上討."『朱子語類』(31:61)

용하며, 심지어 그것을 위한 길이 별다른 데에 있는 것도 아니라고 했
다. 일상에서 평소 행하던 공부에 매진하다 보면 저절로 알게 된다는
것이다.

> 질문하셨다. "숙기叔器 자네는 요즘 글공부가 어떤가?"
> 대답했다. "요 며칠 안자가 즐거워했던 것에 대해 생각해 보던 참입
> 니다."
> 선생님께서 황급히 말씀하셨다. "그건 생각해 볼 필요가 없다. 다만
> '학문으로 스스로를 넓히고[博我以文] 예로써 자신을 단속한[約我以禮]'
> 후에, 저 천리를 분명히 알게 되어 일상에서 의리에 능란해지고 인욕에
> 시달리지 않아 저절로 그렇게 쾌활해진 것이니까[20]."

> "안자의 즐거움이나 원헌原憲의 질문[21]에 대한 것은 설명할 때마다
> 말이 다르지만, 그 실제 내용은 평상시의 수많은 노력을 의미하는 것일
> 뿐입니다. 이것이 성취를 이루면 보는 것이 명철하여 장애가 없고 행동
> 은 능란하여 어긋남이 없게 됩니다. 그렇게 해야 자연히 쾌활해져서 저
> 절로 공격하고 자랑하며 미워하고 욕망하는 근거가 없어지는 것이지,
> 이를 이해하기 위해 힘쓸 일이 달리 있는 것은 아닙니다[22]."

---

20) 問. "叔器看文字如何?" 曰. "兩日方思量顏子樂處." 先生疾言曰. "不用思量他! 只是
　　'博我以文, 約我以禮'後, 見得那天理分明, 日用間義理純熟後, 不被那人欲來苦楚,
　　自恁地快活."『朱子語類』(31:76)
21) 憲問恥. 子曰 : "邦有道, 穀, 邦無道, 穀, 恥也." "克伐怨欲 不行焉, 可以爲仁矣." 子
　　曰 : "可以爲難矣 , 仁則吾不知也."『論語』(14:1)
22) "顏子之樂原憲之問, 此等處, 說時各是一義, 其實却只是平日許多功夫. 到此成就見
　　處通透無隔礙, 行處純熟無齟齬. 便自然快活, 自無克伐怨欲之根, 不是別有一項功
　　夫理會此事也."『朱熹集』卷 53,「答劉仲升」

안자는 공자의 가르침을 '학문으로 스스로를 넓히고[博我以文], 예로써 자신을 단속하는 것[約我以禮]'으로 개괄했다. 그리고 이것은 각각 격물치지와 극기복례에 해당되는[23] 일상의 공부일 뿐, 무슨 별다른 것이 아니다. 주희는 저 구방심의 공부가 어떤 상황에도 굴하지 않는 즐거움으로 인도할 수 있다고 믿었던 것이다. 단 그 즐거움은 미숙한 학자로서 바랄 바 아니니[24], 오랜 적공을 통해서야 얻어질 종류의 것이었다. 주희와 그 주변 학자들이, 어떤 처지에서나 즐거울 수 있는 것을 공부를 통해 열리는 이상적 경지로 보고 있음은 분명하다.

하지만 여전히 석연치가 않다. 즐거움이란 감정은 강제할 수 없다. 고통을 억지로 즐겁게 여기려 한다면, 한동안은 가능하다 하더라도 계속할 수는 없을 것이다[25]. 그러한 인위적 안배, 작위를 주희는 편든 적 없다. 정주程朱는 모두 공자와 안자가 경험한 즐거움에 대한 직접적인 설명은 아끼려고 했다. 각자 체인할 몫이라는 것이 이유였다. 하지만 그렇다고 그 즐거움의 정체에 대해 전혀 말하지 않은 것은 아니다.

---

23) 侯氏曰. "博我以文, 致知格物也. 約我以禮, 克己復禮." 『論語集註』(9:11)
24) "先賢到樂處, 已自成就向上去了, 非初學所能求." 『朱子語類』(31:73)
25) 주희의 다음 말을 생각하고 쓴 표현이다. "謂如我窮約, 卻欲作富底舉止, 縱然時暫做得, 將來無時又做不要, 如此便是無常." 『朱子語類』(34:179)

2
도道와 하나 되는 삶

(一)

이제 안자의 즐거움의 정체와 의미에 대해 좀 더 구체적으로 살펴봐야 한다. 주희는 안자의 비결은 사사로움을 이긴 데 있다고 말한다. 이는 사실 그의 즐거움이 오랜 공부의 결과였다고 하는 데서 이미 추측할 수 있는 것이었다.

> 물었다. "주자周子는 정자에게 안자가 무슨 일을 즐거워했는지 찾게 하였으나, 주자나 정자 모두 그것이 무엇인지 끝내 말하지 않았습니다. 선생님께서는 어떻게 생각하십니까."
> 말씀하셨다. "사람들이 즐겁지 못한 까닭은 사의私意가 있기 때문이다. 자기의 사사로움을 이겨내면 즐거울 것이다[26]."

하지만 사의가 어떻게 즐거움을 해치는 것이 될 수 있는지에 대해서는 설명이 필요할 것이다. 지금껏 사사로운 주체의 활동은 주로 자

---

26) 問. "周子令程子尋顏子所樂何事, 而周子程子終不言. 不審先生以爲所樂何事." 曰.
   "人之所以不樂者, 有私意耳. 克己之私, 則樂矣."『朱子語類』(31:71)

연이 아닌 것, 불선의 원인이 되는 것으로만 말했다[27]. 사사로움을 무화시키는 것이 어떻게 즐거운 일이 되는지는 의문이 아닐 수 없다. 이는 오히려 고통을 야기하는 무리한 강제가 아닌가. 다음의 설명들을 살펴봐야 한다.

"사욕이 제거되기 전에는 입으로 맛을 보고 귀로 소리를 듣는 것 모두가 욕망일 뿐이다. 바라는 것을 얻었다 하더라도, 이는 사욕이어서 도리어 얽매일 것인데 어떻게 즐거울 수 있겠는가! 만약 바라는 것을 얻지 못한다면 그것을 구하는 데만 매달리게 되어 마음이 즐겁지 않을 것이다. 사욕을 제거해야만 천리가 유행하여, 움직일 때나 고요할 때, 말할 때나 말하지 않을 때, 일상에서 천리가 아님이 없어 가슴 속이 확 트일 것이니, 어찌 즐겁지 않겠는가! 이는 가난한 것과는 전혀 상관이 없으니, 그것으로는 이 즐거움을 해칠 수 없다[28]."

"정자程子는 '이 몸을 만물 가운데 하나로 놓아서 보게 되면 얼마나 즐거울 것인가'라고 했고 또 '사람이 천지간에 더불어 막힘이 없으면

---

27) 안회顔回에게 사욕私欲이 없었던 것과 그의 선함을 연관 지어 설명하는 경우로는 다음의 예가 있다. "선이란 이 마음의 리를 수습하는 것이다. 안자가 '석 달간 인仁을 어기지 않았다'는 것이 어떻게 공연히 항상 문을 닫걸고 눈 감아 좌선하며 사물에 응접하지 않고 나서 그리된 것이겠느냐. 안자는 일이 있으면 응하고 먹고 마시며 손님을 맞이했지만, 사욕이 조금도 없었을 뿐이다.(所謂善者, 卽是收拾此心之理. 顔子'三月不違仁', 豈直恁虛空湛然, 常閉門合眼靜坐, 不應事, 不接物, 然後爲不違仁也! 顔子有事亦須應, 須飲食, 須接賓客, 但只是無一毫私欲耳.)"『朱子語類』(31:42)
28) "只是私欲未去, 如口之於味, 耳之於聲, 皆是欲. 得其欲, 卽是私欲, 反爲所累, 何足樂! 若不得其欲, 只管求之, 於心亦不樂. 惟是私欲旣去, 天理流行, 動靜語默日用之間無非天理, 胸中廓然, 豈不可樂! 此與貧窶自不相干, 故不以此而害其樂."『朱子語類』(31:60)

얼마나 즐거울 것인가'라고 했다. 이것이 곧 안자가 즐거워한 것이다. 이 도리는 천지간에 있으니 반드시 세심하고 투철하게 궁리하여 온전치 않음이 없으면 만물 가운데 하나도 거리낄 것이 없어 마음이 태연하니 어찌 즐겁지 않음이 있겠는가[29]!"

주희는 사욕이 얽매임이기 때문에 즐거움을 해치게 된다고 설명한다. 세상일은 개인이 사사로이 뜻하는 대로는 이루어지지 않는다. 하지만 사람들은 각자 원하는 바, 집착하는 바가 있다. 그들의 인생이 수많은 좌절로 점철되어 있고, 고통스러운 것은 너무도 당연하다. 이것이 바로 사욕의 제거가 오히려 어떤 상황에서나 즐거움을 잃지 않는 조건이 될 수 있음에 대한 직접적인 설명이라고 할 수 있을 것이다.

이들에게 있어 외부적 조건이란 자신의 뜻에 맞게 개척해나가야 할 대상이라기보다는 차라리 자신의 대처를 결정하는 상황으로서, 두말없이 감내해야 할 운명으로 보이기까지 한다. 아니, 천리가 이미 사적인 자아가 내세우는 당위나 집착이 탈락된 공정함[公]을 전제로 하는 것이라면, 억지로 버텨낸다는 의미의 '감내'라는 표현은 이미 적절치 못할 것이다. 괴로움을 야기하는 얽매임은 변화하는 상황과 어우러지지 못하고, 자기 신변에 지나치게 몰입하는 개별성의 징후이다. 그것은 고정된 대상에 관심을 두는 것이고 때문에 변화의 흐름을 멎게 한다. 정이는 이러한 인간 실존의 문제적 상황을 자기 몸을 추스를 수 없을 만큼 무거운 짐을 지고도 또다시 짐을 지려는 부판충負版蟲, 물속

---

29) "程子謂, '將這身來放在萬物中一例看, 大小大快活!' 又謂, '人於天地間並無窒礙, 大小大快活!' 此便是顏子樂處. 這道理在天地間, 須是直窮到底, 至纖至悉, 十分透徹, 無有不盡, 則於萬物爲一無所窒礙, 胸中泰然, 豈有不樂!"『朱子語類』(31:59)

에서 돌의 무게 때문에 가라앉으면서도 돌을 내버리지 못하고 그 무게만 미워하는 어리석은 이에 비유해서 설명[30]하기도 했다.

주희의 설명은 이전 시대의 유산과 무관하지 않은 것일지도 모른다. 일찍이 맹자는 외적 조건들이 사사로이 바라는 것과는 무관한 모습으로 다가온다는 사실을 직시했다. 그리하여 그는 '자신에게 있어 구하면 얻을 수 있는 것'이 있다 하면서, 이를 '자신의 밖에 있어 구하려 해도 뜻대로 되지 않는 것'과 대별시켰다[31]. 주희는 이들 각각을 인의예지의 선한 본성과 부귀영달의 외적 조건이라 주석한다[32]. 1400년이라는 시간 간격을 둔 이 두 사람은, 자기 뜻대로 되지 않는 외부적 조건에 대한 관심을 접고, 구하면 얻을 수 있는 것에 힘을 기울이라고 입을 모은다. 이는 외부를 자신의 의지 아래 복속시키려는 '사사로운 자기[私己/私主]'에 대한 경계에 다름 아니다.

얽매임에 대한 해소는 의意·필必·고固·아我의 순환[33] 속에서 잘

---

30) "人只爲自私將自家軀殼上頭起意, 故看得道理小了他底. 放這身來, 都在萬物中一例看, 大小大快活. 釋氏以不知此, 去他身上起意思, 奈何那身不得. 故却厭惡, 要得去盡根塵. 爲心源不定, 故要得如枯木死灰. 然沒此理. 要有此理, 除是死也. 釋氏其實是愛身, 放不得. 故說許多. 臂如負版之蟲, 已載不起, 猶自更取物在身. 又如抱石投河, 以其重愈沈, 終不道放下石頭, 惟嫌重也." 『近思錄』(13:6)/『程氏遺書』(2上:135)

31) 孟子曰. "求則得之, 舍則失之, 是求有益於得也, 求在我者也. 求之有道, 得之有命, 是求無益於得也, 求在外者也." 『孟子』(13:3)

32) "在我者, 謂仁義礼智, 凡性之所有者. 有道, 言不可妄求. 有命, 則不可必得. 在外者, 謂富貴利達, 凡外物皆是." 『孟子集註』(13:3)의 朱子註

33) "子絶四. 毋意, 毋必, 毋固, 毋我." 『論語』(9:4) *이를 주희는 다음과 같이 설명했다. "'무의無意'는 혼연히 천리인 상태여서, 사의私意에 따르지 않는 것이다. '무필無必'은 맞이하는 일마다 리를 따를 뿐, 먼저 기필해두지 않는 것이다. '무고無固'는 지나간 일에 머무르지 않아 정체되지 않는 것이다. '무아無我'는 외물外物와 크게 어우러져, 자기 한 몸을 사사로이 하지 않는 것이다. 이 네 가지는 '의意'에서 시작되고, '필必'에서 행해지며, '고固'에서 정체되고, '아我'에서 완성된다(無意者渾

아진 스스로가, 실은 드넓은 천지간의 작용 가운데 일부로 있음을 절실하게 체인하고, 공부를 통해 스스로의 경계境界를 확장해나감으로써 가능해진다. 나와 남을 구분 짓게 하는 몸은 한 겹 껍데기일 뿐, 몸 안팎의 기는 같다고 했다고 했다. 고통은 어찌해 볼 수 없는 현실과 자신이 바라는 것의 간격에서 온다. 평정에 이르는 관건은 자신을 너무 심각하게 생각하지 않고, 스스로를 음양오행의 상생상극相生相剋이 만드는 드라마의 일부로 보는 데 있다. 이들에게는 이것이 바람직한 결과를 유도하기 위한 당위가 아니라 진실로 생각되었다.

(二)

주희가 연숭경連嵩卿에게 보낸 다음 서한에서는 탄생과 죽음을 비롯, 각자의 몫으로 보이는 모든 것이 실은 자연의 것이라는 입장이 잘 드러나 있다.

"'천지지성天地之性은 곧 나의 성性이니, 어찌 죽는다고 갑자기 없어지는 리가 있겠는가'라는 말 역시 그른 것은 아닙니다. 하지만 이 말이 천지를 주主로 삼은 것인지 나를 주로 삼은 것인지 모르겠습니다. 만약 천지를 주로 삼은 것이라면, 이 성은 본래 천지 사이 하나의 공공公共의 도리이니, 또다시 사람과 사물·저것과 이것 사이의 간격·죽음과 삶·옛날과 지금의 구별이 없습니다. 죽어도 없어지지 않는다고 말하

然天理, 不任私意也. 無必者隨事順理, 不先期必也. 無固者過而不留, 無所凝滯也. 無我者大同於物, 不私一身也. 四者始於意, 而行於必, 留於固, 而成於我.)"『論語或問』*그리고 주희는『논어집주』의 같은 부분에, 이 넷 중 하나라도 있다면 자연[天地]과 닮지 않게 된다는 장재의 말을 채록해두었다.(張子曰. "四者有一焉, 則與天地不相似.")

더라도, 내가 사사로이 소유하는 것이 아닙니다. 만약 나를 주로 삼는
다면, 자신의 신상에서 정신과 혼백, 지각이 있는 것으로 인정하여, 이
를 자기의 성으로 여기고는 붙잡아 마음대로 다룰 뿐이면서 죽을 때가
되어도 놓으려 하지 않을 것입니다. 그것을 죽어도 없어지지 않는다고
말한다면 더욱 사의가 심한 것이니, 어찌 함께 생사의 이론과 성명性命
의 리를 말할 만하다고 하겠습니까[34]."

생사는 기의 취산聚散이라 했다. 그렇다면 기가 흩어져 죽은 다음,
각자에게 부여되어 있던 성은 어찌 되는 것일까. 연숭경은 이것이 궁
금했다. 주희는 그에게 혹시 죽음 이후 자기 동일성을 유지하고 있는
성의 존속을 기대하는 것이 아니냐고 묻는다. 주희는 성이란 본래 천
지 사이 공공의 것이지, 주위와 분리된 개별적 현상에 집착하는 '나'의
사적인 것이 아님을 분명히 한다. 주희는 지금 생사가 '나'라는 개별자
의 것이 아님을 말함으로써, 삶의 중심을 자신이 아닌 천지라는 자연
의 흐름 위에 두어야 한다고 하는 것이다.
  이 같은 논지는 주희가 불교를 비판하는 경우에서도 발견할 수 있
다. 다음에 인용한 글은 불교에서 사람이 개별자로서의 정체성을 유
지한 채, 윤회를 거듭한다고 보는 관점에 비판의 초점을 맞추고 있는
일례이다.

---

34) "所謂'天地之性卽我之性, 豈有死而遽亡之理' 此說亦未爲非. 但不知爲此說者以天
   地爲主耶? 以我爲主耶? 若以天地爲主, 則此性卽自是天地間一箇公共道理, 更無人
   物彼此之間生死古今之別. 雖曰死而不亡, 然非有我之得私矣. 若以我爲主, 則只是
   於自己身上認得一箇精神魂魄, 有知有覺之物, 卽便目爲己性, 把持作弄, 到死不肯
   放舍. 謂之死而不亡, 是乃私意之尤者, 尙何足與語死生之說性命之理哉?"『朱熹集』
   卷41,「答連嵩卿」제 1서.

선가禪家에서 성性을 '이것을 저것으로 쏟아놓는 것'으로 말하는 학
설에 대해 물었다.

말씀하셨다. " ... 그들이 말하는 것은 사람이 태어나면 한 덩어리의
물사物事가 포대에 싸여 있듯 하다가, 죽으면 이 물사가 다시 장삼張三
이 되고, 장삼이 되었다가 또 다시 왕이王二가 될 수 있다는 식이다. 곧
관리가 되었다가 임기가 만료되면 다른 벼슬을 하는 것과 같으니, 이러
한 도리는 없다. ... 횡거橫渠[張載]가 '형形이 무너지면 본원으로 돌아간
다'고 했던 것은 사람이 태어나서 이 물사가 되었다가, 죽으면 크나큰
본원으로 되돌아가고, 다시금 그 가운데 뽑혀 나와 사람으로 태어나는
것이라 생각했기 때문이다. 하나의 진흙덩이에서 흙구슬이 만들어졌다
가 전처럼 한 덩어리로 돌아가고 다시 흙구슬이 되어 나오는 것과 같은
것이다. 이천伊川[程頤]은 '이미 물러났던 기가 지금 뻗어 나오는 기가
된 것이라 할 필요는 없다'고 했다. 성인이 '정기精氣가 물物이 되고, 유
혼游魂이 변화한다'고 했던 것으로 살핀다면, 이천의 말이 옳다. 사람의
죽음은 기의 흩어짐이고, 그 태어남은 또한 크나큰 본원으로부터 나온
것이다[35]."

주희는 인간의 탄생과 죽음, 그리고 또다시 이어지는 탄생을 하나
의 진흙덩이에서 흙구슬들이 만들어져 나왔다가 하나의 진흙덩이로

---

[35] 問禪家言性"傾此於彼"之說. 曰. "... 它說是人生有一塊物事包裹在裏, 及其旣死, 此
箇物事又會去做張三, 做了張三, 又會做王二. 便如人做官, 做了這官任滿, 又去做別
官, 只是無這道理. ... 橫渠說'形潰反原', 以爲人生得此箇物事, 旣死, 此箇物事卻復
歸大原去, 又別從裏面抽出來生人. 如一塊黃泥, 旣把來做箇彈子了, 卻依前歸一塊
裏面去, 又做箇彈子出來. 伊川便說是'不必以旣屈之氣爲方伸之氣'. 若以聖人'精氣
爲物, 游魂爲變'之語觀之, 則伊川之說爲是. 蓋人死則氣散, 其生也, 又是從大原裏
面發出來."『朱子語類』(126:102)

다시 뭉쳐지고, 거기에서 또 흙구슬들이 나오는 일에 비유한다. 이 비유는 곧바로 남과 구별되는 '내'가 여러 벼슬을 전전하듯 생멸을 반복한다고 말하는 윤회설을 겨냥하고 있다. 전체로부터 분리된 자아로서 스스로를 규정하는 것은 큰 착각이다. 유학에서 이처럼 살고 죽는 것을 개별성을 떠난 기의 취산으로 설명하는 것은 곧 각자의 삶을 '나의 것'이 아닌 '자연의 것'으로 보고 있는 증거라고 할 수 있을 것이다. 애초에 삶이라는 것을 사사로이 가질 수 없는데, 그 시청언동視聽言動은 말할 것도 없다. 유학의 윤리론도 이에 근거하고 있음은 췌언을 요하지 않는다.

  "불교에서는 천리의 큰 근본을 조금 보았으나, 그것을 자기가 소유한 것으로 여기고 삶을 임시로 기거하는 것 정도로 생각한다. 그리하여 부모가 태어나기 이전의 본래 모습을 보려고 하며, 보고 나서는 모든 사람이 공공公共으로 가진 것이라 여기지 않고, 의당 자기만 가졌고 죽은 다음에도 잃지 않는 것으로 생각하며, 부모가 낳아준 몸을 잠시 의탁해서 사는 집 정도로 생각한다. … 성인의 도라면 그렇지 않아서, 천리의 큰 근본은 모든 사람이 공공으로 가지고 있음을 알아 그 천리를 따라갈 뿐, 다시 조금의 사견私見도 갖지 않는다. 그렇게 하면 윤리는 저절로 분명해지니, 자기가 억지로 만들어내어 나타나는 것이 아니라 모두 저절로 그렇게 되는 것이다. 가고 오며 굽히고 펴는 일을 내 어찌 사사로이 할 수 있겠는가[36]."

---

36) "釋氏於天理大本處見得些分數, 然卻認爲己有, 而以生爲寄. 故要見得父母未生時面目, 旣見, 便不認作衆人公共底, 須要見得爲己有, 死後亦不失, 而以父母所生之身爲寄寓. 譬以舊屋破倒, 卽自挑入新屋. … 若聖人之道則不然, 於天理大本處見得是衆人公共底, 便只隨他天理去, 更無分毫私見. 如此, 便倫理自明, 不是自家作爲出

유학자들은 자연이 가진, 쉼 없이 만물을 생성[生生]시키는 능력에
주목했다. 주희는 만물 역시 자연이 만물을 생성시키는 마음을 얻어
이를 자신의 마음으로 삼는다고 했다[37]. 물론 이를 두고, 자연이 본디
아무 것도 없던 세상에 새롭게 만물을 일으켰다는 창조론이나 단순히
생명 존중의 뜻을 고취시키는 도덕론으로 이해해서는 안 될 것이다.
여기서의 생성이란 음양이라는 양극의 교대, 주변과의 감응을 통한
변화를 의미한다.

서로 다른 것끼리 영향을 주고받으며 변화해나가는 과정에 합류하
고 있는 이상, 모든 것은 일기一氣로 연속되어 있는 자연이다. 각각의
존재자들은 항상된 변화 가운데 고정되지 않고, 일시적으로 존재한다.
인간 역시 이 자연의 운행 과정에 시간과 공간이라는 구체적 조건을
통해 개입하고 있다. 마음은 일언이폐지一言以蔽之하여 '생성[38]'이라
는 의미를 갖고 있으며, 성性이란 생성의 리理를 말할[39] 뿐이었다. 주
희는 인간이 사적 관심으로 인한 경직됨 없이, 주어지는 일에 응할 때
를 가리켜 자연과 같다고 했다. '인간의 자연화'란 막연하고 신비적인
언사가 아니었고, 학문은 이를 목적으로 하는 것이었다.

"세상에는 단 하나의 정당한 도리가 있을 뿐이다. 리를 따라 행하는
것이 곧 자연[天]이다. 만약 조금이라도 리를 어기면 자연에 죄를 짓는

來, 皆是自然如此. 往來屈伸, 我安得而私之哉?"『朱子語類』(126:16)
37) "天地以生物爲心, 而所生之物, 因各得夫天地生物之心以爲心. 所以人皆有不忍人
之心也."『孟子集註』(3:6)의 朱子註
38) 發明'心'字, 曰. "一言以蔽之, 曰'生'而已."『朱子語類』(5:30)
39) "生之理謂性."『朱子語類』(5:7)

것이니, 어디고 빌어서 그 죄를 면할 수 있는 데가 없다[40]."

"자연이 곧 사람이고 사람이 곧 자연이다. 사람은 삶을 시작할 때 자연으로부터 얻었고, 이러한 사람이 생겨나면 자연은 또한 사람 가운데 있다. 말하거나 움직이고 보고 듣는 등 모든 것이 다 자연이다. 지금 말하는 중에도 자연은 바로 여기에 있다[41]."

"이 도리道理는 어느 경우든 다 그렇다. 부모를 섬기고 친구를 사귀는 것이 모두 이 도리이고, 손님을 맞이하는 것은 손님을 맞이하는 도리이며, 움직이고 고요할 때 말하거나 침묵하는 모든 활동에 도리 아닌 것이 없다. 자연의 운행과 춘하추동이 모두 도리이다. 사람의 일신一身이 곧 자연이지만 사람은 인욕으로 막혀 스스로는 이러한 뜻을 보고서도 알지 못한다[42]."

도리는 곧 자연의 다른 이름일 뿐이다. 이들에게 매 순간 천리를 실현하며 산다는 것은, 사사로운 관심이 만드는 편협됨을 극복하고 연비어약鳶飛魚躍의 자연으로 화했음[43]을 의미한다. 주희는 배움에 뜻을 둔 사람이라면, 스스로 그 도리 안에 들어가 그것과 하나가 되어야 한

---

40) "天下只有一箇正當道理. 循理而行, 便是天. 若稍違戾於理, 便是得罪於天, 更無所禱告而得免其罪也."『朱子語類』(25:82)
41) "天卽人, 人卽天. 人之始生, 得於天也, 旣生此人, 則天又在人矣. 凡語言動作視聽, 皆天也. 只今說話, 天便在這裏."『朱子語類』(17:54)
42) "這道理處處都是. 事父母, 交朋友, 都是這道理, 接賓客, 是接賓客道理. 動靜語默, 莫非道理. 天地之運, 春夏秋冬, 莫非道理. 人之一身, 便是天地, 只緣人爲人欲隔了, 自看此意思不見."『朱子語類』(40:13)
43) "意 · 必 · 固 · 我旣亡, 便是天理流行, 鳶飛魚躍, 何必更任私意也!"『朱子語類』(36:35)

다고 했다.

　"도에 들어서기 위해서는 스스로가 그 도리 안으로 들어가야 하는
것이니, 점차 익숙하게 하기를 오래 하면 도리는 자기와 하나가 된다.
그러나 요즘 사람들은 도리는 여기 있고 자신은 저 밖에 있다는 식이
니, 전혀 서로 관계해 본 적이 없다[44]."

　"정자程子의 말은 성현의 마음은 도와 하나이므로 가는 곳마다 즐겁
지 않음이 없다는 의미일 뿐이다. 만약 도를 하나의 물物로 생각하여 즐
긴다면 마음과 도는 둘이 되는 것이니, 안자처럼 되는 것이 아니다[45]."

　도리는 형이상과 형이하의 존재론적 층차로 인해, 대상화하거나 사
사로운 생각에 가둬둘 수 없는 것이다. 만약 정체된 자의식이 생겨 어
떠한 것이 도리라는 관념을 갖게 된다면, 그것이 아닌 다른 것은 배척
하게 된다. 그러한 대립은 도와 마음을 둘로 만들어 자연의 흐름을 멎
게 할 것이다. 주희는 자신의 의지로 현실을 거부하는 등, 틈을 내는
것을 리理와 사事가 둘이 되는 것이라 표현하며 경계하기도 했다[46]. 정

---

44) "入道之門, 是將自家身己入那道理中去, 漸漸相親, 久之與己爲一. 而今人道理在這
　　裏, 自家身在外面, 全不曾相干涉!"『朱子語類』(20:3)
45) "程子之言, 但謂聖賢之心, 與道爲一, 故無適而不樂. 若以道爲一物而樂之, 則心與
　　道二, 而非所以爲顏子耳."『朱熹集』卷 70,「記疑」
46) 다음에서 그 예를 찾을 수 있다. "집안 일이 많아 학문에 방해가 되는 것이 걱정스
　　럽다는 말을 받아 보았습니다. 이것은 정말 어쩔 수 없는 일입니다. 하지만 그러한
　　상황은 곧 힘써 배울 현장일 뿐입니다. 다만 매사에서 도리를 보아 가볍게 넘겨버
　　려서는 안 되니, 그런 가운데 평소의 문제점을 살피고 통렬하게 잘라낸다면, 이것
　　이 곧 배움의 길로 덧보탤 것이 없을 것입니다. 만약 벗어나려는 마음이 일어나 배
　　척하려는 생각이 들면, 리理와 사事가 둘로 나뉘어져 책을 읽어도 쓸 데가 없을 것

이는 천하에 없어야 할 일은 없으니, 어떤 것도 미워해서는 안 된다고
했던 바⁴⁷⁾ 있다.

　주희와 그 주변 학자들은 사사로운 자기의 의지가 아닌, 자신이 처
한 상황의 요구에 따르는 삶을 살아야 한다고 생각했다⁴⁸⁾. 성인이라면
명命을 묻지 않고 무엇이 의義인지를 살필 뿐⁴⁹⁾이다. 의를 따르는 것은
곧 미발함양을 조건으로 하는 것이니 그 자체가 마음의 안정을 내포
하고 있다. 갈등은 사사로운 주관[私主]으로 편듦이 있을 때 생기는 것
이다. 그는 일을 맞이해 마땅히 대처해야 하는 것에 따라 응하면 집착
할 것이 없어진다⁵⁰⁾고 했고, 도란 마땅히 그렇게 해야 할 것이니 이를

입니다.(承以家務叢委, 妨於學問爲憂. 此固無可奈何者. 然亦只此便是用功實地. 但
每事看得道理, 不令容易放過, 更於其間見得平日病痛, 痛加剪除, 則爲學之道, 何以
加此? 若起一脫去之心, 生一排遣之念, 則理事却成兩截, 讀書亦無用處矣.)"『朱熹
集』卷49,「答陳膚仲」제 6서
47) 伊川先生曰. "入道莫如敬, 未有能致知而不在敬者. 今人主心不定, 視心如寇賊, 而
不可制. 不是事累心, 乃是心累事. 當知天下無一物是合少得者. 不可惡也."『程氏遺
書』(3:98) 이는『近思錄』(4:25)에도 실려 있다.
48) "'그 등에 머무른다. 그 몸을 얻지 못할 것이다[艮其背. 不獲其身.].'라는 말은 도리
가 마땅히 그치는 곳이니, 자기 자신은 보지 않음을 뜻할 뿐이다. 이로움이나 해로
움, 고통을 보지 않고 오직 도리만을 본다. 옛 사람들의 살신성인殺身成仁이나 사
생취의舍生取義도 모두 도리가 마땅히 그칠 곳을 보았으므로 그 몸을 돌보지 않
은 것이다. '뜰을 다녀도 그 사람을 보지 않는다'는 것은, 합당하게 처리하는 도리
를 볼 뿐이지, 장삼이사張三李四 아무나를 보는 게 아님을 의미한다.('艮其背. 不
獲其身.', 只是道理所當止處, 不見自家身己. 不見利, 不見害, 不見痛痒, 只見道理.
如古人殺身成仁, 舍生取義, 皆是見道理所當止處, 故不見其身. '行其庭不見其人',
只是見得道理合當恁地處置, 皆不見是張三與是李四.)"『朱子語類』(73:57)
49) "聖人更不問命, 只看義如何. 貧富貴賤, 惟義所在, 謂安於所遇也."『朱子語類』
(34:88)
50) "義是吾心所處之宜者. 見事合恁地處, 則隨而應之, 更無所執也."『朱子語類』
(26:94)

분명히 알면, 죽더라도 근심하지 않는다고도 했다[51]. 때문에 그것은 운명에 대한 긍정의 의미 역시 함축하는 것이었다.

　안자의 즐거움에 대한 성리학자들의 해석은, 삶의 중심을 자신의 의지가 아닌 항상 변화(생성)하는 자연에 맞추는 인생관의 의미가 잘 드러나는 부분이다. 천리는 사람들 각자와 그들에게 다가온 일을 그때그때 하나의 관계로 맺어준다. 그 관계 안에서 사람은 자연이 그러하듯 쉼 없이 변화하게 된다. 주희는 '안자는 이전에는 보지 못하던 것을 오늘은 볼 수 있고, 이전엔 할 수 없던 것을 지금은 할 수 있어서 즐거웠던 것[52]'이라고 설명하기도 했다. 그는 각자가 현재 맞이하는 일에 집중함으로써, 개별자적 속박을 뛰어넘은 평온함을 누릴 수 있다고 보았던 것이다.

　자연의 길과 인간의 길이 겹친다는 주희의 입장을, 과학사적 관심이나 도덕적 통념을 통해 접근한다면, 그 이면의 의미 있는 여러 맥락들을 놓치게 될 것이다. 그의 학문은 자연이 선한 길을 예비하고 있음을 믿고 구체화된 존재자들 서로 간의 관계성에 주목한다는 점에서 윤리적이고, 삶을 자신이 알 수 없는 더 큰 것에 맞추고 있다는 점에서 종교적이다. 사사로운 주관의 탈락을 위해 힘쓰는 것은 도덕성을 고양시키는 길이기도 하겠지만, 동시에 자기 구원을 향하는 길이기도 하다. 이는 어쩌면 도덕과 종교 간 통합의 한 사례인지도 모른다.

---

51) "蓋道卻是事物當然之理, 見得破, 卽隨生隨死, 皆有所處. 生固所欲, 死亦無害."『朱子語類』(26:89)
52) "而今顏子便是向前見不得底, 今見得, 向前做不得底, 今做得, 所以樂."『朱子語類』(31:74)

제8장

●

글을 마무리하며

I
이 책의 주요 내용

본 글은 주자학에서의 도덕을 변화[易]의 의미와 함께 이해해 보려고 한 시도이다. 논자는 그렇게 할 때, 주희의 사유를 관통하는 질서를 찾을 수 있고 여러 개념어들의 실제 의미를 정의할 수 있게 된다고 보았다. 이는 그를, 단순히 성리학자로서의 정체성에 매어두는 데 그치지 않고, 유학의 원류인 공맹孔孟과 연결 지어 주는 길이기도 했다.

인간에게는 신뢰할 수 있는, 안정된 것을 구하는 습관이 있다. 그것에 따라 선악도 판별하려고도 한다. 새로운 사유를 접할 때도, 그것이 당연히 그러한 노선을 따를 것이라는 선입견으로 대하기 쉽다. 주자학에서의 리를 당대의 도덕 이념으로 보는 기존의 해석도, 여기서 자유롭지 못했던 것이라고 생각한다. 하지만 논자는 주자학이 오히려 그러한 습관을 경계하는 의미를 갖는다고 본다. 각자는 자신의 선을 향하는 내적 자발성을 믿고, 맞이하는 일에 발맞춰 스스로 변화를 거듭해야 한다. 리는 바로 이 변화의 근거[萬化之本]를 이름하는 것이니, 내용이 결정되어 있는 표준 같은 것으로는 생각할 수 없을 듯하다. 논자는 이 부분에 초점을 맞추어 연구를 진행했고, 리기심성론과 수양론의 각 방면에서 변화의 의미를 확인했다.

다음은 논자가 본문에서 어떤 문제들을 제시했고, 또 그것을 어떻게 해결했는지에 대한 대략적인 설명이다.

(1)

　"주자학에서 인간의 자연화[天人合一]는 무엇을 뜻하는가, 또한 자
연이 인간의 도덕적 행위와 무슨 관련이 있으며, 악이 발생하는 까닭은
어떻게 설명되는가."

　〈성리학자들은 '감응感應'으로 기의 활동과 변화를 설명한다. 논자
는 '감응'을 주제로 하고 있는 『주자어류』의 문답을 추적하였고, 그 결
과 자연화된 인간의 의미와 선악의 기원에 대해 다음과 같이 요약하게
되었다. '감응의 과정에 참여하고 있는 한, 인간은 자연과 같고 선하다.
다만 사적 관심의 제약이 다가오는 일에 응하지 못하게 하는데, 이것이
곧 불선이 발생하는 지점이다. 인간은 자신이 관심을 두는 제한된 방면
으로만 감통感通하게 되며, 주회는 이를 기질론으로 설명한다.'〉

　주자학 문헌에서 자연은 항시 변화하는 것이며, 인간은 바로 이러
한 자연의 일부로서 설명된다. 때문에 인간의 자연화가 무엇을 뜻하
는지 알기 위해서는, 자연과 인간을 관통하는 변화의 의미를 이해해
야 한다. 주회의 설명에 따르면 변화는 감응, 즉 서로 다른 것들 사이
의 상호교류를 통해 일어나며, 이 같은 감응의 연속인 세계는 곧 하나
의 거대한 흐름[일기一氣의 유행流行]과도 같다. 무엇이든 그 변화를
그치고 자연성을 상실한 것은, 개별자적 고착으로 인해 감응의 연계
가 끊어졌기 때문이다.

　이 감응의 논리는 인간의 도덕적 삶을 설명하는 데 있어서도 그대
로 적용된다. 주회는 인간이 본래 수많은 리를 갖추고 여러 일에 응하

는 존재라고 정의한다. 변화는 곧 선이다. 하지만 사사로운 관심사에 얽매이게 되면, 맞이하는 상황에 적합한 대응을 하지 못하게 된다. 변화가 그치는 것이다. 인간이 선을 향하는 내적 자발성을 갖고 있음에도, 자기 주관에 매몰되는 까닭에 종종 불선을 행하게 된다는 진단은 주자학의 도덕론을 구성하는 핵심에 해당되는 내용이다.

　이 부분을 좀 더 구체적으로 설명해 보자면 다음과 같다. 주자학 문헌에서 구체화된 현상은 모두 어느 한 편[一隅/一偏]에 속한다는 표현을 얻는다. 감정이나 생각과 같은 마음의 활동 역시 이 같은 표현에서 예외가 되지 않는다. 주희는 마음이 하나의 심리 상태로 굳어질 때의 치우침[偏]을 문제 삼는다. 바로 그것이 다가오는 일을 지각하는데 부주의해지는 측면을 만들어, 이에 응하는 마음 본연의 능력을 상실하게 하는 까닭이다. 각자의 인지적 감성적 심리 활동은, 일을 맞이한 다음의 순서로 미뤄두는 것이 이상적으로 여겨진다. 인간의 자연화란 주변의 상황 변화와 무관하게 구성하고 머물게 되는 자신의 심리적 맥락을 지속적으로 무화시켜[虛心], 어떠한 것도 편들지 않는 중中을 회복함으로써 가능해지는 것이었다.

　자연과 인간이 합일合一되고 또 분이分二되는 지점에 대한 설명은 주자학 문헌 전체에서 어휘만 바뀌어가며 반복된다. 다음 개념어들이 이에 해당된다. 공公과 사私, 존심存心과 방심放心, 중中과 편파적인 것[偏倚], 기질의 청淸과 탁濁…. 수양은 후자의 것을 극복하여 전자를 회복하려는 노력일 뿐이다. 리의 형이상자적 성격을 규명하는 것은 이들 모두에 대한 이해를 돕는 바탕이 된다.

(2)

"태극太極(형이상形而上의 리理)이 의미하는 것은 무엇인가"

〈논자는 형이상자形而上者와 형이하자形而下者의 구분을 통해, 변화와 선善이 어떻게 함께 말해질 수 있는지 정리했다. 또한 주희와 육구연간의 태극논변 분석을 통해, 형이상의 리가 어떠한 관념적 경계에도 들지 않는 총체의 의미를 지니고 있으며, 이는 모든 현상의 근거로 설명됨을 분명히 했다.〉

이제 리기론으로 변화를 설명해 보자. 모든 구체화된 것[形而下의 物/氣]은 그 시공간적 한정으로 인해, 동시에 다른 것이 될 수 없다는 특성을 갖는다. 음양론은 생성소멸하는 형이하의 세계를 설명하기 위한 고안이다. 모든 현상은 음陰 또는 양陽이라는 양극적 대대의 어느 한편에 속하게 된다. '한 번 음하고 한 번 양한다[一陰一陽]'고 함은 물物들이 상호 작용을 통해 변화하고 있음을 가리킨다.

그런데 주희는 형이상의 리가, 음양이 아닌, 한 번 음하고 한 번 양하는 일의 근거[所以]라고 강조했다. 고정된 실체로서의 물物의 존재는, 곧 음이 지속되거나 양이 지속됨을 의미하기에 이로써 변화의 근거를 삼을 수는 없다. 그런 까닭에 주희는 항상된 변화의 근거로, 기와 분리되지 않는 리에 음과 양 어느 한편으로도 한정되지 않는 총체로서의 성격을 부여했던 것이다.

리와 기는 자연뿐 아니라, 인간사를 설명하는 틀이기도 하다. 사람의 마음은 본디 외부적 상황과 연동하여 변화한다. 지금 구체화되어 이곳에 자리하는 사람은 하나의 물[形而下者]이고, 맞이하는 일 역시 하나의 물이다. 다가오는 물과 이를 맞이하는 사람 사이에는 같은 리가 관통하고 있다. 즉 사람 역시 한 번 음하고 한 번 양하는 과정 가운데 있는 것이다.

흥미로운 것은 감정이나 생각처럼 구체화된 심리 상태 역시, 형이하의 물(곧 음양)처럼 다뤄진다는 것이다. 하나의 감정을 갖고 생각을 하면서 동시에 다른 내용의 생각을 할 수 없다는 사실을 생각하면 당연한 일이다. 이는 곧 어떤 내용의 고정된 관념으로도 항구적 변화를 지시할 수 없다는 생각과도 통한다. 하지만 선善은, 때마다 달리 요구되는 각각의 역할을 잘 해내는 것을 가리키며, 이는 곧 끊임없는 변화다. 예전에는 옳았던 결정이 지금은 그른 것이 될 수도 있다. 하나의 관계 역할에만 집중한다면, 다른 관계들에 대해서는 소홀하게 된다. 주희는 기질론을 통해 바로 이 문제를 설명하고 있다.

그렇다면 항상 선한 리는 특정 내용을 지닌 관념으로 볼 수 없다. 논자는 주희의 '무극이태극無極而太極' 해석을 통해 이 사실을 분명히 했다. 주희는 무극의 의의는 태극을 하나의 물物로 오인하지 않도록 한 것이며, 이는 편견偏見[한 측면에서 본 고정된 견해]을 갖는 문제를 경계하는 의미를 갖는다고 말했다. 그의 태극 논의는 전체를 포괄하는 하나의 진리를 제시하려고 했던 것이 아니라, 오히려 하나의 견해를 두고 리라고 할 수 없음을 깨우쳐 경계하도록 하는 의미를 갖는 것이었다.

(3)

"리에 대한 이상의 설명은, 정언적 명령으로 선을 기약할 수 없다는 것처럼 보인다, 그렇다면 주희의 정의론은 어떻게 설명할 수 있는가"

〈본고에서는 리의 의미를 추적하는 과정에서, 기질변화론氣質變化論과 중中의 의미가 무엇인지 살폈다. 그것은 어떤 행위가 선인가를 따지는 것이 아니라, 선이 가능해지는 마음의 조건이 무엇인지를 생각하게 하는 것이었다. 『논어』'무가무불가無可無不可'에 대한 주희의 해석과 권설權說을 다룸으로써 이 문제를 보충했다.〉

주희는 인간의 마음이, 여타의 사물이나 동물과는 달리 온갖 리[萬理]를 갖추고 있다고 설명한다. 성性은 곧 수많은 도리로 말해진다. 이것은 인간이 본래적으로 맞이하는 일에 발맞춰 유연한 변화가 가능한 존재임을 의미한다. 이때 변화의 조건이 되는 것이 바로 공公이다. 그것은 자연의 속성이기도 한데, 어떠한 것도 편들지 않는다[中]는 뜻이다. 인간은 스스로 취할 수 있는 입장의 가능성을 모두 공평하게 살려 둔 채, 일을 맞이할 때 자연스럽게 선에 안착하게 된다. 이는 『논어』의 '무가무불가無可無不可' 정신과 맥이 닿는다.

우리는 정의론을 대할 때, 무엇을 옳다고 하는지 그 분명한 내용을 살피는 데에 익숙하다. 하지만 주자학의 경우라면, 이는 방향을 잘못 잡은 것이라고 할 수 있다. 시시각각 변화하는 상황에 잘 대처할 수 있게끔 하는 마음의 조건이 무엇인지 알아야 한다. 단순히 선이 되는 덕목이 무엇인지에 관심을 두고 주자학 문헌을 대한다면, 온갖 모순과 변칙을 접하게 된다. 예컨대 주희는 일반적으로 통용되는 원리인 경經과 그 변통인 권權 모두를 도리로 보아 존중했다. 때문에 그는, 경우에 따라서 신하가 임금을 시해하고 형이 아우를 죽인 역사적 사건이 도리에 맞는 것이었다고 말하기도 한다. 경을 이루는 정감이 내적 자발성에 기초하는 것이었듯이, 권 역시 당사자가 처한 구체적 상황 하에서는 그렇게 함이 마땅한 것이었다.

한 측면에서 본 생각에 사로잡히지 않는 것이, 오히려 모든 관계 사이에서의 규범들을 현실화 하는 조건이 될 수 있다. 옳고 그름이 하나의 내용적 실체로서 상황과 독립되어 강제될 때, 그것은 오히려 도리를 가로막는 역할을 하게 된다. 주희가 모든 인위적 계획[安排布置]을 경계한 까닭이 여기에 있다. 그는 고정화되는 옛 견해들의 가림 없이 도리를 볼 수 있는 자를 두고 총명聰明하다고 했다.

(4)
　"주희는 선한 본성이 발휘되지 못하도록 하는 마음의 문제적 상황을 어떻게 설명하고 있는가, 또 이를 바로잡는 공부론의 내용은 무엇인가"
　〈기존의 연구에서는 주자학 문헌에 등장하는, 악惡을 발생시키는 마음 상태를 가리키는 다양한 표현들의 실제 의미가 무엇인지에 대한 관심이 상대적으로 부족했던 것 같다. 본고에서는 방심放心 · 사욕私欲 · 부중不中 · 편의偏倚 · 기질氣質의 탁濁함 등의 표현들이 모두 마음의 같은 상태를 지칭하는 것임을 밝히고, 이로써 특유의 수양론이 요구된 맥락을 설명했다. 이러한 맥락에 대한 이해 없이는 미발함양이나 경敬, 격물格物의 의미를 파악하기 어렵다고 생각한다.〉

주희는 악의 발생 원인으로 부도덕한 의도나 그릇된 내용의 생각을 말하지 않는다. 그는 좀 더 근본적인 문제를 말하려고 했다.
　맹자 이래 유가에서 공부의 목적은 방심을 찾는 데 있다고 말해진다. 주희는 방심을 '마음이 여기에 없는 사태'로 설명한다. 단지 몸이 처한 현장에 집중하지 못하는 것을 마음의 문제적 상황으로 지목하고 있는 것이다. 이는 달리 사사로운 주체[私主]의 활동으로 인한, 외부 상황과의 단절로 표현되기도 한다. 사의私意(또는 사욕私欲)는 외부적 계기와 무관하게 이어지는 −지난 일에 연연하거나 미래에 대해 대비하는 등의− 심리 맥락으로 인해 상황의 변화에 보조를 맞추지 못하게 되는 것을 지칭할 뿐이다. 사적 관심은 현재 처한 상황에서 '보아도 보이지 않고 들어도 들리지 않는' 지각知覺의 왜곡을 야기하고, 맞이하는 일에 불응不應하게 한다. 우물에 빠지려는 아이를 보고도 측은지심惻隱之心이 일지 않는 악은 바로 이 지점에서 발생한다.

논자는 주희가 중화신설을 수립하면서 수양론의 중심에 둔, 미발함양을 구방심(또는 존심)의 공부로 설명한다. 그것은 외부에서 다가오는 일에 공정하게 응應할 수 있도록, 일을 맞이하기도 전에 어떠한 생각이나 감정으로 인해 균형을 잃지 않으려는 노력을 의미한다. 이는 현재 처한 상황에서의 자기 역할에 집중하는 공부인 경敬과 그 바탕 위에서 일상의 일을 처리하는 격물格物로 구체화된다. 맞이하는 일은 항상 변화하니, 그것에 대한 집중과 대처는 곧 그 자신의 변화가 된다.

격물은 사욕을 제거하기 위한 것이다. 일상에서 함양하는 가운데 일을 맞이하면, 이미 경험한 것에 기초한 정감이 발휘된다. 이를 바탕으로 미루어 스스로의 역할을 자각하고, 적절한 대응으로 상황과 결속되려는 노력이 이 공부의 주된 내용이 된다. 지식의 습득이 부차적으로 따를 수는 있겠지만, 그것이 이 공부의 본질적인 의미가 되는 것은 아니라고 본다. 격물은 자기의 견해를 일정하고 견고하게 만드는 것이 아니라, 이전의 입장에서 끊임없이 일신함으로써 중을 지키는 것을 목적으로 한다.

(5)

"안자顏子는 지독한 가난 속에서도 즐거움을 잃지 않았다고 했다. 주

회와 그 주변 학자들은 이 주제에 대해 많은 이야기를 나눴다. 그 의미
는 무엇인가"

〈안자의 이야기는 자연화된 인간의 구체적 사례로써 제시한 것이다.
논자는 지금까지 살핀 자연과 인간의 관계에 대한 이해 없이는, 이 주
제의 의미를 온전히 해석할 수 없다고 생각한다. 본고에서는 이 주제를
통해, 자연 도덕이 가진 자기 구원의 함의를 읽어냈다.〉

주자학은 인간의 사유가 갖는 한계를 인정하는 바탕 위에 있다. 공
公과 사私가 의미하는 바에서 분명하게 드러나지만, 세상이 각자의 생
각으로 담기에는 너무도 큰 것이라는 경탄의 정서는 주희의 논의들을
꿰뚫는 주조主調 가운데 하나다. 주희는 성性이란 본래 천지간 공공公
共의 것이지, 개별적 현상에 집착하는 '나'의 사적인 것이 아니라고 했
던 바 있다. 어떠한 생각이든 그것은 한 측면에서 본 것일 뿐이라고,
한계를 분명히 하고 있다는 의미에서 주자학은 겸손한 주체를 지향하
는 철학이라 할 만하다.

　이러한 사실은 그러나, 주자학이 완전하고 총체적인 진리를 포기했
음을 의미하는 것은 아니다. 논자가 책 전체를 통해 드러내려 한 것처
럼, 이들은 진리를 지식으로 소유하려 하는 대신 그것을 살아내려고
한다. 무한과 유한은 단절되지 않는다[顯微無間]. 무한은 유한자를 통
해, 구체적 상황 내에서 일시적인 형태로 그 일부를 드러내고 있다. 주
희의 공부론은 자신이 처한 상황과 단절되지 않으려는 노력을 통해,
총체에 대한 쉼 없는 접근을 권하고 있는 것이다. 이는 달리 말하면,
각자의 삶을 사사로운 자기[私主]의 관념이 아닌 자연이라는 큰 전체
에 맞추려는 시도이다.

이와 관련하여 '안자의 즐거움[顏子之樂]'에 대한 논의는 그간 도덕적 엄숙주의와 짝지어지기 일쑤였던, 인간의 자연화[天人合一]라는 학문적 목표의 의의를 새롭게 조명할 수 있는 좋은 예가 된다. 주자학 문헌에서 성인은 종종 즐겁지 않을 때가 없는 이로 묘사된다. 주희와 그 문도들은 지독한 가난에도 불구하고 항상 즐거움을 잃지 않았다고 하는 안자에 대해 토론하곤 했다. 주희는 사람들이 즐겁지 못한 것은 사욕이 있기 때문이라고 한다. 갈등은 자신이 편드는 것[偏倚]이 있는 데서 비롯된다. 사사로이 바라는 것과 어찌할 수 없는 현실간의 간극이 곧 고통의 원인이고, 이를 극복하는 길은 오랜 공부에 있다고 했다. 마음이 동시에 여러 생각을 담을 수 없는 것이라면, 현재 맞이하는 일에만 집중할 때 그것과 무관한 감정들은 저절로 멀어지고 평정을 기할 수도 있게 될 것이다. 그는 자신을 너무 심각하게 생각하지 않는 것, 변전하는 만물 가운데 하나로 놓고 보는 것이 안자가 즐거워할 수 있었던 비결이라고 설명하기도 한다.

주자학자들이 희구하는 인간의 자연화 경지는 선을 가능하게 하는 토대와도 관련이 있지만, 내적 갈등의 해소, 운명에의 긍정을 통한 자기 구원의 측면 역시 포함하고 있음을 놓쳐서는 안 될 것이다.

II
질의와 답변

다음은 논자가 여러 차례 받았던 질문이기에 해명해 두려 한다.

"의심 가는 부분이 있다. 주희는 예 공부를 중시했다. 또한 논자는 그가 생각하는 일상의 윤리가 당시 사회적 통념의 테두리 안의 것이었다는 미조구찌 유조 등의 말을 각주에서 인용하기도 했다. '사심私心'은 결국 부도덕한 내용으로 확인되기도 한다. 이는 주자학에서의 도덕이 고정된 견해[偏見]나 외적 강제를 기초로 하지 않는다고 보는 본 글의 방향에 역행하는 것처럼 보이지 않는가. 아울러 주희의 언설들을 시기 구분 없이 소개하고 있는 것은 엄밀성을 결여한 것이 아닌가."

논자는 본문에서 예가 그 자체 도덕의 완성을 의미하는 것이 아니라, 사적인 심리 맥락을 끊고 처한 상황에 결속되는 것을 돕는 '도구' 같은 것으로 보인다고 설명했던 바 있다.(제 5장 (1), (二)) 또한 주희가 말하는 일상의 윤리가 당시 사회적 통념을 벗어나지 않더라는 이유로 논자의 주장을 반박하는 것은 오해 때문이라고 생각된다. 논자는 선의 내용이 무엇으로 확인되는지가 아니라, 선이 가능해지는 조건이 어떻게 설명되고 있는지에 초점을 맞춰야 한다고 보았다. 그가 방심을 경계했던 것, 미발의 중을 회복하는 일이 이발의 화가 가능해지는 조건이 된다고 설명했던 의도를 생각해봐야 한다. 그것은 일을 처리할 때, 사적 관심에 가려 부주의해지는 측면이 없도록 하는 것이었다. 선은 개별자적 심리 맥락의 개입을 제거하고 일을 맞이하여 처리한 '결과로서' 기약할 수 있다는 의미이다. 당연히 사심私心은 주자학 문헌에서 부도덕한 내용으로 확인되는 경우가 많다. 하지만 이로써 그 개념을 정의하는 것은 방향을 잘못 잡은 것 같다. 또한 사람들 사이에서 바람직하다는 합의에 이를 수 있는 정감과 표현이, 일차적으로 시대성을 비껴갈 수 없는 것은 당연한 일이라고 생각한다.

시기상 구분 없이 자료를 인용해서 엄밀성을 결여하고 있지 않느냐는 질문에 대해서는 내용상 각 부면의 정합성으로 답하려 한다. 논자는 주희가 학문적으로 원숙해진 시기라 할 수 있는 중화신설 이후의 자료를 사용함으로써, 인용에 최소한의 규칙은 부여하려고 했다. 그리고 본 글에서 정리한 주희의 사유가, 단지 한 시기의 것에 그치지 않음을 보이려는 시도도 있었다. 중화신설에서 정식화된 미발함양의 실제 의미를 짚어본 후에, 그 틀이 약 20년 후인 62세 때 황순黃薝에게 보낸 편지에서도 동일하게 유지되고 있음을 확인했던 것이다.

참/고/문/헌

1. 원전과 번역서

• 『北溪字義』北京: 中華書局. 2009.
• 『四書集註』臺北: 學海出版社 , 1989.
• 『四書或問』上海: 上海古籍出版社 , 2001.
• 『性理大全』, 濟南: 孔子文化大全編輯部, 山東友誼書社, 1989
• 『宋元學案』臺北: 華世出版社, 1987.
• 『心經 · 近思錄』서울: 保景文化史, 1986.
• 『二程集』北京: 中華書局, 2004.
• 『莊子』上海: 上海古籍, 2009.
• 『周敦頤集』北京: 中華書局, 2009.
• 『朱子語類』北京: 中華書局, 1983.
• 『朱熹集』成都: 四川敎育出版社, 1996.
• 『胡宏集』北京: 中華書局, 1987

• 李侗 · 朱熹(백민정 · 성광동 · 임부연 옮김), 『스승 이통과의 만남과 대화』이학사, 2006.
• 李紱(조남호 · 강신주 옮김), 『주희의 후기 철학』소명출판, 2009.
• 周敦頤 · 朱熹(권정안 · 김상래 옮김), 『通書解』청계, 2000.
• 呂祖謙 · 朱熹 편저(이광호 역주), 『근사록 집해』1,2. 아카넷, 2009.

- 朱熹(곽신환 · 윤원현 · 추기연 옮김), 『태극해의』 2008.
- 朱熹(김진근 옮김), 『역학계몽』 청계, 2008.
- 朱熹(박성규 역주), 『논어집주-주자와 제자들의 토론』 소나무, 2011.
- 陳淳(박완식 옮김), 『性理字義』 여강, 2005.
- 朱熹(백은기 옮김), 『周易本義』 여강, 1999.
- 朱熹(이주행 · 조원식 옮김), 『朱子語類』 소나무, 2001.
- 朱熹(임헌규 옮김), 『인설』 책세상, 2003.
- 朱熹(장세후 옮김), 『朱熹 詩 譯註』 이회, 2004.
- 朱熹(正祖 엮음, 주자사상연구회 옮김), 『주서백선』 혜안, 2000.
- 朱熹(주자사상연구회 옮김), 『朱子封事』 혜안, 2011.
- 朱熹(허탁 · 이요성 역주), 『朱子語類』 1~4. 청계, 1998~2003.
- Daniel K. Gardner tr., Learning to Be a Sage. University of California, Berkely, 1990
- Wing-tsit Chan tr., Reflections on Things at Hand. Columbia Univ. Press, New York & London, 1967

2. 단행본

- 강영안, 『주체는 죽었는가』 문예출판사, 1997.
- 溝口雄三 외(김석근 외 역), 『中國思想文化事典』 민족문화문고, 2003.
- 溝口雄三 외 지음, 『중국의 예치 시스템』 청계, 2001.

- 김우형,『주희철학의 인식론』심산, 2005.
- 김우형 · 이창일,『새로운 유학을 꿈꾸다』살림, 2007.
- 김영건,『동양철학에 관한 분석적 비판』라티오, 2009.
- 김영식,『주희의 자연철학』예문서원, 2006.
- 楠本正繼(김병화 이혜경 옮김),『송명유학사상사』2009.
- 勞思光(정인재 옮김),『중국철학사』(송명편). 탐구당, 1987.
- 大濱晧(이형성 옮김),『범주로 보는 朱子學』예문서원, 1999.
- 島田虔次(김석근, 이근우 옮김),『朱子學과 陽明學』까치, 2008.
- 杜維明(정용환 옮김),『뚜웨이밍의 유학강의』청계, 1999.
- 廖名春 외(심경호 옮김),『주역 철학사』예문서원, 2004.
- 류인희,『주자철학과 중국철학』범학사, 1980.
- 牟宗三(김병채 외 옮김),『모종삼 교수의 중국철학 강의 :(原題) 中國哲學的特質』예문서원, 2011.
- 蒙培元(홍원식 외 옮김),『성리학의 개념들』예문서원, 2008.
- 박정근,『중국적 사유의 운형-주역과 중용을 중심으로』살림, 2004.
- 山田慶兒(김석근 옮김),『朱子의 自然學』통나무, 1998.
- 三浦國雄(김영식, 이승연 옮김),『인간 주자』창작과 비평사, 1996.
- 三浦國雄(이승연 역),『주자와 기 그리고 몸』예문서원, 2003.
- 小島 毅(신현승 역),『송학의 형성과 전개』논형, 2004.
- 송영배 외,『한국유학과 리기철학』예문서원, 2000.
- 안은수,『주희의 자연관 형성의 두 원천』문사철, 2009.
- 宇野哲人(손영식 역),『송대 성리학사』(Ⅰ)(Ⅱ). UUP, 2005.

- 儒教事典編纂委員會 編, 『儒教大事典』 박영사, 1990.
- 윤영해, 『주자의 선불교비판 연구』 민족사, 2000.
- 衣川强(박배영 옮김), 『하늘 天 위에는 무엇이 있는가?』 시공사, 2003.
- 이강대, 『주자학의 인간학적 이해』 예문서원, 2000.
- 이동희, 『주자: 동아시아 세계관의 원천』 성균관대학교 출판부, 2007.
- 石田秀美(이동철 역), 『氣-흐르는 신체』 열린책들, 1996.
- 李澤厚(정병석 옮김), 『중국고대사상사론』 한길사, 2005.
- 李澤厚(노승현 옮김), 『학설』 들녘, 2005.
- 임헌규, 『유가의 심성론과 현대 심리철학』 철학과 현실사, 2001.
- 張立文 주편(안유경 옮김), 『리의 철학』 예문서원, 2004.
- 조남호, 『주희. 중국철학의 중심』 태학사, 2005.
- 陳榮捷(표정훈 옮김), 『진영첩의 주자강의』 푸른역사, 2001.
- 최진덕, 『인문학, 철학, 그리고 유학』 청계, 2004.
- 최진덕, 『주자학을 위한 변명』 청계, 2000.
- 土田健次郎(성현창 역), 『북송도학사』 예문서원, 2006.
- 馮友蘭(박성규 옮김), 『중국철학사上 · 下』 까치, 1999.
- 馮友蘭(곽신환 역), 『중국철학의 정신-新原道』 서광사, 1993.
- 한국사상사연구회, 『조선유학의 개념들』 예문서원, 2002.
- 한국철학사연구회, 『주자학의 형성과 전개』 심산, 2005.
- 한형조, 『왜 동양철학인가』 문학동네, 2000.
- 한형조, 『왜 조선유학인가』 문학동네, 2008.
- 한형조, 『조선 유학의 거장들』 문학동네, 2008.

• 한형조, 『주희에서 정약용으로』 세계사, 1997.

• 荒木見悟(심경호 옮김), 『佛敎와 儒敎』 예문서원, 2000.

• Peter K Bol(심의용 옮김), 『중국 지식인들의 정체성』 북스토리, 2008.

• Julia Ching(변선환 옮김), 『儒敎와 基督敎』 분도출판사, 1994.

• Meister Eckhart(Josef Quint 편역, 이부현 옮김), 『마이스터 에크하르트 독일어 논고』 누멘, 2009.

• Mircea Eliade(최건원 · 임왕준 옮김), 『메피스토펠레스와 양성인』 문학동네, 2006.

• Mircea Eliade(최종성 · 김재현 옮김), 『세계종교사상사 II』 이학사, 2005.

• Mircea Eliade(이은봉 옮김), 『종교형태론』 한길사, 2004.

• A. C. Graham(나성 옮김), 『도의 논쟁자들』 새물결, 2001.

• A. C. Graham(이창일 옮김), 『음양과 상관적 사유』 청계, 2001.

• A. C. Graham(이현선 옮김), 『정명도와 정이천의 철학』 심산, 2011.

• Marcel Granet(유병태 옮김), 『중국사유』 한길사, 2010.

• Philip J. Ivanhoe(신정근 옮김), 『유학, 우리 삶의 철학』 2008.

• François Julien(유병태 옮김), 『운행과 창조』 케이시 아카데미, 2003.

• François Julien(허경 옮김), 『맹자와 계몽철학자의 대화』 한울아카데미, 2004.

• François Julien(박치완 · 김용석 옮김), 『현자에게는 고정관념이 없다』 한울아카데미, 2009.

- Emmanuel Levinas(양명수 번역 해설), 『윤리와 무한-필립 네모와의 대화』 다산 글방, 2000.
- Joseph Needham(이석호 외 옮김), 『중국의 과학과 문명』 1,2,3. 을유문화사, 1988.
- Joseph Needham(콜린 로넌 축약, 김영식 · 김제란 옮김), 『중국의 과학과 문명: 사상적 배경 (축약본1)』 까치, 2003.
- Benjamin I. Schwartz(나성 옮김), 『중국고대사상의 세계』 살림, 1997.
- Arthur Schopenhauer(김미영 옮김), 『도덕의 기초에 관하여』 책세상, 2004.
- Arthur Schopenhauer(김미영 옮김), 『자연에서의 의지에 관하여』 아카넷, 2012, 241~243쪽.

- 小野澤精一 · 福永 光司 · 山井 湧 編 『氣の思想』 東京: 東京大學出判會, 1978.
- 吾妻重二, 『朱子學の新硏究』 東京: 創文社, 2004.
- 友枝龍太郎, 『朱子の思想形成』 東京: 春秋社, 1969.
- 牟宗三, 『心體與性體』 1~3. 臺北: 正中書局, 1968.
- 唐君毅, 『中國文化之精神價値』 桂林: 廣西師範大學, 2005.
- 徐復觀, 『中國人性論史-先秦篇』 上海: 上海三聯書店, 2001.
- 束景南, 『朱子大傳』 上下. 北京: 商務印書館, 2003.
- 束景南, 『朱熹硏究』 北京: 人民出版社, 2008.
- 陳榮捷, 『近思錄詳註集評』 臺灣: 學生書局, 1993.
- 陳來, 『朱子書信編年考證』 北京: 三聯書店, 2007.

• 陳來, 『朱子哲學硏究』 北京: 三聯書店, 2010.
• 馮友蘭, 『中國哲學史新編』 北京: 人民出版社, 1999.
• Julia Ching, The Religious Thought of Chu Hsi. New York: Oxford University Press, 2000.
• Ira E. Kasoff, The Thought of Chang Tsai. Cambridge: Cambridge University Press, 1984.
• Donald Munro, Images of Human Nature: A Sung Portrait. Princeton: Princeton University Press, 1988.
• Hoyt Cleveland Tillman, Confucian Discourse and Chu Hsi's Ascendancy. Honolulu: University of Hawaii Press, 1992.

3. 논문류

• 권향숙, 「주희의 公과 私」 『哲學論究』(제 30집)
• 권향숙, 「朱熹 仁說의 '내재-확장' 구조와 실천 문제」 『東方學志』 (제 126집)
• 김경호, 「誠·敬: 성리학적 수양론과 군자의 이상」 『동양철학』(제 30집)
• 김교빈, 「本體論과 心性論을 통해 본 朱子의 格物致知이해」 『東洋哲學硏究』(제 6집)
• 김기현, 「朱子 氣質之性論의 독창성과 그 철학적 의의」 『동양철학』(제 8집)
• 김기현, 「유교사상에 나타난 공과 사의 의미」 『동아시아 문화와

사상』(제 9집)

• 김기현, 「心, 性, 情」, 『동아시아 문화와 사상』『동아시아 문화와 사상』(제 6집)

• 김미영, 「宋明理學의 性格究明을 위한 방법론 모색-현대신유학자들의 논의에 대한 비판적 성찰-」『哲學』(제 60집)

• 김병채, 「牟宗三先生의 中國哲學에 대한 解釋」『中國學報』(제 57집)

• 김병환, 「儒家의 生命觀」『儒教思想研究』(제 22집)

• 김연재, 「性理學의 易學적 방법론-朱熹의 理本論의 체계와 존재론적 방식-」『東洋哲學』(제 20호)

• 김재경, 「朱子철학에서 '物'의 의미에 대한 小考」『東洋哲學研究』(제 46집)

• 김충열, 「자연과 인간의 관계 문제에 대한 중국 철학의 대답과 그 현대적 의미-'천인 관계'를 둘러싼 논쟁의 기조」『논쟁으로 보는 중국철학』, 예문서원, 1994.

• 박경환, 「宋代 氣 범주의 윤리학과 자연과학적 전개에 관한 연구」『중국철학』(제 10집)

• 박영도, 「주희의 중화논변과 경계의 사유」『사회와 철학』(제 20호)

• 백은기, 「朱子의 公에 관하여」『범한철학』(제 16집)

• 백은기, 「주자역학에 나타난 이간(易簡)에 관하여」『범한철학』(제 35집)

• 성현창, 「상황 윤리에서 본 朱熹의 '權說'」『동양철학』(제 17집)

• 소현성, 「주희와 육구연 형제의 태극논변」『동양철학』(제 24집)

• 손영식, 「주희의 글 번역과 성리학의 발굴: 그 힘찬 시작을 위하여」『철학사상』(제 22집)

- 송하경, 「陸象山 心學의 學問方法-朱陸論爭을 중심으로-」『공자학』(제 1집)
- 송항룡, 「도(道)는 가장 구체적으로 내 앞에 마주 서 있는 자리」『철학과 현실』(제 13집)
- 양승무, 「牟宗三의 宋明理學 硏究」『東洋哲學』(제 17집)
- 연재흠, 「주희철학에 있어 敬에 대한 연구」『한국철학논집』(제 19집)
- 연재흠, 「주희의 인성론 연구-주희의 '性之本體' 개념을 중심으로」『중국학보』(제 58집)
- 연재흠, 「주희철학에 있어 기질의 의미」『율곡사상연구』(제 14집)
- 연재흠, 「朱熹의 마음에 관한 이론 연구(1): 마음의 本體와 本心을 중심으로」『중국학보』(제 62집)
- 유성선, 「朱子 心論 一考察 -道德的 主體性을 중심으로」『동서철학연구』(제 26호)
- 윤사순, 「論四端七情書 해제」, 『韓國의 儒學思想』三省出版社, 1977.
- 윤용남, 「朱子 心說의 體用理論的 分析」『東洋哲學硏究』(제 41집)
- 윤원현, 「주자철학의 생명의지」『철학탐구』(제 14집)
- 윤원현, 「주자철학에 있어서 생명의 근원」『인문학연구』(제 34집)
- 이광률, 「朱子에 있어 '도덕적 인간'에 관한 문제」『범한철학』(제 35집)
- 이규성, 「程子에서의 생산과 생명의 원리」『철학연구』(제 44집)
- 이규성, 「程子에서의 智識과 直觀의 문제」『한국문화신학회 논문집』(제 3집)

- 이규성, 「주희와 이연평: 사유의 전환과 구조」 『퇴계학보』(제 124 집)
- 이동희, 「주희의 생애와 사상」 『東西文化』(제 34집)
- 이동희, 「성리학의 선악관」 『동양학 연구』(제 50집)
- 이명한, 「주자의 격물치지론 연구」 『중국학보』(제 54집)
- 이상돈, 「주희 철학에서 氣質과 本性의 관계」 『철학』(제 95집)
- 이상돈, 「주희 修養論에서 涵養과 體認」 『東方學志』(제 143집)
- 이상익, 「儒學에 있어서 事實과 當爲의 문제」 『퇴계학보』(제 125집)
- 이승연, 「유가적 '즐거움'의 의미와 그 현대적 의의」 『한국학논집』(제 32집)
- 이승연, 「주자 죽음관에 관한 소고」 『동양사회사상』(제 20집)
- 이승연, 「주자 예학의 현대적 독해」 『동양사회사상』(제 15집)
- 이승환, 「성리학의 수양론에 나타난 심-신 관계 연구」 『중국학보』(제 52집)
- 이승환, 「朱子 수양론에서 未發의 의미: 심리철학적 과정과 도덕심리학적 의미」 『退溪學報』(제 119집)
- 이승환, 「주자 수양론에서 성(性)과 성향-기질변화설의 성품윤리적 의미-」 『東洋哲學』(제 28집)
- 이승환, 「주자 수양론에서 '미발공부'의 목적과 방법 그리고 도덕심리학적 의미」 『東洋哲學』(제 32집)
- 이승환, 「육상산 수양론에 대한 주자의 비판-'박락(剝落)'에서 '궁리(窮理)'로-」 『철학연구』(제 39집)
- 이승환, 「察識에서 涵養으로」 『철학연구』(제 37집)
- 이영찬, 「'몸'에 대한 유교적 인식-유교사회학 정립을 위한 예비

적 논의」『동양사회사상』(제 15집)

• 이장희, 「맹자와 순자의 성론(性論) 비교 연구 : 天과 性 개념을 중심으로」『국제중국학연구』(제 58집)

• 이정환, 「"작용시성":朱熹의 性論 정립을 위한 반명제」『中國學報』(제 61집)

• 이창일, 「귀신론과 제사론의 자연주의적 해석」『정신문화연구』(제 105호)

• 이창일, 「집과 도량:敬수행과 그 현대적 적용」『심경, 주자학의 마음 훈련 매뉴얼』, 한국학중앙연구원, 2009.

• 이철승, 「『논어』에 나타난 '권도(權道)'의 논리 구조와 의미-주희와 왕부지의 관점을 중심으로-」『시대와 철학』(제 21권)

• 임일환, 「자연주의적 오류와 내포성」『美學』(제 57집)

• 임종진, 「曾點의 사상적 좌표에 대한 검토-朱子의 관점을 중심으로」『퇴계학과 유교문화』(제 39집)

• 임헌규, 「朱陸太極論辨과 形而上學」『한국철학논집』(제 17집)

• 임헌규, 「朱子의 理와 그에 대한 몇 가지 해석: 비판적 고찰」『온지논총』(제 18집)

• 임헌규, 「칸트의 정언명법과 朱子의 도덕철학」『東洋古典硏究』(제 35집)

• 장원태, 「군자와 소인, 대체와 소체, 인심과 도심」『철학연구』(제 81집)

• 장원태, 「주희의 지각 개념의 연원」『철학사상』 35호.

• 전현희, 「주자 철학에서 지각의 의미-고자와 호남학파의 지각설에 대한 주희의 비판을 중심으로-」『철학연구』(제 107집)

- 정상봉,「주희의 격물치지와 경공부」『철학』(제 61집)
- 정연수,「動靜 問題에 관한 朱子의 思想的 特性」『東洋哲學硏究』(제 55집)
- 정재걸,「復其初에 대한 일 고찰」『동양사회사상』(제 11집)
- 정해창,「자연주의적 오류」『정신문화연구』(제 15권)
- 조남호,「주희의 太極 皇極論 연구-陸九淵, 葉適과 비교를 통해서-」『시대와 철학』(제 18권)
- 주광호,「주희 태극론의 '생생'의 원리」『철학연구』(제 98집)
- 주광호,「朱熹 太極論에 나타난 宇宙論과 本體論의 分化와 疏通」『大東文化硏究』(제 54집)
- 최진덕,「이일분수(理一分殊)의 철학적 반성-송명철학과 헤겔철학의 한 비교」『헤겔연구』(제 7권)
- 최진덕,「몸의 自然學과 倫理學-相關的 思惟를 통해 본 儒學的 입장-」『프랑스 문화읽기』(제 3집)
- 최진덕,「朱子의 人心道心 解釋」『철학논집』(제 7집)
- 최진덕,「『심경부주』를 통해 본 敬의 공부론:理의 본체론과의 괴리를 중심으로」『심경, 주자학의 마음 훈련 매뉴얼』, 한국학중앙연구원, 2009.
- 최진덕,「『맹자』에 대한 두 해석:『맹자집주』와 『맹자요의』」『다산학』(제 8호)
- 최진덕,「退溪 理氣心性論의 脫도덕형이상학적 해석-「天命圖」의 분석을 중심으로」『退溪學報』(제 112집)
- 최진덕,「이와 기」『우리말 철학사전 5』, 지식산업사, 2007.
- 한형조,「氣의 자연과 인간-주자학의 미분화적 교호적 사고 논

구」『다산학』(통권 14호)

- 한형조,「주희 형이상학의 구조와 문제」『形而上에 대한 동서양의 철학적 접근』, 정신문화연구원, 1998.
- 한형조,「전통 예의 원리와 기능」『전통예교와 시민윤리』, 청계 2001.
- 한형조,「주희 형이상학, 그 과학과 신학 사이」『이 땅에서 철학하기』, 솔 출판사, 1999.
- 홍성민,「주자 수양론에서 기질변화설의 의미」『동양철학』(제 30집)
- 황갑연,「牟宗三의 良知坎陷論 연구-道德과 知識의 融合에 관한 이론」『중국학보』(제 52집)
- 蔡仁厚(유희성 옮김),「儒家와 現代化」『동아연구』(제 38집)
- 土田健次郞,「朱熹の思想における認識と判斷」『日本中國學會創立五十年記念論文集』, 波古書院, 1998.
- Charles Wei-hsun Fu, Morality or Beyond: *The Neo-Confucian Confrontation with Mahāyāna Buddhism*. Philosophy East and West 23.

4. 학위논문

- 김미영,『朱熹의 佛教批判과 工夫論 研究』고려대학교 대학원 박사학위논문, 1998.
- 김철호,『주자의 선악론 연구』한국학중앙연구원 한국학대학원

박사학위논문, 2006.

• 박성규,『朱子哲學에서의 鬼神論』서울대학교 대학원 박사학위
  논문, 2003.

• 백은기,『朱子易學硏究』전남대학교 대학원 박사학위논문, 1991.

• 이광호,『李退溪 學問論의 體用的 構造에 대한 硏究』서울대학교
  대학원 박사학위논문, 1993.

• 이상돈,『주희의 수양론-未發涵養工夫를 중심으로』서울대학교
  대학원 박사학위논문, 2010.

• 전병욱,『朱子 仁論 체계와 工夫論의 전개』고려대학교 대학원 박
  사학위논문, 2007.

• 전현희,『朱子의 人心道心說 硏究』연세대학교 대학원 박사학위
  논문, 2009.

• 정원재,『知覺說에 입각한 李珥 哲學의 解釋』서울대학교 대학원
  박사학위논문, 2001.

• 홍성민,『朱子 修養論의 구조와 실천적 성격』고려대학교 대학원
  박사학위논문, 2008.

• 홍원식,『程朱學의 居敬窮理說 硏究』고려대학교 대학원 박사학
  위논문, 1991.

• 황금중,『주자의 공부론 연구』연세대학교 박사학위논문, 2000.

찾/아/보/기

김현경(金昡炅)

한국외국어대학교 철학과를 졸업했다. 한국학중앙연구원 부설 한국학대학원
에서 박사 학위를 취득했다. 성신여대 연구교수로 근무하면서 『성리대전』 번
역사업에 참여했다. 강원대, 한국외국어대에서 강의했다. 「왕필 유무론으로 보
는 도덕의 기초」, 「선진제자와 주희의 이단비판」 등의 논문을 발표했다.

주자의 자연도덕학

초 판 인 쇄 | 2018년 8월 24일
초 판 발 행 | 2018년 8월 24일

지 은 이 김현경

책 임 편 집 윤수경

발 행 처 도서출판 지식과교양
등 록 번 호 제2010-19호
주 소 서울시 도봉구 삼양로142길 7-6(쌍문동) 백상 102호
전 화 (02) 900-4520 (대표) / 편집부 (02) 996-0041
팩 스 (02) 996-0043
전 자 우 편 kncbook@hanmail.net

ISBN 978-89-6764-126-9 93150   정가 25,000원